Statistiques de l'OCDE sur les échanges internationaux de services, Volume 2019 Issue 1

TABLEAUX DÉTAILLÉS PAR CATÉGORIES DE SERVICES

2014-2018

Cet ouvrage est publié sous la responsabilité du Secrétaire général de l'OCDE. Les opinions et les interprétations exprimées ne reflètent pas nécessairement les vues officielles des pays membres de l'OCDE.

Ce document, ainsi que les données et cartes qu'il peut comprendre, sont sans préjudice du statut de tout territoire, de la souveraineté s'exerçant sur ce dernier, du tracé des frontières et limites internationales, et du nom de tout territoire, ville ou région.

Les données statistiques concernant Israël sont fournies par et sous la responsabilité des autorités israéliennes compétentes. L'utilisation de ces données par l'OCDE est sans préjudice du statut des hauteurs du Golan, de Jérusalem-Est et des colonies de peuplement israéliennes en Cisjordanie aux termes du droit international.

Note de la Turquie
Les informations figurant dans ce document qui font référence à « Chypre » concernent la partie méridionale de l'Ile. Il n'y a pas d'autorité unique représentant à la fois les Chypriotes turcs et grecs sur l'Ile. La Turquie reconnaît la République Turque de Chypre Nord (RTCN). Jusqu'à ce qu'une solution durable et équitable soit trouvée dans le cadre des Nations Unies, la Turquie maintiendra sa position sur la « question chypriote ».

Note de tous les États de l'Union européenne membres de l'OCDE et de l'Union européenne
La République de Chypre est reconnue par tous les membres des Nations Unies sauf la Turquie. Les informations figurant dans ce document concernent la zone sous le contrôle effectif du gouvernement de la République de Chypre.

Merci de citer cet ouvrage comme suit :
OCDE (2020), *Statistiques de l'OCDE sur les échanges internationaux de services, Volume 2019 Issue 1 : Tableaux détaillés par catégories de services*, Éditions OCDE, Paris, *https://doi.org/10.1787/g2g9fda6-fr*.

ISBN 978-92-64-31355-2 (imprimé)
ISBN 978-92-64-31356-9 (pdf)

Statistiques de l'OCDE sur les échanges internationaux de services
ISSN 2225-8841 (imprimé)
ISSN 2225-885X (en ligne)

Les corrigenda des publications sont disponibles sur : *www.oecd.org/about/publishing/corrigenda.htm*.

Table des matières

Signes et abréviations conventionnels

Signes et abréviations

Les totaux peuvent ne pas correspondre à la somme des sous-totaux en raison des arrondis.

..	Non disponible
0	Nul ou négligeable
.	Point décimal
EBOPS	Classification élargie des services de la balance des paiements
IMF	Fonds monétaire international
n.c.a.	Non compris ailleurs
n.i.a.	Non inclus ailleurs
USD	US dollars

Groupements principaux de pays

UE28/Union européenne (28) : Allemagne, Autriche, Belgique, Bulgarie, Chypre*, Croatie, Danemark, Espagne, Estonie, Finlande, France, Grèce, Hongrie, Irlande, Italie, Lettonie, Lituanie, Luxembourg, Malte, Pays-Bas, Pologne, Portugal, République slovaque, République tchèque, Roumanie, Royaume-Uni, Slovénie et Suède.

Zone euro (19) : Allemagne, Autriche, Belgique, Chypre1, 2, Espagne, Estonie, Finlande, France, Grèce, Irlande, Italie, Lettonie, Lituanie, Luxembourg, Malte, Pays-Bas, Portugal, République slovaque et Slovénie.

La Colombie n'était pas membre de l'OCDE au moment de la préparation de cette publication. La Colombie n'apparait donc pas dans la liste des pays membres et n'est pas incluse dans les zones OCDE.

Sources et méthodes

Sixième édition du Manuel de la balance des paiements du FMI : *http://www.imf.org/external/pubs/ft/bop/2007/bopman6.htm.*

Manuel des statistiques du commerce international des services :

2010: *http://unstats.un.org/unsd/tradeserv/TFSITS/manual.htm.*

2002: *http://unstats.un.org/unsd/tradeserv/TFSITS/MSITS2002.htm.*

Les données statistiques concernant Israël sont fournies par et sous la responsabilité des autorités israéliennes compétentes. L'utilisation de ces données par l'OCDE est sans préjudice du statut des hauteurs du Golan, de Jérusalem Est et des colonies de peuplement israéliennes en Cisjordanie aux termes du droit international.

Les pays membres de l'OCDE déclarent leurs données selon la classification EBOPS 2010 : Échanges de services – EBOPS 2010 (*https://doi.org/10.1787/data-00583-fr*).

Pays déclarants et partenaires

La nomenclature géographique d'Eurostat pour les statistiques du commerce extérieur : *http://ec.europa.eu/eurostat/ramon/other_documents/geonom/.*

* La note de la Turquie :Les informations figurant dans ce document et faisant référence à « Chypre » concernent la partie méridionale de l'Ile. Il n'y a pas d'autorité unique représentant à la fois les Chypriotes turcs et grecs sur l'île. La Turquie reconnaît la République Turque de Chypre Nord (RTCN). Jusqu'à ce qu'une solution durable et équitable soit trouvée dans le cadre des Nations Unies, la Turquie maintiendra sa position sur la « question chypriote ».La note de tous les États de l'Union européenne membres de l'OCDE et de l'Union européenne :La République de Chypre est reconnue par tous les membres des Nations Unies sauf la Turquie. Les informations figurant dans ce document concernent la zone sous le contrôle effectif du gouvernement de la République de Chypre.

Nouvelle base de données équilibrées du commerce international des services

La base de données conjointe de l'OCDE-OMC des statistiques équilibrées du commerce international des services fournit les données annuelles bilatérales du commerce international des services couvrant 191 pays et partenaires. Les données sont ventilées pour les 11 principaux chapitres de la classification élargie des services de la balance des paiements et leurs totaux.

Cette base est le résultat des efforts communs de l'OCDE et de l'Organisation Mondiale du Commerce (OMC) pour développer une base de données mondiale bilatérale des statistiques internationales des échanges de services pour les principales catégories de service, en utilisant une méthodologie transparente pour surmonter les défis des données manquantes et des asymétries commerciales. La méthodologie tire parti de toutes les données officielles disponibles et les combine avec des estimations utilisant des dérivations, des techniques de rétropolation, d'interpolation et des estimations dérivées de modèles de régression. Pour résoudre les asymétries, les exportations et les importations sont ensuite réconciliées en calculant une moyenne pondérée par l'indice de symétrie respectif, selon des approches similaires qui ont été élaborées dans le domaine des statistiques du commerce international des marchandises.

La base de données, en tant que premier et unique ensemble de données internationalement cohérent et détaillé sur le commerce international de service à couverture mondiale, peut être utilisée comme un outil indépendant pour l'analyse économique et l'élaboration de conseils en politique. En outre, ces données constituent un apport essentiel au travail Échanges en Valeur Ajoutée (TiVA), qui combine les tableaux nationaux des ressources-emplois et ceux des entrées-sorties avec les statistiques du commerce international des biens et services afin de fournir de nouvelles perspectives sur la façon dont la valeur ajoutée dans l'industrie de chaque pays, au sein d'une chaîne de valeur, est incorporée dans les flux commerciaux internationaux.

L'objectif ultime est que l'ensemble de données équilibrées du commerce international des services de l'OCDE-OMC devienne la référence internationale pour les statistiques du commerce international des services. L'ensemble de données couvre les années 1995 à 2012 et utilise la classification des services EBOPS 2002.

La base de données comprend trois variables :

- Les données rapportées, qui reflètent les valeurs officiellement rapportées par les pays lorsqu'ils sont disponibles;
- Les données rapportées, y compris les estimations, qui reflètent les valeurs rapportées – dans quelques cas ajustées – ainsi que toutes les valeurs estimées;
- Les valeurs équilibrées finales, qui reflètent le flux commercial bilatéral pour lesquelles les asymétries commerciales ont été résolues.

La base de données peut être trouvée à l'adresse suivante : *https://doi.org/10.1787/40e81d46-fr*

La méthodologie complète (en anglais) peut être trouvée à l'adresse suivante : *http://www.oecd.org/std/its/OECD-WTO-Balanced-Trade-in-Services-database-methodology.pdf.*

Comparaisons internationales

Tableau 1. Total des services

Millions USD

	Exportations					Importations				
	2014	2015	2016	2017	2018	2014	2015	2016	2017	2018
Australie	59 081	54 876	58 032	65 129	69 325	71 031	63 705	62 418	68 421	73 059
Autriche	68 572	59 018	61 450	66 798	74 670	55 201	47 707	49 722	55 244	62 546
Belgique	124 925	108 971	108 913	117 087	123 583	117 789	104 281	105 197	113 659	123 619
Canada	92 652	84 936	87 364	94 218	98 901	114 025	104 727	104 511	112 121	115 442
Chili	10 681	9 520	9 526	10 195	10 273	14 411	13 095	12 840	13 590	14 269
République tchèque	25 094	22 840	24 250	27 175	30 432	22 413	19 667	19 847	21 712	24 878
Danemark	73 439	64 405	63 459	69 766	78 345	64 766	58 224	59 522	62 951	71 132
Estonie	7 147	5 860	6 094	6 844	7 806	4 901	3 985	4 326	4 754	5 546
Finlande	25 764	24 214	25 434	28 888	31 748	30 796	27 665	28 537	30 283	34 742
France	272 844	255 608	259 003	271 121	294 371	252 627	233 319	236 632	248 367	266 243
Allemagne	299 815	280 544	291 786	317 507	343 073	332 300	301 885	315 916	342 229	367 491
Grèce	41 197	35 102	32 958	37 932	43 862	16 991	16 712	14 930	17 599	21 076
Hongrie	24 911	22 508	24 201	26 888	29 514	18 819	17 068	17 424	18 729	20 623
Islande	4 282	4 351	5 350	6 325	6 583 p	3 120	2 841	3 221	3 785	4 286 p
Irlande	132 526	133 352	149 415	182 366	212 559	139 883	175 180	219 914	231 377	219 134
Israël[1]	35 832	36 826	39 133	44 218	50 054	24 363	24 554	25 809	28 812	30 238
Italie	114 247	98 325	100 852	111 626	123 290	117 274	103 033	105 368	116 851	126 489
Japon	163 790	162 637	175 807	186 879	193 537	192 423	178 587	186 183	193 037	200 838
Corée	111 902	97 499	94 809	89 701	99 057	115 192	112 124	112 148	126 435	128 794
Lettonie	5 438	4 824	5 089	5 595	6 219	2 806	2 589	2 730	3 046	3 508
Lituanie	7 813	6 688	7 537	9 409	11 423	5 546	4 739	5 110	5 961	7 103
Luxembourg	104 187	99 567	99 519	104 191	115 247	81 867	76 118	74 524	78 943	86 967
Mexique	21 182	22 903	24 213	27 643	28 767	34 475	32 680	33 179	37 511	37 691
Pays-Bas	206 054	197 782	190 813	220 181	248 185	192 764	213 355	183 430	215 980	244 780
Nouvelle-Zélande	14 621	14 776	15 581	16 606	17 259	13 189	11 772	12 016	13 103	13 940
Norvège	50 826	42 802	41 903	40 998	44 988	54 842	45 573	46 338	47 363	50 207
Pologne	48 740	45 129	49 722	58 402	69 384	36 718	33 029	34 265	38 190	43 836
Portugal	30 588	27 629	29 381	34 829	38 864	15 939	14 025	14 811	16 571	19 001
République slovaque	9 050	8 123	9 237	10 524	12 050	8 906	7 981	8 813	9 530	10 959
Slovénie	7 562	6 588	7 191	8 213	9 400	5 632	4 776	5 061	5 688	6 238
Espagne	137 451	121 462	130 436	143 646	155 707	66 798	62 193	65 510	71 854	82 585
Suède	76 899	72 689	72 796	74 363	74 529	69 172	61 651	61 774	69 991	72 779
Suisse	120 980	113 757	118 850	122 004	126 786	99 100	94 269	98 522	105 678	106 054
Turquie	51 923	47 162	37 804	43 988	48 306 p	25 258	22 867	22 544	24 052	23 319 p
Royaume-Uni	373 811	372 914	363 981	375 313	396 780	221 776	233 521	226 456	232 755	257 169
États-Unis	741 094	755 310	758 446	798 957	826 980	480 761	491 966	511 627	543 880	567 322
Zone euro	647 515	580 491	601 322	..	..	620 288	561 640	581 701	..	..
UE28	2 286 275	2 139 607	2 183 333	2 386 138	2 620 017	1 941 148	1 879 004	1 918 220	2 077 040	2 252 538
Colombie	7 156	7 426	7 771	8 461	9 608	14 378	12 214	11 301	12 438	13 344
Costa Rica	7 106	7 694	8 537	8 632	9 091	2 567	3 085	3 427	3 835	3 902
Fédération de Russie	65 745	51 616	50 644	57 631	64 626	121 022	88 768	74 602	88 864	94 564

.. Non disponible ; p Donnée provisoire

Note : Partenaire : Monde sauf pour Zone euro : EA19.

Voir les métadonnées détaillées sur : *http://metalinks.oecd.org/tis/20200306/903d*.

1. Informations sur les données concernant Israël : *http://oe.cd/israel-disclaimer*.

Tableau 2. Services de fabrication fournis sur des intrants physiques détenus par des tiers

Millions USD

	Exportations					Importations				
	2014	2015	2016	2017	2018	2014	2015	2016	2017	2018
Australie	16	11	16	9	2	0	0	0	0	0
Autriche	2 082	1 619	1 743	1 804	1 925	2 240	1 900	2 164	2 334	2 879
Belgique	4 466	5 036	4 588	4 910	5 041	1 422	2 107	1 742	2 181	2 438
Canada	..	..	..	..	..	..	..	..	..	..
Chili	..	..	..	..	..	..	..	..	..	..
République tchèque	1 692	1 568	1 806	2 149	2 275	291	302	293	325	336
Danemark	254	303	289	306	354	1 224	1 424	1 339	1 454	1 554
Estonie	223	214	197	220	219	41	33	42	54	73
Finlande	1 368	1 515	1 389	1 644	1 936	1 059	1 218	1 248	1 513	1 830
France	9 948	8 758	8 459	10 237	11 836	10 051	8 652	7 840	8 983	10 018
Allemagne	7 499	7 376	7 635	7 647	8 950	4 961	4 635	5 265	6 006	6 565
Grèce	37	46	26	71	76	35	15	10	13	12
Hongrie	1 971	1 743	1 738	2 142	2 280	268	235	226	217	266
Islande	219	136	57	..	..	..	..	..	..	..
Irlande	1 572	1 711	1 986	2 216	2 205	1 392	1 726	3 818	5 275	6 345
Israël[1]	..	..	..	..	..	..	..	..	..	..
Italie	3 249	2 812	2 660	3 424	5 902	2 896	2 371	2 385	2 758	3 636
Japon	291	235	762	749	801	4 955	4 494	5 164	5 493	5 098
Corée	3 048	2 587	2 427	2 227	2 292	8 692	8 683	8 189	9 182	9 849
Lettonie	41	27	35	26	30	3	2	6	8	8
Lituanie	305	289	344	355	316	27	19	16	15	9
Luxembourg	111	119	117	131	142	280	814	1 018	1 138	1 746
Mexique	..	..	..	..	..	..	..	..	..	..
Pays-Bas	6 858	6 128	5 824	6 712	7 831	3 551	3 578	4 011	5 700	6 643
Nouvelle-Zélande	..	..	..	..	..	..	..	..	..	..
Norvège	..	..	..	..	..	..	..	..	..	..
Pologne	3 893	3 455	3 729	4 216	4 771	313	397	359	380	426
Portugal	504	355	402	473	329	41	23	29	23	13
République slovaque	300	223	272	337	522	106	66	91	87	87
Slovénie	177	120	130	119	142	37	28	23	58	31
Espagne	..	..	..	..	..	..	..	..	..	..
Suède	157	293	758	1 038	1 250	544	613	762	805	855
Suisse	..	..	..	..	..	..	..	..	..	..
Turquie	134	124	100	96	95 p	60	57	103	56	45 p
Royaume-Uni	..	..	..	..	..	..	..	..	..	..
États-Unis	..	..	..	..	..	..	..	..	..	..
Zone euro	15 095	13 642	14 471	..	..	12 284	11 124	10 532	..	..
UE28	56 471	52 942	53 321	59 992	69 080	33 645	31 772	34 232	41 424	47 350
Colombie	0	0	0	0	0	3	1	0	2	2
Costa Rica	360	149	137	151	140	0	0	0	0	0
Fédération de Russie	1 531	1 024	1 610	1 529	1 637	220	138	137	157	146

.. Non disponible ; p Donnée provisoire

Note : Partenaire : Monde sauf pour Zone euro : EA19.

Voir les métadonnées détaillées sur : *http://metalinks.oecd.org/tis/20200306/903d.*

1. Informations sur les données concernant Israël : *http://oe.cd/israel-disclaimer.*

Tableau 3. Services d'entretien et de réparation n.i.a

Millions USD

	Exportations					Importations				
	2014	2015	2016	2017	2018	2014	2015	2016	2017	2018
Australie	53	62	48	38	29	489	359	517	549	523
Autriche	638	558	624	852	960	716	640	689	797	1 023
Belgique	854	804	804	841	928	606	936	773	836	1 323
Canada	1 504	1 642	1 584	1 518	1 566	792	902	856	726	749
Chili	..	..	..	..	..	..	..	..	..	..
République tchèque	687	772	664	763	822	647	850	930	845	847
Danemark	367	318	331	356	440	418	387	394	377	453
Estonie	200	152	187	188	262	71	53	81	83	118
Finlande	268	238	350	381	511	289	206	238	242	282
France	6 777	7 260	7 736	8 480	10 380	4 537	6 796	7 368	8 153	9 487
Allemagne	7 290	7 836	8 615	9 766	11 097	8 637	8 426	9 468	10 302	10 998
Grèce	142	111	93	92	103	300	243	228	365	485
Hongrie	518	460	571	542	671	406	369	446	717	623
Islande	51	41	63	61	77 p	152	138	160	168	190 p
Irlande	50	44	809	36	38	273	274	500	96	91
Israël[1]	537	653	793	889	935	622	594	299	386	385
Italie	535	621	771	1 113	785	647	841	792	1 040	1 242
Japon	1 994	675	961	897	989	7 162	3 453	4 444	4 934	5 488
Corée	120	321	332	367	500	178	352	331	466	516
Lettonie	40	36	29	30	24	4	20	27	37	39
Lituanie	113	120	232	301	351	46	74	119	144	140
Luxembourg	45	51	95	97	92	182	161	204	178	169
Mexique	..	..	10	10	10	165	207	196	265	290
Pays-Bas	2 524	2 285	2 201	2 536	2 872	1 838	1 631	1 862	2 099	2 362
Nouvelle-Zélande	.. c	.. c	191	219	235	135	192	212	249	300
Norvège	..	..	..	..	..	..	..	..	..	..
Pologne	1 157	1 159	1 322	1 737	1 970	1 073	785	829	947	1 148
Portugal	458	460	511	680	835	398	353	383	512	524
République slovaque	222	230	223	210	254	203	197	203	203	241
Slovénie	76	71	75	93	125	59	66	68	68	90
Espagne	..	..	..	..	..	..	..	..	..	..
Suède	416	411	432	417	391	277	259	411	462	410
Suisse	..	..	..	..	..	..	..	..	..	..
Turquie	38	27	106	272	284 p	292	343	421	568	695 p
Royaume-Uni	..	..	..	..	..	..	..	..	..	..
États-Unis	21 149	23 384	25 132	26 880	30 968	7 520	9 013	8 764	8 400	8 718
Zone euro	7 639	7 441	7 389	..	..	7 764	7 160	7 689	..	..
UE28	26 821	29 943	32 389	35 975	40 528	23 545	25 913	28 093	30 700	34 787
Colombie	23	24	10	1	51	19	12	12	85	103
Costa Rica	77	81	103	108	118	1	1	1	4	3
Fédération de Russie	1 677	1 596	1 543	1 800	1 599	1 625	1 355	1 559	1 780	2 008

.. Non disponible ; c Donnée confidentielle ; p Donnée provisoire

Note : Partenaire : Monde sauf pour Zone euro : EA19.

Voir les métadonnées détaillées sur : *http://metalinks.oecd.org/tis/20200306/903d*.

1. Informations sur les données concernant Israël : *http://oe.cd/israel-disclaimer*.

Tableau 4. Transports

Millions USD

	Exportations					Importations				
	2014	2015	2016	2017	2018	2014	2015	2016	2017	2018
Australie	5 946	5 076	5 384	5 816	5 638	14 911	13 361	12 225	12 624	13 800
Autriche	16 295	14 204	14 283	15 788	17 251	16 974	14 579	14 772	16 171	17 772
Belgique	25 841	22 692	22 286	24 301	25 899	23 327	23 272	24 203	26 976	28 360
Canada	13 716	12 162	12 311	13 383	13 963	22 645	20 614	20 385	22 316	24 578
Chili	4 671	3 186	3 008	2 936	3 224	6 023	4 580	4 266	4 660	5 004
République tchèque	5 650	5 157	5 709	6 422	7 507	4 999	4 598	4 487	5 029	5 925
Danemark	44 473	36 645	32 632	35 902	39 463	32 326	28 483	26 736	28 520	31 513
Estonie	2 355	1 861	1 732	1 979	2 331	1 685	1 322	1 373	1 571	1 793
Finlande	3 403	3 495	3 648	4 306	5 018	6 703	5 385	5 464	6 101	7 255
France	47 892	41 860	40 277	45 870	47 883	51 841	45 007	45 648	49 174	53 267
Allemagne	61 765	56 535	55 138	62 227	69 404	70 922	62 305	61 751	66 360	72 355
Grèce	17 421	15 154	13 909	16 310	19 630	8 331	10 397	8 837	10 729	13 037
Hongrie	6 064	5 411	5 798	6 496	7 352	4 389	3 963	3 971	4 440	5 110
Islande	1 621	1 554	1 806	2 137	2 208 p	501	498	532	616	703 p
Irlande	6 890	7 268	7 993	9 114	9 143	2 880	3 014	2 974	2 929	3 670
Israël[1]	4 348	4 025	3 591	4 133	4 464	6 540	6 382	6 808	7 291	7 897
Italie	15 669	14 175	13 907	14 506	15 746	26 662	23 451	23 219	25 552	27 110
Japon	39 592	35 393	31 705	34 146	28 905	45 871	41 036	38 088	40 057	38 337
Corée	38 138	34 144	27 427	24 785	27 713	31 944	29 493	28 756	30 203	32 087
Lettonie	2 465	2 138	2 109	2 335	2 500	921	880	832	936	1 084
Lituanie	4 764	3 909	4 282	5 490	..	3 114	2 553	2 580	3 116	..
Luxembourg	5 477	4 689	4 395	5 056	5 799	5 842	3 675	3 188	3 679	4 193
Mexique	867	1 428	1 598	1 904	2 186	14 677	12 814	13 204	14 835	15 410
Pays-Bas	41 289	35 371	34 731	37 843	43 242	23 660	20 949	21 344	28 024	32 081
Nouvelle-Zélande	2 110	1 865	1 918	2 124	2 261	3 285	2 808	2 733	3 072	3 319
Norvège	..	..	..	..	..	..	..	..	..	..
Pologne	13 292	12 190	13 502	15 774	19 301	7 880	7 064	7 544	8 742	10 206
Portugal	7 487	6 314	6 341	7 510	8 398	4 334	3 632	3 520	4 175	4 801
République slovaque	2 724	2 331	2 708	2 971	3 378	2 312	2 025	2 238	2 507	3 067
Slovénie	2 029	1 835	2 034	2 339	2 756	1 080	938	1 015	1 133	1 188
Espagne	15 316	13 935	14 360	16 406	17 548	11 048	10 140	9 814	11 260	12 180
Suède	12 589	11 834	10 208	10 712	10 420	13 478	11 245	10 293	11 020	11 428
Suisse	13 830	10 968	11 505	12 628	13 119	12 479	8 683	9 751	10 395	11 061
Turquie	15 686	14 644	13 113	15 112	16 924 p	10 229	8 444	8 078	9 716	9 437 p
Royaume-Uni	41 451	39 464	36 513	37 780	39 327	33 735	33 883	30 281	28 795	34 328
États-Unis	90 729	87 725	84 749	88 836	92 852	94 188	97 006	96 982	101 756	108 202
Zone euro	109 207	98 858	100 337	..	..	110 926	97 116	98 617	..	..
UE28	415 779	370 893	361 932	402 390	443 051	365 880	329 099	323 199	355 285	395 102
Colombie	1 766	1 601	1 640	1 708	1 875	3 339	2 857	2 605	2 831	3 096
Costa Rica	436	496	503	455	502	962	1 009	1 078	1 119	1 155
Fédération de Russie	20 542	16 640	17 144	19 859	22 144	15 420	12 074	11 838	14 492	15 298

.. Non disponible ; p Donnée provisoire

Note : Partenaire : Monde sauf pour Zone euro : EA19.

Voir les métadonnées détaillées sur : *http://metalinks.oecd.org/tis/20200306/903d.*

1. Informations sur les données concernant Israël : *http://oe.cd/israel-disclaimer.*

Tableau 5. Transports maritimes

Millions USD

	Exportations					Importations				
	2014	2015	2016	2017	2018	2014	2015	2016	2017	2018
Australie	..	..	..	..	..	..	..	..	..	..
Autriche	670	575	456	459	499	1 986	1 596	1 454	1 410	1 454
Belgique	8 987	7 707	7 741	8 020	8 343	6 537	7 137	7 569	8 549	9 174
Canada	2 997	2 507	2 365	2 660	2 908	10 146	9 260	8 936	9 725	11 156
Chili	2 604	1 205	992	1 023	1 060	4 219	2 856	2 429	2 595	2 870
République tchèque	70	58	72	82	89	317	278	255	227	280
Danemark	36 698	30 192	25 941	28 623	31 597	24 933	22 163	20 245	21 527	23 881
Estonie	1 064	871	811	914	1 031	643	496	462	552	638
Finlande	1 605	1 304	1 223	1 449	1 705	3 866	2 939	2 994	3 383	3 823
France	16 759	14 500	12 076	14 601	15 952	11 093	9 859	8 793	9 957	11 159
Allemagne	29 304	28 048	25 206	28 172	32 116	22 011	18 678	18 133	18 492	19 783
Grèce	15 190	13 123	11 677	13 967	16 811	3 841	6 718	5 332	6 946	8 580
Hongrie	72	69	66	67	87	197	176	150	230	246
Islande	135	125	148	178	..	228	224	219	266	..
Irlande	245	232	230	240	254	1 765	1 902	1 874	1 837	2 347
Israël[1]	..	..	..	..	..	..	..	..	..	..
Italie	5 000	4 727	4 611	5 394	5 322	7 148	6 717	6 313	7 062	7 088
Japon	32 688	28 724	24 593	26 866	21 131	34 417	31 802	28 669	30 127	27 824
Corée	29 358	27 374	20 789	17 930	19 745	25 026	23 124	22 111	22 939	24 622
Lettonie	523	473	443	472	465	177	149	150	183	198
Lituanie	457	313	315	304	476	637	484	431	560	704
Luxembourg	305	253	221	230	312	503	461	448	573	630
Mexique	49	58	54	62	66	8 550	7 469	7 748	8 857	9 237
Pays-Bas	13 056	11 325	10 567	10 973	11 970	6 086	5 015	4 634	5 445	5 624
Nouvelle-Zélande	430	363	386	393	411	1 625	1 407	1 254	1 334	1 437
Norvège	..	..	..	..	..	..	..	..	..	..
Pologne	560	457	464	528	561	1 338	1 186	1 193	1 416	1 578
Portugal	908	745	680	809	836	1 475	1 210	1 103	1 322	1 607
République slovaque	59	28	25	35	37	225	219	215	246	312
Slovénie	368	331	362	406	445	260	223	189	230	244
Espagne	..	..	..	..	..	..	..	..	..	..
Suède	3 811	3 699	3 112	3 503	3 197	3 678	2 837	2 440	2 666	2 641
Suisse	..	..	..	..	..	..	..	..	..	..
Turquie	1 708	1 554	1 458	1 811	..	5 628	3 890	3 551	4 801	..
Royaume-Uni	..	..	..	..	..	..	..	..	..	..
États-Unis	18 161	18 044	18 078	18 707	19 514	36 254	37 295	35 097	37 058	39 014
Zone euro	23 819	21 605	20 151	..	..	20 523	17 337	16 342	..	..
UE28	155 174	135 955	122 303	135 665	149 495	114 939	105 638	98 664	107 553	118 889
Colombie	211	162	163	190	208	2 175	1 761	1 413	1 441	1 551
Costa Rica	154	172	191	170	171	483	514	518	518	544
Fédération de Russie	4 580	4 761	4 683	4 912	5 108	3 890	3 165	3 103	3 780	4 018

.. Non disponible

Note : Partenaire : Monde sauf pour Zone euro : EA19.

Voir les métadonnées détaillées sur : *http://metalinks.oecd.org/tis/20200306/903d*.

1. Informations sur les données concernant Israël : *http://oe.cd/israel-disclaimer*.

Tableau 6. Transports aériens

Millions USD

	Exportations					Importations				
	2014	2015	2016	2017	2018	2014	2015	2016	2017	2018
Australie	..	..	..	..	..	..	..	..	..	..
Autriche	3 038	2 739	2 355	2 693	2 944	3 458	2 815	2 548	2 895	3 158
Belgique	3 148	2 642	2 553	3 387	3 769	3 996	3 524	3 316	3 515	3 939
Canada	5 968	5 423	5 695	6 172	6 455	9 351	8 494	8 342	9 238	9 890
Chili	..	..	..	..	..	..	..	..	..	..
République tchèque	1 180	1 065	1 137	1 171	1 318	589	609	448	502	695
Danemark	4 055	3 236	3 353	3 623	3 849	3 473	2 995	2 955	3 161	3 495
Estonie	140	138	146	227	351	299	256	276	316	364
Finlande	1 644	1 538	1 451	1 903	2 278	1 213	1 224	1 232	1 319	1 468
France	14 366	12 346	12 201	12 925	12 176	17 078	14 070	14 150	16 102	16 660
Allemagne	19 552	17 584	18 602	21 651	23 226	23 137	20 112	19 654	21 163	22 335
Grèce	1 571	1 537	1 744	1 805	2 223	1 279	1 328	1 237	1 188	1 371
Hongrie	2 063	1 952	2 136	2 584	3 177	1 450	1 309	1 254	1 409	1 783
Islande	1 466	1 409	1 633	1 932	..	229	233	259	285	..
Irlande	6 644	7 035	7 763	8 874	8 888	885	860	852	849	1 009
Israël[1]	..	..	..	..	..	..	..	..	..	..
Italie	5 651	5 185	4 979	4 705	5 362	10 474	9 123	8 626	9 818	10 951
Japon	6 829	6 387	6 870	7 159	7 661	11 308	9 116	9 170	9 798	10 286
Corée	8 431	6 473	6 320	6 506	7 599	6 155	5 721	6 001	6 549	6 607
Lettonie	376	428	460	514	627	297	354	329	353	410
Lituanie	183	208	264	343	399	236	286	303	324	370
Luxembourg	3 272	2 812	2 523	3 057	3 515	1 255	1 092	1 010	1 196	1 404
Mexique	818	1 370	1 333	1 543	1 713	6 126	5 345	5 445	5 950	6 145
Pays-Bas	11 291	9 560	9 110	10 148	12 361	5 724	4 793	4 999	6 156	6 573
Nouvelle-Zélande	1 632	1 457	1 486	1 686	1 794	1 579	1 332	1 413	1 674	1 811
Norvège	..	..	..	..	..	..	..	..	..	..
Pologne	1 471	1 256	1 569	1 920	2 395	1 325	1 204	1 463	1 592	1 918
Portugal	4 985	4 134	4 099	4 912	5 469	2 477	2 054	1 996	2 317	2 591
République slovaque	80	73	87	106	209	223	195	251	274	360
Slovénie	273	252	276	258	283	198	178	206	175	165
Espagne	..	..	..	..	..	..	..	..	..	..
Suède	3 481	3 327	3 188	3 338	3 537	3 432	2 792	3 003	3 203	3 089
Suisse	..	..	..	..	..	..	..	..	..	..
Turquie	11 701	11 425	10 087	11 289	..	4 079	4 086	4 078	4 347	..
Royaume-Uni	..	..	..	..	..	..	..	..	..	..
États-Unis	68 053	65 215	62 119	65 505	68 188	53 697	55 851	58 086	60 821	65 329
Zone euro	22 830	23 098	24 068	..	..	24 292	22 035	22 673	..	..
UE28	121 759	112 252	112 028	124 906	134 901	106 935	94 629	92 013	99 739	109 400
Colombie	1 491	1 400	1 454	1 486	1 630	1 074	1 003	1 041	1 257	1 382
Costa Rica	240	281	266	243	294	334	357	416	449	473
Fédération de Russie	10 981	7 865	8 446	10 054	11 966	9 761	7 045	6 899	8 553	8 880

.. Non disponible

Note : Partenaire : Monde sauf pour Zone euro : EA19.

Voir les métadonnées détaillées sur : *http://metalinks.oecd.org/tis/20200306/903d.*

1. Informations sur les données concernant Israël : *http://oe.cd/israel-disclaimer.*

Tableau 7. Autres modes de transports

Millions USD

	Exportations					Importations				
	2014	2015	2016	2017	2018	2014	2015	2016	2017	2018
Australie	..	..	..	..	..	..	..	..	..	..
Autriche	11 938	10 319	10 797	11 873	12 984	11 134	9 832	10 408	11 472	12 759
Belgique	12 730	11 548	11 163	12 299	13 125	12 152	11 996	12 627	14 194	14 646
Canada	4 752	4 231	4 252	4 552	4 600	3 148	2 861	3 106	3 353	3 532
Chili	2 067	1 981	2 016	1 913	2 164	1 804	1 724	1 837	2 066	2 134
République tchèque	4 349	3 981	4 440	5 066	5 988	3 858	3 508	3 553	4 084	4 730
Danemark	3 602	3 114	3 226	3 525	3 870	3 866	3 272	3 493	3 790	4 084
Estonie	1 126	812	734	804	908	724	542	591	653	735
Finlande	4	518	701	807	892	1 585	1 180	1 156	1 355	1 905
France	16 356	14 247	15 049	17 119	18 066	23 332	20 546	22 301	22 613	24 873
Allemagne	11 401	9 849	10 333	11 298	12 666	24 064	22 098	22 531	25 241	28 662
Grèce	623	464	460	503	557	3 194	2 328	2 237	2 527	3 010
Hongrie	3 839	3 301	3 485	3 754	3 989	2 574	2 304	2 362	2 613	2 901
Islande	14	13	16	14	..	38	38	49	61	..
Irlande	..	..	..	..	..	231	253	249	243	316
Israël[1]	..	..	..	..	..	..	..	..	..	..
Italie	4 133	3 619	3 658	3 639	3 976	8 320	7 141	7 815	8 153	8 486
Japon	..	..	..	..	..	..	..	..	..	..
Corée	..	..	..	..	..	..	..	..	..	..
Lettonie	1 550	1 220	1 189	1 315	1 354	441	370	345	380	438
Lituanie	4 085	3 353	3 674	4 807	5 938	2 196	1 729	1 792	2 163	2 467
Luxembourg	1 843	1 574	1 594	1 711	1 916	3 992	2 047	1 645	1 832	2 070
Mexique	..	..	211	299	407	..	..	12	27	28
Pays-Bas	15 997	13 529	14 031	15 256	17 312	11 360	10 675	11 184	15 705	18 889
Nouvelle-Zélande	..	..	..	..	..	..	..	..	..	..
Norvège	..	..	..	..	..	..	..	..	..	..
Pologne	11 159	10 352	11 313	13 158	16 059	5 093	4 522	4 726	5 509	6 416
Portugal	1 478	1 305	1 447	1 630	1 892	312	267	320	384	427
République slovaque	2 538	2 174	2 544	2 768	3 054	1 833	1 576	1 742	1 953	2 358
Slovénie	1 373	1 240	1 378	1 661	2 012	604	521	603	710	756
Espagne	..	..	..	..	..	..	..	..	..	..
Suède	4 930	4 397	3 525	3 515	3 336	5 927	5 235	4 620	4 896	5 441
Suisse	..	..	..	..	..	..	..	..	..	..
Turquie	2 195	1 576	1 470	1 915	..	473	417	394	502	..
Royaume-Uni	..	..	..	..	..	..	..	..	..	..
États-Unis	4 515	4 466	4 552	4 625	5 149	4 237	3 860	3 799	3 877	3 860
Zone euro	59 190	51 122	52 859	..	..	64 427	56 044	57 811	..	..
UE28	130 043	114 351	118 552	132 110	147 043	136 593	121 326	125 214	140 057	157 371
Colombie	48	29	14	23	25	38	47	104	98	115
Costa Rica	37	39	39	27	28	122	115	115	118	113
Fédération de Russie	4 723	3 794	3 719	4 461	4 604	1 741	1 843	1 816	2 131	2 352

.. Non disponible

Note : Partenaire : Monde sauf pour Zone euro : EA19.

Voir les métadonnées détaillées sur : *http://metalinks.oecd.org/tis/20200306/903d.*

1. Informations sur les données concernant Israël : *http://oe.cd/israel-disclaimer.*

Tableau 8. Services postaux et de messagerie

Millions USD

	Exportations					Importations				
	2014	2015	2016	2017	2018	2014	2015	2016	2017	2018
Australie	1 183	902	1 041	1 191	1 082	95	72	80	81	102
Autriche	649	571	676	763	825	397	335	363	396	400
Belgique	975	794	829	595	662	642	616	690	718	601
Canada	1 329	1 131	1 104	1 339	1 408	826	743	945	1 168	1 229
Chili	..	..	..	..	..	..	..	..	..	..
République tchèque	51	53	60	103	112	235	203	232	215	221
Danemark	118	102	113	131	147	54	54	42	42	54
Estonie	25	40	41	34	40	19	28	45	50	56
Finlande	150	134	273	147	142	39	41	82	45	57
France	410	766	952	1 226	1 690	338	534	404	502	574
Allemagne	1 509	1 054	998	1 106	1 396	1 710	1 419	1 434	1 464	1 575
Grèce	38	31	29	36	39	17	24	31	68	76
Hongrie	90	90	111	92	99	169	174	205	187	179
Islande	7	7	9	13	..	6	4	5	4	..
Irlande	..	..	..	..	..	..	..	..	..	..
Israël[1]	..	..	..	..	..	..	..	..	..	..
Italie	885	645	659	767	1 087	720	470	465	519	585
Japon	..	..	..	..	..	..	..	..	..	..
Corée	348	297	318	349	369	763	648	643	716	858
Lettonie	17	18	18	34	53	7	7	8	20	38
Lituanie	39	36	29	36	..	45	55	55	69	..
Luxembourg	57	51	56	60	58	90	75	85	79	89
Mexique	..	..	..	..	..	..	..	..	..	..
Pays-Bas	945	958	1 024	1 467	1 599	489	467	528	718	995
Nouvelle-Zélande	49	45	45	45	57	81	68	65	65	71
Norvège	..	..	..	..	..	..	..	..	..	..
Pologne	103	125	155	169	285	124	152	163	225	293
Portugal	117	130	114	159	202	72	101	102	152	177
République slovaque	48	56	52	63	79	31	34	31	35	37
Slovénie	15	11	19	15	16	19	17	18	18	23
Espagne	..	..	..	..	..	..	..	..	..	..
Suède	368	411	384	357	349	442	381	231	255	257
Suisse	..	..	..	..	..	..	..	..	..	..
Turquie	82	88	98	97	..	49	52	56	66	..
Royaume-Uni	..	..	..	..	..	..	..	..	..	..
États-Unis	..	..	..	..	..	..	..	..	..	..
Zone euro	3 369	3 032	3 262	..	..	1 685	1 701	1 791	..	..
UE28	8 803	8 332	9 055	9 712	11 612	7 415	7 508	7 311	7 934	9 442
Colombie	17	9	10	10	12	52	46	47	35	48
Costa Rica	5	4	7	14	9	24	23	30	34	25
Fédération de Russie	258	220	296	431	467	28	21	20	28	48

.. Non disponible

Note : Partenaire : Monde sauf pour Zone euro : EA19.

Voir les métadonnées détaillées sur : *http://metalinks.oecd.org/tis/20200306/903d.*

1. Informations sur les données concernant Israël : *http://oe.cd/israel-disclaimer.*

Tableau 9. Voyages

Millions USD

	Exportations					Importations				
	2014	2015	2016	2017	2018	2014	2015	2016	2017	2018
Australie	35 878	34 246	37 040	41 732	45 036	33 234	29 222	30 803	34 409	36 803
Autriche	20 798	18 228	19 248	20 410	23 087	11 050	9 325	9 734	10 654	11 973
Belgique	13 912	7 863	7 642	8 360	8 911	23 795	13 652	14 412	15 481	18 517
Canada	21 517	20 324	22 605	25 002	26 375	37 581	33 792	32 715	34 684	34 400
Chili	2 259	2 482	2 665	3 383	2 956	2 089	1 963	2 124	2 304	2 333
République tchèque	6 830	6 057	6 309	6 933	7 451	5 141	4 772	4 919	5 442	5 967
Danemark	7 624	6 682	7 495	8 498	9 101	10 451	8 983	9 176	9 793	10 490
Estonie	1 858	1 494	1 537	1 651	1 789	1 181	1 026	1 162	1 246	1 470
Finlande	3 642	2 571	2 646	3 383	3 662	5 296	4 797	5 191	5 573	6 080
France	58 070	58 319	55 124	58 708	65 452	48 692	39 513	40 348	42 672	47 837
Allemagne	43 263	36 893	37 430	39 759	42 955	93 218	77 481	79 736	88 843	95 533
Grèce	17 769	15 667	14 609	16 487	18 987	2 755	2 260	2 218	2 147	2 586
Hongrie	5 869	5 326	5 664	6 174	6 924	2 033	1 831	2 162	2 449	2 648
Islande	1 371	1 617	2 395	3 011	3 140 p	973	996	1 258	1 657	1 840 p
Irlande	4 851	4 786	5 182	5 603	6 182	6 404	5 704	6 220	6 552	7 401
Israël[1]	5 766	5 794	5 883	6 810	7 245	5 189	6 012	6 447	7 057	7 668
Italie	45 428	39 434	40 219	44 123	49 236	28 807	24 413	24 940	27 674	30 082
Japon	18 854	24 982	30 679	34 054	42 096	19 273	15 976	18 485	18 189	20 216
Corée	17 460	14 798	16 886	13 368	15 319	23 192	25 270	27 243	31 691	31 973
Lettonie	954	895	898	944	1 058	716	618	698	724	779
Lituanie	1 383	1 154	1 205	1 318	1 504	1 058	951	1 010	1 109	1 399
Luxembourg	5 361	4 181	4 247	4 546	4 993	3 277	2 816	2 853	2 984	3 222
Mexique	16 208	17 734	19 650	21 336	22 526	9 606	10 098	10 303	10 840	11 230
Pays-Bas	14 713	13 856	14 924	17 092	18 869	23 066	19 810	19 894	21 923	22 822
Nouvelle-Zélande	8 602	9 359	9 820	10 594	11 004	4 106	3 735	3 953	4 439	4 612
Norvège	5 575	4 873	5 204	5 558	5 843	18 435	15 292	15 037	16 212	17 341
Pologne	11 824	10 467	10 961	12 694	14 067	8 855	7 936	7 967	8 802	9 746
Portugal	13 644	12 871	14 171	17 523	19 878	4 149	3 695	3 943	4 611	5 504
République slovaque	2 508	2 431	2 746	2 916	3 199	2 427	2 126	2 237	2 395	2 627
Slovénie	2 840	2 398	2 512	2 843	3 192	1 485	1 230	1 301	1 490	1 640
Espagne	71 488	62 450	66 757	75 143	81 473	18 006	17 439	18 802	22 100	26 785
Suède	11 844	11 317	12 747	14 106	14 949	15 806	14 416	14 887	16 983	18 058
Suisse	17 801	16 369	15 990	16 481	16 971	16 858	16 288	16 465	17 843	18 355
Turquie	29 542	26 685	18 744	22 474	25 394 p	5 070	5 382	4 783	4 822	4 596 p
Royaume-Uni	50 402	50 812	47 887	47 539	48 602	71 056	67 933	67 237	64 997	69 028
États-Unis	191 918	206 936	206 650	210 655	214 680	105 668	114 548	123 549	134 868	144 463
Zone euro	161 796	137 046	138 971	..	..	143 396	121 371	128 263	..	..
UE28	435 878	393 015	401 025	438 797	479 959	395 110	338 357	347 499	375 853	413 262
Colombie	3 825	4 245	4 523	4 921	5 557	4 683	4 318	4 254	4 475	4 824
Costa Rica	2 996	3 267	3 648	3 656	3 773	450	690	803	1 044	982
Fédération de Russie	11 759	8 420	7 787	8 945	11 486	50 428	34 932	23 952	31 058	34 271

.. Non disponible ; p Donnée provisoire

Note : Partenaire : Monde sauf pour Zone euro : EA19.

Voir les métadonnées détaillées sur : *http://metalinks.oecd.org/tis/20200306/903d.*

1. Informations sur les données concernant Israël : *http://oe.cd/israel-disclaimer.*

Tableau 10. Construction

Millions USD

	Exportations					Importations				
	2014	2015	2016	2017	2018	2014	2015	2016	2017	2018
Australie	157	141	136	440	675	0	0	0	0	0
Autriche	785	753	790	877	1 035	955	785	686	743	780
Belgique	5 035	3 583	3 586	3 026	3 125	3 312	2 707	3 270	2 930	3 754
Canada	523	460	195	354	385	509	376	233	290	310
Chili	..	..	..	..	..	..	..	..	..	..
République tchèque	708	720	371	428	434	471	382	197	156	158
Danemark	3 385	5 091	6 369	6 544	9 701	2 060	2 108	2 947	3 731	5 848
Estonie	385	329	401	460	528	280	117	130	149	187
Finlande	484	436	251	289	425	638	792	629	594	549
France	3 487	3 966	3 316	5 579	3 598	2 911	2 738	2 375	3 004	2 285
Allemagne	2 712	2 101	1 923	2 120	2 381	2 139	1 799	1 954	1 812	1 843
Grèce	1 122	678	552	448	339	463	330	146	150	91
Hongrie	307	333	364	382	399	218	200	155	239	241
Islande	31	17	17	26	28 p	7	14	28	33	33 p
Irlande	80	78	76	86	90	265	254	280	338	354
Israël[1]	471	478	758	818	866	337	326	586	747	765
Italie	546	550	437	640	510	156	148	69	145	54
Japon	11 310	10 704	9 369	10 389	9 245	10 463	8 201	7 456	8 224	8 166
Corée	19 358	12 234	11 780	10 588	12 749	4 070	2 591	2 224	2 710	3 266
Lettonie	211	136	212	296	313	78	46	22	47	70
Lituanie	..	180	208	258	..	39	31	70	70	98
Luxembourg	480	387	383	371	332	382	299	362	334	325
Mexique	..	..	..	..	..	..	..	..	..	..
Pays-Bas	3 709	3 279	2 812	3 470	3 734	2 963	2 793	2 462	2 576	3 360
Nouvelle-Zélande	.. c	.. c	23	27	17	60	30	38	40	36
Norvège	..	..	..	..	..	..	..	..	..	..
Pologne	1 737	1 539	1 739	1 983	2 260	803	1 054	512	476	512
Portugal	724	622	801	876	825	137	111	137	144	149
République slovaque	206	154	117	117	128	221	176	138	137	182
Slovénie	368	316	414	475	587	311	133	116	142	209
Espagne	1 987	1 425	1 587	1 377	1 466	186	135	123	109	118
Suède	809	706	1 127	851	577	2 398	1 854	1 599	1 783	1 843
Suisse	..	..	..	..	..	..	..	..	..	..
Turquie	1 282	785	925	797	614 p	199	409	414	364	242 p
Royaume-Uni	3 367	2 865	3 039	2 351	2 860	3 261	1 844	1 888	2 185	2 834
États-Unis	1 882	2 526	1 417	1 777	2 583	2 219	2 879	1 643	1 735	2 672
Zone euro	7 905	6 677	6 997	..	..	8 523	7 155	6 431	..	..
UE28	33 550	30 846	31 530	34 022	36 779	25 244	21 160	20 522	22 219	26 135
Colombie	0	0	0	0	0	2	1	0	1	0
Costa Rica	..	..	..	..	..	..	..	..	..	..
Fédération de Russie	4 731	3 700	3 593	4 812	5 443	7 520	4 831	3 764	4 386	4 687

.. Non disponible ; c Donnée confidentielle ; p Donnée provisoire

Note : Partenaire : Monde sauf pour Zone euro : EA19.

Voir les métadonnées détaillées sur : *http://metalinks.oecd.org/tis/20200306/903d.*

1. Informations sur les données concernant Israël : *http://oe.cd/israel-disclaimer.*

Tableau 11. Services d'assurance et de pension

Millions USD

	Exportations					Importations				
	2014	2015	2016	2017	2018	2014	2015	2016	2017	2018
Australie	483	414	390	403	450	649	573	543	536	548
Autriche	934	488	523	491	558	1 116	873	1 021	1 020	1 065
Belgique	1 900	1 567	1 563	1 729	1 961	1 934	1 436	1 407	1 462	1 535
Canada	1 532	1 340	1 213	1 323	1 461	4 248	3 814	3 492	3 643	3 978
Chili	256	296	317	309	284	413	438	411	501	321
République tchèque	276	229	253	314	360	907	696	695	764	827
Danemark	324	269	299	326	292	481	369	387	378	366
Estonie	4	3	4	5	4	29	26	26	27	30
Finlande	53	74	126	227	287	560	373	426	383	414
France	6 306	4 183	9 121	7 550	9 376	7 300	6 199	9 336	10 256	10 045
Allemagne	10 630	11 159	13 173	13 107	13 992	5 797	6 122	6 942	6 915	7 416
Grèce	573	343	335	485	450	1 534	1 037	1 065	1 188	1 381
Hongrie	30	27	26	28	35	162	151	186	190	228
Islande	23	23	16	16	16 p	45	36	36	40	30 p
Irlande	11 572	11 433	10 283	10 984	11 407	7 565	7 895	7 406	7 851	9 490
Israël[1]	29	35	36	38	38	509	474	728	613	587
Italie	1 967	1 578	1 486	1 401	1 515	2 680	2 245	2 836	2 979	3 301
Japon	1 559	1 579	2 098	2 220	2 451	5 128	4 793	5 730	6 332	7 142
Corée	802	737	682	1 114	854	742	834	965	1 220	951
Lettonie	3	2	3	6	4	16	22	10	5	6
Lituanie	11	1	1	2	3	62	55	49	51	60
Luxembourg	3 635	3 175	3 217	3 224	3 464	2 038	1 649	1 573	1 461	1 582
Mexique	3 554	3 171	2 502	3 742	3 285	4 220	4 339	3 912	4 952	4 846
Pays-Bas	1 213	1 092	1 193	1 300	1 537	888	685	478	561	662
Nouvelle-Zélande	116	120	123	168	167	709	716	766	882	1 023
Norvège	..	..	..	..	..	..	..	..	..	..
Pologne	257	422	461	462	420	860	735	811	677	748
Portugal	121	140	138	152	178	450	388	406	445	498
République slovaque	56	57	40	59	64	117	196	137	144	142
Slovénie	106	105	103	115	135	128	111	113	116	125
Espagne	1 892	1 224	1 343	1 631	1 419	2 574	1 911	2 023	2 355	2 275
Suède	612	627	583	718	679	399	362	438	633	641
Suisse	7 118	6 703	7 764	8 321	7 441	1 482	1 684	1 575	1 727	1 784
Turquie	1 165	1 069	1 160	1 281	1 248 p	1 796	1 507	1 677	2 046	1 734 p
Royaume-Uni	36 146	25 590	25 323	23 412	26 180	3 985	5 500	3 289	2 807	2 910
États-Unis	17 333	16 248	16 819	18 015	17 466	51 011	47 420	50 144	50 599	42 485
Zone euro	19 382	15 414	15 927	..	..	16 730	13 513	15 833	..	..
UE28	79 081	64 545	70 382	68 480	75 170	42 593	39 867	41 871	43 591	46 913
Colombie	14	19	23	17	17	1 178	882	950	998	1 000
Costa Rica	2	2	2	2	2	195	208	207	184	201
Fédération de Russie	396	612	384	330	512	1 658	1 393	969	1 205	1 005

.. Non disponible ; p Donnée provisoire

Note : Partenaire : Monde sauf pour Zone euro : EA19.

Voir les métadonnées détaillées sur : *http://metalinks.oecd.org/tis/20200306/903d*.

1. Informations sur les données concernant Israël : *http://oe.cd/israel-disclaimer*.

Tableau 12. Services financiers

Millions USD

	Exportations					Importations				
	2014	2015	2016	2017	2018	2014	2015	2016	2017	2018
Australie	3 237	3 057	2 700	3 273	3 559	2 266	2 313	1 837	2 269	2 049
Autriche	3 296	2 583	2 605	2 661	2 845	1 800	1 736	1 894	2 093	2 187
Belgique	8 357	7 688	7 425	8 715	9 029	6 804	5 602	6 030	6 340	6 798
Canada	8 186	8 163	8 130	8 353	9 399	6 217	6 941	8 385	8 590	8 387
Chili	143	173	180	215	247	671	744	700	749	843
République tchèque	506	431	396	434	464	996	376	282	213	289
Danemark	824	696	733	682	719	828	640	665	552	585
Estonie	132	102	138	137	101	124	107	99	101	91
Finlande	421	389	382	329	322	1 684	1 405	1 346	911	883
France	12 930	11 777	11 533	10 905	11 774	6 758	6 375	5 960	6 990	7 693
Allemagne	25 778	23 445	22 855	23 971	24 707	16 482	13 884	13 335	11 884	12 851
Grèce	180	148	147	177	159	312	374	262	255	291
Hongrie	338	305	327	424	483	420	449	542	532	512
Islande	169	123	121	164	169 p	134	74	68	69	62 p
Irlande	13 841	13 849	14 699	17 516	18 124	10 126	11 403	12 774	14 563	15 169
Israël[1]	654	675	655	733	792	667	680	680	785	855
Italie	6 468	5 510	6 114	7 300	7 567	9 366	9 296	9 271	10 552	10 697
Japon	7 312	10 299	11 836	10 500	11 524	5 253	5 996	6 206	7 692	8 201
Corée	1 431	1 639	1 782	2 241	2 861	1 765	1 715	1 720	1 944	2 015
Lettonie	552	511	491	414	361	199	180	181	216	184
Lituanie	..	87	107	..	..	..	127	141	..	..
Luxembourg	59 206	57 787	56 698	59 930	64 765	41 821	40 980	39 567	42 051	44 680
Mexique	127	138	154	352	453	1 430	1 348	1 809	2 171	2 249
Pays-Bas	6 800	6 453	6 622	7 405	7 550	10 418	9 875	9 540	9 639	10 321
Nouvelle-Zélande	463	472	526	563	605	350	354	345	365	369
Norvège	..	..	..	..	..	..	..	..	..	..
Pologne	787	685	692	917	994	1 178	995	986	950	1 048
Portugal	443	368	362	390	462	675	585	532	500	557
République slovaque	182	212	168	151	173	170	197	145	202	247
Slovénie	72	52	52	53	73	150	143	169	152	144
Espagne	3 806	3 403	3 337	3 763	3 832	4 134	4 076	3 762	3 612	3 417
Suède	4 767	4 663	4 652	3 737	3 720	1 864	1 959	1 904	2 297	2 284
Suisse	21 900	20 675	19 724	20 255	21 577	3 700	3 535	3 576	3 738	3 869
Turquie	823	661	675	630	644 p	1 904	1 783	1 610	1 192	1 347 p
Royaume-Uni	82 542	79 686	76 373	76 518	83 444	19 402	19 942	18 923	18 443	22 459
États-Unis	106 949	102 435	99 074	109 203	112 015	24 883	25 769	25 710	28 957	31 298
Zone euro	58 048	54 498	56 482	..	..	44 008	40 937	40 789	..	..
UE28	242 049	229 941	226 453	235 658	250 892	141 727	135 895	133 763	138 489	148 782
Colombie	70	57	48	80	70	881	764	527	1 056	1 136
Costa Rica	86	65	90	90	85	166	177	185	211	265
Fédération de Russie	1 597	1 207	1 170	1 132	1 380	2 400	2 001	2 037	2 243	1 834

.. Non disponible ; p Donnée provisoire

Note : Partenaire : Monde sauf pour Zone euro : EA19.

Voir les métadonnées détaillées sur : *http://metalinks.oecd.org/tis/20200306/903d.*

1. Informations sur les données concernant Israël : *http://oe.cd/israel-disclaimer.*

Tableau 13. Frais pour usage de propriété intellectuelle n.i.a

Millions USD

	Exportations					Importations				
	2014	2015	2016	2017	2018	2014	2015	2016	2017	2018
Australie	855	785	819	924	965	3 969	3 528	3 318	3 419	3 630
Autriche	1 280	1 053	1 171	1 304	1 400	1 781	1 462	1 466	1 767	2 003
Belgique	3 304	3 203	3 794	3 819	4 388	3 396	3 335	2 763	3 591	3 724
Canada	4 753	4 077	4 513	4 885	5 507	11 694	10 713	11 563	11 825	11 803
Chili	41	42	38	51	46	1 549	1 558	1 614	1 670	1 783
République tchèque	498	465	446	420	498	1 344	1 228	1 194	1 231	1 499
Danemark	2 523	2 094	2 434	3 187	3 342	1 695	1 532	1 625	1 486	1 565
Estonie	13	12	12	20	16	62	44	52	62	65
Finlande	2 626	2 456	3 032	3 054	3 463	1 168	832	876	1 018	1 067
France	14 566	15 239	15 485	16 827	16 798	12 746	15 666	14 752	15 979	15 920
Allemagne	15 443	16 066	18 810	20 827	24 417	10 736	10 128	11 312	14 145	15 620
Grèce	106	54	79	75	96	448	290	247	346	383
Hongrie	2 077	1 566	1 793	1 683	1 770	1 701	2 020	1 447	1 592	1 503
Islande	161	232	187	253	245 p	120	84	105	116	122 p
Irlande	6 955	8 124	8 907	10 255	13 901	57 404	70 713	76 548	75 121	85 200
Israël[1]	1 269	1 312	1 605	1 855	2 202	448	433	440	576	589
Italie	3 343	3 075	3 440	4 320	4 955	5 169	4 322	4 684	4 763	5 143
Japon	37 385	36 454	39 274	41 739	45 484	20 865	17 033	20 247	21 380	21 739
Corée	5 542	6 554	6 936	7 287	7 752	10 546	10 056	9 429	9 702	9 881
Lettonie	5	6	6	9	9	44	33	37	47	64
Lituanie	26	23	28	31	31	48	48	67	68	62
Luxembourg	2 179	2 072	2 272	2 727	2 436	5 004	3 833	4 182	4 887	5 012
Mexique	8	7	7	7	7	240	260	277	292	302
Pays-Bas	46 092	42 924	43 521	49 710	57 160	56 797	51 488	50 361	57 547	64 720
Nouvelle-Zélande	322	308	333	397	433	942	833	863	917	891
Norvège	..	..	..	..	..	..	..	..	..	..
Pologne	346	417	446	572	616	2 958	2 436	2 695	3 144	3 651
Portugal	70	81	95	143	117	661	700	815	891	850
République slovaque	29	26	31	27	56	679	523	687	705	751
Slovénie	71	58	78	63	73	242	221	225	246	269
Espagne	1 440	1 615	1 925	2 354	2 536	4 474	4 522	4 989	5 051	6 648
Suède	9 176	8 833	7 652	7 699	7 438	3 906	4 181	3 347	5 108	4 862
Suisse	18 709	17 455	22 085	22 991	25 796	14 086	13 046	12 247	12 641	13 664
Turquie	0	0	0	10	29 p	675	683	762	767	726 p
Royaume-Uni	19 063	20 709	19 173	22 803	21 730	10 628	12 930	11 834	12 266	13 556
États-Unis	129 716	124 769	124 387	126 523	128 748	41 983	40 608	46 987	53 440	56 117
Zone euro	34 295	35 395	36 304	..	..	51 456	51 432	50 073	..	..
UE28	131 874	130 972	135 238	152 546	168 233	185 189	194 767	198 250	213 313	236 908
Colombie	56	52	46	62	106	526	471	439	420	471
Costa Rica	0	0	5	6	6	455	496	503	538	565
Fédération de Russie	666	726	548	733	876	8 021	5 634	4 997	5 980	6 288

.. Non disponible ; p Donnée provisoire

Note : Partenaire : Monde sauf pour Zone euro : EA19.

Voir les métadonnées détaillées sur : *http://metalinks.oecd.org/tis/20200306/903d*.

1. Informations sur les données concernant Israël : *http://oe.cd/israel-disclaimer*.

Tableau 14. Services de télécommunications, d'informatique et d'information

Millions USD

	Exportations					Importations				
	2014	2015	2016	2017	2018	2014	2015	2016	2017	2018
Australie	2 402	2 294	2 453	2 816	3 468	2 730	2 541	2 641	3 016	3 353
Autriche	6 562	5 559	5 804	6 498	7 429	4 844	4 182	4 375	5 027	6 116
Belgique	11 820	10 880	11 028	12 563	14 189	8 792	8 308	8 524	9 512	10 751
Canada	8 331	7 301	7 175	8 143	8 878	5 845	5 162	4 946	6 105	6 118
Chili	343	316	344	337	390	591	601	563	526	539
République tchèque	2 927	2 745	3 248	3 820	4 265	2 007	1 755	1 902	2 198	2 427
Danemark	4 085	3 889	4 117	4 742	5 188	4 651	4 477	4 555	5 316	6 067
Estonie	649	510	577	727	906	465	360	388	465	573
Finlande	8 676	8 377	7 967	8 062	8 007	3 394	3 067	3 272	3 747	4 356
France	18 925	17 219	18 155	18 310	20 404	19 806	17 829	19 386	21 110	23 009
Allemagne	29 134	30 323	35 021	38 714	42 625	25 597	27 438	33 322	37 194	40 740
Grèce	1 152	892	1 009	1 131	1 220	870	622	632	739	912
Hongrie	2 028	1 820	1 927	2 434	2 730	1 699	1 554	1 631	1 799	1 875
Islande	222	242	277	303	317 p	175	177	194	262	308 p
Irlande	56 462	56 653	65 038	77 459	102 262	2 155	2 392	2 820	4 423	5 784
Israël[1]	8 740	9 495	10 538	12 175	14 554	1 300	1 265	1 709	2 209	2 263
Italie	9 939	8 304	8 629	9 066	9 425	10 591	10 111	10 149	11 270	11 508
Japon	3 188	3 252	3 859	5 067	4 584	11 569	13 369	14 339	14 337	15 795
Corée	2 994	3 502	3 719	4 580	5 129	2 027	2 799	2 728	3 454	3 022
Lettonie	386	399	589	703	920	220	214	312	318	436
Lituanie	285	267	330	..	..	269	203	..	313	361
Luxembourg	5 941	4 340	4 247	4 041	4 138	4 587	3 253	3 460	3 493	4 429
Mexique	184	160	107	81	65	147	157	177	176	183
Pays-Bas	25 495	32 094	22 823	25 277	26 708	17 146	49 251	15 033	16 617	18 433
Nouvelle-Zélande	607	600	620	599	614	680	670	746	762	868
Norvège	..	..	..	..	..	..	..	..	..	..
Pologne	4 240	4 400	5 328	6 358	8 013	3 009	2 761	3 138	3 636	4 369
Portugal	1 527	1 342	1 469	1 640	1 993	1 364	1 022	1 065	1 058	1 197
République slovaque	961	853	1 203	1 543	1 770	810	778	865	986	1 126
Slovénie	607	575	610	613	637	651	610	584	608	641
Espagne	12 597	10 845	11 722	12 550	14 401	6 691	6 373	6 617	6 828	7 829
Suède	16 667	15 762	14 062	14 331	15 154	7 594	6 856	6 678	7 681	7 814
Suisse	14 074	13 828	14 076	13 327	12 807	14 277	14 299	15 960	17 129	15 384
Turquie	291	213	159	254	225 p	202	205	208	388	406 p
Royaume-Uni	27 476	28 544	28 540	27 400	29 675	16 565	15 197	14 092	14 147	16 006
États-Unis	34 691	36 578	38 245	42 001	43 196	36 502	36 704	37 418	39 628	41 190
Zone euro	76 016	65 560	68 611	..	..	49 292	43 448	46 239	..	..
UE28	254 472	252 338	260 650	287 241	333 275	147 679	172 479	147 191	163 668	182 576
Colombie	275	346	325	344	426	666	719	707	828	854
Costa Rica	849	1 002	1 095	1 163	1 246	213	221	248	269	277
Fédération de Russie	4 504	3 934	3 904	4 653	5 260	6 854	5 558	5 469	5 383	5 488

.. Non disponible ; p Donnée provisoire

Note : Partenaire : Monde sauf pour Zone euro : EA19.

Voir les métadonnées détaillées sur : *http://metalinks.oecd.org/tis/20200306/903d.*

1. Informations sur les données concernant Israël : *http://oe.cd/israel-disclaimer.*

Tableau 15. Autres services aux entreprises

Millions USD

	Exportations					Importations				
	2014	2015	2016	2017	2018	2014	2015	2016	2017	2018
Australie	8 282	7 286	7 540	8 037	7 819	10 163	9 413	8 167	8 919	9 591
Autriche	14 639	12 938	13 536	14 887	16 901	12 251	10 912	11 514	13 154	15 056
Belgique	45 455	41 631	42 223	44 489	45 220	41 698	40 348	39 745	41 991	43 942
Canada	29 040	25 858	25 704	27 157	27 079	21 385	19 505	18 828	20 591	21 481
Chili	2 509	2 616	2 515	2 489	2 660	2 680	2 838	2 776	2 745	2 990
République tchèque	5 099	4 533	4 842	5 289	6 102	5 384	4 528	4 738	5 291	6 379
Danemark	8 509	7 593	7 924	8 299	8 814	9 057	8 427	10 271	9 646	10 921
Estonie	1 215	1 077	1 208	1 348	1 520	888	818	902	926	1 065
Finlande	4 641	4 491	5 459	6 852	7 783	9 486	8 896	9 160	9 495	11 221
France	89 210	82 703	84 745	83 073	91 653	83 064	81 088	79 787	78 409	83 101
Allemagne	89 285	82 010	84 517	91 075	94 245	90 214	83 359	86 415	91 031	94 662
Grèce	2 180	1 620	1 793	2 247	2 321	1 527	852	906	1 200	1 456
Hongrie	5 035	4 900	5 397	5 768	6 213	6 877	5 679	5 960	5 781	6 921
Islande	342	304	336	291	324 p	940	759	759	730	866 p
Irlande	27 454	25 542	33 287	44 572	44 884	51 065	71 513	106 281	113 843	85 170
Israël[1]	12 259	12 312	13 648	15 037	17 263	7 184	6 741	6 028	7 204	7 396
Italie	26 140	21 225	22 189	24 897	26 646	27 542	23 829	24 666	27 173	30 917
Japon	37 380	34 079	39 307	41 223	42 090	59 079	60 995	62 613	63 168	67 982
Corée	20 945	19 040	20 790	21 240	21 681	30 090	28 328	28 512	33 454	32 892
Lettonie	713	618	656	752	914	564	540	576	673	804
Lituanie	582	562	697	859	..	583	571	712	808	..
Luxembourg	14 759	16 694	18 710	19 992	24 312	13 084	13 695	14 512	15 747	18 314
Mexique	11	10	25	28	39	3 486	2 923	3 037	3 670	2 921
Pays-Bas	54 361	51 444	53 042	65 241	74 572	51 403	51 036	55 395	68 463	79 716
Nouvelle-Zélande	1 420	1 262	1 311	1 430	1 477	2 630	2 209	2 159	2 157	2 278
Norvège	..	..	..	..	..	..	..	..	..	..
Pologne	10 779	9 938	10 843	12 943	15 969	8 848	8 028	8 534	9 503	11 219
Portugal	5 109	4 695	4 712	4 955	5 374	3 334	3 130	3 598	3 881	4 517
République slovaque	1 833	1 543	1 654	2 113	2 418	1 801	1 637	2 002	2 078	2 389
Slovénie	1 114	956	1 073	1 407	1 583	1 331	1 136	1 269	1 493	1 702
Espagne	22 884	21 112	23 626	24 153	25 515	16 765	15 074	16 549	17 692	20 281
Suède	18 981	17 435	19 770	18 986	18 065	22 144	19 180	20 757	22 280	23 670
Suisse	18 841	19 668	19 889	19 705	19 362	32 834	33 304	34 395	38 390	37 465
Turquie	343	251	623	882	930 p	2 359	1 766	2 342	2 505	2 449 p
Royaume-Uni	100 336	108 842	111 854	121 571	127 479	49 145	64 566	67 974	76 821	83 416
États-Unis	123 742	131 383	139 939	152 336	160 760	90 372	94 145	96 321	99 677	106 385
Zone euro	147 427	136 484	147 582	..	..	165 965	158 601	167 417	..	..
UE28	560 337	533 962	563 510	616 196	662 449	528 061	538 393	591 170	636 771	661 143
Colombie	954	886	890	1 057	1 233	2 851	1 942	1 558	1 523	1 613
Costa Rica	2 252	2 607	2 925	2 969	3 195	104	264	385	453	432
Fédération de Russie	16 736	12 610	11 716	12 467	12 681	23 152	18 226	17 348	19 322	20 398

.. Non disponible ; p Donnée provisoire

Note : Partenaire : Monde sauf pour Zone euro : EA19.

Voir les métadonnées détaillées sur : *http://metalinks.oecd.org/tis/20200306/903d.*

1. Informations sur les données concernant Israël : *http://oe.cd/israel-disclaimer.*

Tableau 16. Services personnels, culturels et relatifs aux loisirs

Millions USD

	Exportations					Importations				
	2014	2015	2016	2017	2018	2014	2015	2016	2017	2018
Australie	877	725	697	783	832	1 590	1 509	1 403	1 555	1 518
Autriche	624	532	610	659	659	1 349	1 208	1 302	1 373	1 577
Belgique	1 400	1 239	1 268	1 191	1 272	1 288	1 089	1 126	1 139	1 123
Canada	2 175	2 388	2 728	2 821	3 028	2 103	1 915	2 133	2 371	2 652
Chili	38	34	37	45	58	45	37	31	40	41
République tchèque	199	142	183	169	219	155	133	162	165	171
Danemark	699	475	543	580	558	1 443	1 283	1 309	1 579	1 647
Estonie	59	61	56	66	84	48	55	47	44	53
Finlande	57	67	54	230	196	491	571	564	668	765
France	3 504	3 553	4 327	4 357	4 659	4 422	3 443	3 818	3 604	3 548
Allemagne	1 697	1 752	1 848	4 120	2 683	2 221	4 766	5 014	5 971	7 079
Grèce	273	221	236	246	326	239	151	239	311	252
Hongrie	539	490	471	686	527	490	472	532	602	546
Islande	45	43	56	40	37 p	53	50	66	76	114 p
Irlande	328	274	273	280	293	295	246	246	336	406
Israël[1]	388	368	393	468	499	105	100	122	158	160
Italie	182	173	181	249	200	661	471	400	848	712
Japon	472	649	810	1 043	643	850	1 281	1 382	1 213	673
Corée	922	888	1 132	925	1 108	905	665	664	728	848
Lettonie	17	17	18	37	37	20	14	16	20	18
Lituanie	33	29	34	43	55	29	33	31	39	42
Luxembourg	6 497	5 599	4 596	3 496	4 089	5 314	4 881	3 554	2 932	3 232
Mexique	80	86	13	4	8	272	292	27	64	6
Pays-Bas	869	928	1 081	1 761	2 141	714	1 979	2 770	2 631	3 349
Nouvelle-Zélande	501	444	547	321	281	116	72	64	75	92
Norvège	..	..	..	..	..	..	..	..	..	..
Pologne	426	457	698	746	882	810	725	781	813	638
Portugal	291	226	245	326	309	305	268	305	247	295
République slovaque	26	29	36	40	40	56	51	55	69	80
Slovénie	84	82	94	80	87	90	93	101	103	94
Espagne	..	..	..	..	..	..	..	..	..	..
Suède	490	445	435	1 384	1 482	563	535	470	729	695
Suisse	..	..	..	..	..	..	..	..	..	..
Turquie	1 795	1 878	1 585	1 498	1 252 p	441	381	358	212	163 p
Royaume-Uni	4 760	5 297	5 302	5 467	7 065	4 815	5 106	4 953	5 115	5 683
États-Unis	3 291	3 239	3 258	3 077	2 478	2 180	2 344	2 606	2 773	2 817
Zone euro	8 101	7 283	7 348	..	..	7 428	6 920	7 337	..	..
UE28	27 377	27 479	27 604	31 715	35 448	27 619	29 520	29 758	31 363	34 546
Colombie	83	103	130	117	101	104	123	106	80	112
Costa Rica	15	0	0	0	0	2	2	3	1	1
Fédération de Russie	681	341	421	490	585	1 611	1 092	1 025	1 433	1 826

.. Non disponible ; p Donnée provisoire

Note : Partenaire : Monde sauf pour Zone euro : EA19.

Voir les métadonnées détaillées sur : *http://metalinks.oecd.org/tis/20200306/903d.*

1. Informations sur les données concernant Israël : *http://oe.cd/israel-disclaimer.*

Tableau 17. Biens et services des administrations publiques, n.i.a.

Millions USD

	Exportations					Importations				
	2014	2015	2016	2017	2018	2014	2015	2016	2017	2018
Australie	894	781	807	858	853	1 029	887	965	1 125	1 243
Autriche	641	505	513	566	620	126	104	106	113	116
Belgique	1 876	1 863	2 136	2 399	2 532	155	130	125	135	136
Canada	1 377	1 224	1 207	1 278	1 260	1 006	993	977	979	986
Chili	..	..	..	..	..	..	..	..	..	..
République tchèque	23	21	24	33	36	69	47	48	53	55
Danemark	373	350	294	345	375	133	112	120	120	124
Estonie	55	47	46	43	47	29	26	25	25	30
Finlande	127	108	131	133	139	31	124	122	41	43
France	1 231	770	725	1 227	558	498	12	12	35	34
Allemagne	5 319	5 050	4 823	4 174	5 619	1 377	1 544	1 402	1 765	1 832
Grèce	243	169	171	164	154	177	142	141	157	190
Hongrie	136	126	126	129	132	157	145	166	172	151
Islande	29	19	21	22	23 p	19	16	16	19	20 p
Irlande	344	466	418	420	429	57	47	47	50	54
Israël[1]	19	22	15	13	16	293	289	292	291	290
Italie	780	870	820	588	803	2 097	1 537	1 957	2 098	2 088
Japon	4 452	4 335	5 148	4 854	4 725	1 956	1 961	2 030	2 020	2 002
Corée	1 145	1 056	916	981	1 100	1 043	1 339	1 386	1 682	1 495
Lettonie	49	40	43	43	52	21	19	14	16	18
Lituanie	62	68	69	63	76	131	74	87	82	90
Luxembourg	496	475	545	579	686	60	61	53	58	64
Mexique	143	170	147	180	188	232	243	237	246	256
Pays-Bas	2 131	1 929	2 041	1 834	1 969	320	279	281	201	313
Nouvelle-Zélande	194	165	169	166	165	177	155	136	145	152
Norvège	..	..	..	..	..	..	..	..	..	..
Pologne	..	..	..	..	..	..	..	..	..	..
Portugal	207	154	136	163	164	90	118	76	82	94
République slovaque	4	35	39	39	48	5	10	15	17	19
Slovénie	19	21	16	14	11	67	66	79	80	106
Espagne	..	..	..	..	..	..	..	..	..	..
Suède	390	363	371	383	406	200	193	228	210	220
Suisse	..	..	..	..	..	..	..	..	..	..
Turquie	824	827	615	612	666 p	2 033	1 907	1 788	1 388	1 480 p
Royaume-Uni	3 913	3 963	3 559	3 631	3 806	6 485	4 476	4 273	5 043	4 912
États-Unis	19 693	20 087	18 777	19 653	21 235	24 236	21 531	21 503	22 047	22 975
Zone euro	1 192	1 015	1 031	..	..	1 727	1 969	1 688	..	..
UE28	19 751	18 691	18 272	18 558	20 685	23 597	20 418	21 587	23 283	23 921
Colombie	88	92	136	156	174	126	125	142	140	132
Costa Rica	32	25	29	32	24	18	18	15	13	20
Fédération de Russie	927	807	825	883	1 023	2 113	1 534	1 508	1 424	1 316

.. Non disponible ; p Donnée provisoire

Note : Partenaire : Monde sauf pour Zone euro : EA19.

Voir les métadonnées détaillées sur : *http://metalinks.oecd.org/tis/20200306/903d*.

1. Informations sur les données concernant Israël : *http://oe.cd/israel-disclaimer*.

Tableaux par pays

Australie

Millions USD

	Exportations					Importations				
	2014	2015	2016	2017	2018	2014	2015	2016	2017	2018
TOTAL DES SERVICES	**59 081**	**54 876**	**58 032**	**65 129**	**69 325**	**71 031**	**63 705**	**62 418**	**68 421**	**73 059**
Services de fabrication fournis sur des intrants physiques détenus par des tiers	**16**	**11**	**16**	**9**	**2**	**0**	**0**	**0**	**0**	**0**
Services d'entretien et de réparation n.i.a.	**53**	**62**	**48**	**38**	**29**	**489**	**359**	**517**	**549**	**523**
Transports	**5 946**	**5 076**	**5 384**	**5 816**	**5 638**	**14 911**	**13 361**	**12 225**	**12 624**	**13 800**
Transports maritimes	..	..	..	..	..	..	..	..	..	..
Passagers	..	..	..	..	..	..	..	..	..	..
Fret	..	..	..	..	..	..	..	..	..	..
Autres	..	..	..	..	..	..	..	..	..	..
Transports aériens	..	..	..	..	..	..	..	..	..	..
Passagers	..	..	..	..	..	..	..	..	..	..
Fret	..	..	..	..	..	..	..	..	..	..
Autres	..	..	..	..	..	..	..	..	..	..
Autres modes de transport	..	..	..	..	..	..	..	..	..	..
Passagers	..	..	..	..	..	..	..	..	..	..
Fret	..	..	..	..	..	..	..	..	..	..
Autres	..	..	..	..	..	..	..	..	..	..
Services postaux et de messagerie	1 183	902	1 041	1 191	1 082	95	72	80	81	102
Classification élargie des autres modes de transport										
Transports spatiaux	..	..	..	..	..	..	..	..	..	..
Transports ferroviaires	..	..	..	..	..	..	..	..	..	..
Passagers	..	..	..	..	..	..	..	..	..	..
Fret	..	..	..	..	..	..	..	..	..	..
Autres	..	..	..	..	..	..	..	..	..	..
Transports routiers	..	..	..	..	..	..	..	..	..	..
Passagers	..	..	..	..	..	..	..	..	..	..
Fret	..	..	..	..	..	..	..	..	..	..
Autres	..	..	..	..	..	..	..	..	..	..
Transports par voies navigables intérieures	..	..	..	..	..	..	..	..	..	..
Passagers	..	..	..	..	..	..	..	..	..	..
Fret	..	..	..	..	..	..	..	..	..	..
Autres	..	..	..	..	..	..	..	..	..	..
Transports par conduites	..	..	..	..	..	..	..	..	..	..
Transmission d'électricité	..	..	..	..	..	..	..	..	..	..
Autres services connexes aux transports	..	..	..	..	..	..	..	..	..	..
Transports - pour tous les modes										
Passagers	2 170	1 980	2 042	2 227	2 224	5 540	4 881	4 871	5 236	5 483
Fret	253	186	229	212	217	8 746	7 699	6 535	6 696	7 552
Autres	2 340	2 009	2 073	2 187	2 114	531	709	738	612	662
Autres transports sauf services postaux et de messagerie	..	..	..	..	..	..	..	..	..	..
Voyages	**35 878**	**34 246**	**37 040**	**41 732**	**45 036**	**33 234**	**29 222**	**30 803**	**34 409**	**36 803**
Voyages à titre professionnel	2 501	2 324	2 113	2 227	2 094	3 415	2 820	2 940	3 285	3 063
Acquisitions par les travailleurs frontaliers, saisonniers, court terme	..	..	..	..	..	..	..	..	..	..
Autres que les acquisitions par les travailleurs frontaliers, saisonniers, court terme	..	..	..	..	..	..	..	..	..	..
Voyages à titre personnel	33 378	31 923	34 927	39 505	42 942	29 820	26 402	27 863	31 125	33 741
Dépenses liées à la santé	..	..	..	..	..	..	..	..	..	..
Dépenses liées à l'éducation	17 891	17 082	19 173	23 194	26 325	297	223	292	269	265
Autres	15 486	14 841	15 754	16 310	16 617	29 523	26 179	27 571	30 856	33 476
Construction	**157**	**141**	**136**	**440**	**675**	**0**	**0**	**0**	**0**	**0**
Construction réalisée à l'étranger	..	..	..	..	..	..	..	..	..	..
Construction réalisée dans l'économie déclarante	..	..	..	..	..	..	..	..	..	..
Services d'assurance et de pension	**483**	**414**	**390**	**403**	**450**	**649**	**573**	**543**	**536**	**548**
Assurance directe	264	203	196	203	224	259	227	213	227	242
Assurance-vie	..	..	..	..	..	..	..	..	..	..
Assurance fret	..	..	..	..	..	..	..	..	..	..
Autres assurances directes	..	..	..	..	..	..	..	..	..	..
Réassurance	12	18	12	16	30	86	98	120	122	125
Services auxiliaires d'assurance	177	165	158	164	175	132	110	107	110	108
Services de pension et de garantie standard	31	29	25	20	21	173	139	103	77	73
Services de pension	31	29	25	20	21	173	139	103	77	73
Services de garantie standard	0	0	0	0	0	0	0	0	0	0

Australie (suite)

Millions USD

	Exportations					Importations				
	2014	2015	2016	2017	2018	2014	2015	2016	2017	2018
Services financiers	**3 237**	**3 057**	**2 700**	**3 273**	**3 559**	**2 266**	**2 313**	**1 837**	**2 269**	**2 049**
Services financiers explicitement facturés et autres	..	..	..	..	..	..	..	..	..	..
Services d'intermédiation financière indirectement mesurés (SIFIM)	..	..	..	..	..	..	..	..	..	..
Frais pour usage de propriété intellectuelle n.i.a.	**855**	**785**	**819**	**924**	**965**	**3 969**	**3 528**	**3 318**	**3 419**	**3 630**
Frais de franchise et marques commerciales	45	58	62	94	93	1 326	1 152	1 044	1 092	1 199
Licences d'utilisation des résultats de la recherche-développement	242	216	247	333	287	431	378	368	363	433
Licences de reproduction et/ou de distribution de logiciels	568	512	511	498	584	2 212	1 998	1 906	1 964	1 998
Licences de reproduction et/ou de distribution de produits audiovisuels et connexes	0	0	0	0	0	0	0	0	0	0
Services de télécommunications, d'informatique et d'information	**2 402**	**2 294**	**2 453**	**2 816**	**3 468**	**2 730**	**2 541**	**2 641**	**3 016**	**3 353**
Services de télécommunications	636	575	601	622	799	673	782	847	1 111	1 297
Services d'informatique	1 673	1 627	1 663	1 982	2 260	1 896	1 574	1 583	1 652	1 777
Logiciels	..	..	..	..	..	..	..	..	..	..
***dont :** Logiciels originaux*	..	..	..	..	..	..	..	..	..	..
Autres services d'informatique	..	..	..	..	..	..	..	..	..	..
Services d'information	93	92	190	212	409	162	185	211	252	279
Services d'agence de presse	..	..	..	..	..	..	..	..	..	..
Autres services d'information	..	..	..	..	..	..	..	..	..	..
Autres services aux entreprises	**8 282**	**7 286**	**7 540**	**8 037**	**7 819**	**10 163**	**9 413**	**8 167**	**8 919**	**9 591**
Services de recherche-développement	681	664	681	643	578	249	183	139	127	164
Travail mené de façon systématique pour accroître les connaissances	..	..	..	..	..	..	..	..	..	..
Services de recherche-développement, autres	..	..	..	..	..	..	..	..	..	..
Services spécialisés et services de conseil en gestion	4 333	3 862	3 678	3 967	3 934	4 531	4 521	4 270	5 109	5 294
Services juridiques, de comptabilité, de conseil en gestion et de relations publiques	3 636	3 215	3 216	3 637	3 643	4 223	4 009	3 736	4 504	4 764
Services juridiques	..	..	..	..	..	..	..	..	..	..
Comptabilité, vérification des comptes, tenue de livres et conseil en fiscalité	..	..	..	..	..	..	..	..	..	..
Conseil aux entreprises, conseil en gestion et relations publiques	..	..	..	..	..	..	..	..	..	..
Services de publicité, études de marché et sondages d'opinion	697	647	462	330	291	307	512	535	606	531
Services techniques, liés au commerce et autres services aux entreprises	3 269	2 760	3 182	3 427	3 307	5 383	4 709	3 758	3 683	4 133
Services d'architecture, d'ingénierie, scientifiques et autres services techniques	1 494	1 115	1 121	974	900	2 797	2 213	1 818	1 477	1 340
Services d'architecture	..	..	..	..	..	..	..	..	..	..
Services d'ingénierie	..	..	..	..	..	..	..	..	..	..
Services scientifiques et autres services techniques	..	..	..	..	..	..	..	..	..	..
Services de traitement des déchets et dépollution, services agricoles et miniers	328	280	200	315	195	503	599	213	205	195
Services de traitement des déchets et dépollution	..	..	..	..	..	..	..	..	..	..
Services annexes à l'agriculture, à la sylviculture et à la pêche	..	..	..	..	..	..	..	..	..	..
Services annexes aux industries extractives et à l'extraction de pétrole et de gaz	..	..	..	..	..	..	..	..	..	..
Services de location-exploitation	232	128	113	131	132	359	290	292	298	241
Services liés au commerce	620	512	543	612	711	332	327	245	199	223
Autres services aux entreprises n.i.a.	595	726	1 205	1 394	1 368	1 393	1 280	1 189	1 504	2 134
Services personnels, culturels et relatifs aux loisirs	**877**	**725**	**697**	**783**	**832**	**1 590**	**1 509**	**1 403**	**1 555**	**1 518**
Services audiovisuels et connexes	214	156	173	199	222	1 287	1 233	1 227	1 295	1 201
Autres services personnels, culturels et relatifs aux loisirs	663	569	525	584	610	303	276	176	260	318
Biens et services des administrations publiques, n.i.a.	**894**	**781**	**807**	**858**	**853**	**1 029**	**887**	**965**	**1 125**	**1 243**
Ambassades et consulats	..	..	..	..	..	..	..	..	..	..
Unités et organes militaires	..	..	..	..	..	..	..	..	..	..
Autres biens et services des administrations publiques, n.i.a.	..	..	..	..	..	..	..	..	..	..
Services non-alloués	**..**	**..**	**..**	**..**	**..**	**..**	**..**	**..**	**..**	**..**
Services liés au tourisme compris dans les voyages et les transports de passagers	..	..	..	..	..	..	..	..	..	..
SERVICES COMMERCIAUX	**58 187**	**54 095**	**57 224**	**64 271**	**68 471**	**70 001**	**62 818**	**61 453**	**67 296**	**71 816**
AUTRES SERVICES COMMERCIAUX	**16 293**	**14 701**	**14 736**	**16 675**	**17 767**	**21 367**	**19 876**	**17 908**	**19 714**	**20 689**

.. Non disponible

Note : Voir les métadonnées détaillées sur : *http://metalinks.oecd.org/tis/20200306/903d* et*http://metalinks.oecd.org/tis/20200306/7e1f*.

Source : Australian Bureau of Statistics (ABS).

TABLEAUX PAR PAYS

Autriche

Millions USD

	Exportations					Importations				
	2014	2015	2016	2017	2018	2014	2015	2016	2017	2018
TOTAL DES SERVICES	**68 572**	**59 018**	**61 450**	**66 798**	**74 670**	**55 201**	**47 707**	**49 722**	**55 244**	**62 546**
Services de fabrication fournis sur des intrants physiques détenus par des tiers	**2 082**	**1 619**	**1 743**	**1 804**	**1 925**	**2 240**	**1 900**	**2 164**	**2 334**	**2 879**
Services d'entretien et de réparation n.i.a.	**638**	**558**	**624**	**852**	**960**	**716**	**640**	**689**	**797**	**1 023**
Transports	**16 295**	**14 204**	**14 283**	**15 788**	**17 251**	**16 974**	**14 579**	**14 772**	**16 171**	**17 772**
Transports maritimes	670	575	456	459	499	1 986	1 596	1 454	1 410	1 454
Passagers	..	..	..	..	..	..	..	..	..	..
Fret	..	..	..	..	..	..	..	..	..	..
Autres	..	..	..	..	..	..	..	..	..	..
Transports aériens	3 038	2 739	2 355	2 693	2 944	3 458	2 815	2 548	2 895	3 158
Passagers	2 058	1 885	1 468	1 747	1 845	2 255	1 810	1 684	1 873	2 065
Fret	381	324	318	332	398	395	348	269	310	373
Autres	598	530	570	613	700	805	657	595	712	719
Autres modes de transport	11 938	10 319	10 797	11 873	12 984	11 134	9 832	10 408	11 472	12 759
Passagers	288	240	248	327	332	212	172	155	207	235
Fret	10 290	9 044	9 489	10 363	11 303	10 650	9 425	10 003	11 023	12 256
Autres	1 360	1 035	1 061	1 183	1 348	272	236	250	241	268
Services postaux et de messagerie	649	571	676	763	825	397	335	363	396	400
Classification élargie des autres modes de transport										
Transports spatiaux	..	..	..	..	..	..	..	..	..	..
Transports ferroviaires	1 421	1 135	1 038	1 297	1 445	1 343	1 147	1 042	1 199	1 414
Passagers	..	..	..	..	..	..	..	..	..	..
Fret	..	..	..	..	..	..	..	..	..	..
Autres	..	..	..	..	..	..	..	..	..	..
Transports routiers	9 495	8 224	8 649	9 397	10 338	8 567	7 680	8 336	9 243	10 332
Passagers	33	31	35	44	46	21	19	24	35	33
Fret	8 248	7 267	7 650	8 277	9 074	8 365	7 511	8 137	9 041	10 122
Autres	1 214	926	964	1 076	1 218	180	151	176	167	177
Transports par voies navigables intérieures	130	109	120	120	129	430	323	318	313	263
Passagers	..	..	..	..	..	..	..	..	..	..
Fret	..	..	..	..	..	..	..	..	..	..
Autres	..	..	..	..	..	..	..	..	..	..
Transports par conduites	..	..	..	..	..	..	..	..	..	..
Transmission d'électricité	..	..	..	..	..	..	..	..	..	..
Autres services connexes aux transports	..	..	..	..	..	..	..	..	..	..
Transports - pour tous les modes										
Passagers	2 346	2 125	1 716	2 074	2 177	2 468	1 982	1 838	2 080	2 299
Fret	..	..	..	..	..	..	..	..	..	..
Autres	..	..	..	..	..	..	..	..	..	..
Autres transports sauf services postaux et de messagerie	..	..	..	..	..	..	..	..	..	..
Voyages	**20 798**	**18 228**	**19 248**	**20 410**	**23 087**	**11 050**	**9 325**	**9 734**	**10 654**	**11 973**
Voyages à titre professionnel	3 057	2 548	2 692	2 749	3 176	1 933	1 633	1 626	1 653	1 712
Acquisitions par les travailleurs frontaliers, saisonniers, court terme	..	..	..	..	..	..	..	..	..	..
Autres que les acquisitions par les travailleurs frontaliers, saisonniers, court terme	2 461	2 041	2 113	2 154	2 499	1 733	1 444	1 439	1 446	1 446
Voyages à titre personnel	17 740	15 680	16 556	17 661	19 911	9 117	7 693	8 107	9 001	10 261
Dépenses liées à la santé	19	19	17	17	17	373	316	321	331	380
Dépenses liées à l'éducation	716	622	679	657	701	180	256	301	381	407
Autres	17 005	15 039	15 861	16 987	19 193	8 563	7 120	7 486	8 287	9 475
Construction	**785**	**753**	**790**	**877**	**1 035**	**955**	**785**	**686**	**743**	**780**
Construction réalisée à l'étranger	779	745	760	831	999	365	298	264	305	321
Construction réalisée dans l'économie déclarante	5	8	31	46	37	590	488	421	437	459
Services d'assurance et de pension	**934**	**488**	**523**	**491**	**558**	**1 116**	**873**	**1 021**	**1 020**	**1 065**
Assurance directe	350	282	301	260	269	455	353	361	382	413
Assurance-vie	146	98	93	83	79	244	207	216	215	227
Assurance fret	25	19	17	11	15	129	110	110	125	142
Autres assurances directes	179	165	191	166	175	82	36	35	42	45
Réassurance	561	181	194	201	255	650	510	645	622	626
Services auxiliaires d'assurance	21	24	29	32	34	11	9	16	16	26
Services de pension et de garantie standard	..	..	..	..	..	..	..	..	..	..
Services de pension	..	..	..	..	..	..	..	..	..	..
Services de garantie standard	..	..	..	..	..	..	..	..	..	..

Autriche *(suite)*

Millions USD

	Exportations					Importations				
	2014	2015	2016	2017	2018	2014	2015	2016	2017	2018
Services financiers	**3 296**	**2 583**	**2 605**	**2 661**	**2 845**	**1 800**	**1 736**	**1 894**	**2 093**	**2 187**
Services financiers explicitement facturés et autres	1 329	1 145	1 089	1 054	1 210	949	901	900	967	1 056
Services d'intermédiation financière indirectement mesurés (SIFIM)	1 966	1 439	1 517	1 606	1 635	852	835	993	1 126	1 131
Frais pour usage de propriété intellectuelle n.i.a.	**1 280**	**1 053**	**1 171**	**1 304**	**1 400**	**1 781**	**1 462**	**1 466**	**1 767**	**2 003**
Frais de franchise et marques commerciales	419	344	363	319	403	499	437	560	531	593
Licences d'utilisation des résultats de la recherche-développement	419	337	392	525	470	354	229	290	552	669
Licences de reproduction et/ou de distribution de logiciels	279	226	259	301	340	495	412	187	249	318
Licences de reproduction et/ou de distribution de produits audiovisuels et connexes	163	146	158	159	188	434	385	429	436	425
Services de télécommunications, d'informatique et d'information	**6 562**	**5 559**	**5 804**	**6 498**	**7 429**	**4 844**	**4 182**	**4 375**	**5 027**	**6 116**
Services de télécommunications	881	736	883	877	857	784	658	605	700	669
Services d'informatique	5 373	4 519	4 638	5 318	6 237	3 716	3 232	3 446	3 962	4 984
Logiciels	657	671	521	625	727	847	773	841	961	1 189
***dont :** Logiciels originaux*	..	..	..	..	..	..	..	..	..	..
Autres services d'informatique	4 717	3 850	4 117	4 692	5 510	2 870	2 459	2 605	3 001	3 795
Services d'information	307	302	283	303	335	344	293	323	365	463
Services d'agence de presse	..	..	..	..	..	..	..	..	..	..
Autres services d'information	..	..	..	..	..	..	..	..	..	..
Autres services aux entreprises	**14 639**	**12 938**	**13 536**	**14 887**	**16 901**	**12 251**	**10 912**	**11 514**	**13 154**	**15 056**
Services de recherche-développement	2 650	2 380	2 344	2 600	2 914	890	806	894	1 146	1 167
Travail mené de façon systématique pour accroître les connaissances	2 537	2 253	2 223	2 468	2 715	609	552	616	846	825
Services de recherche-développement, autres	..	..	..	..	..	..	..	..	..	..
Services spécialisés et services de conseil en gestion	3 848	3 363	3 479	3 816	4 280	4 484	3 908	4 105	4 739	5 266
Services juridiques, de comptabilité, de conseil en gestion et de relations publiques	1 949	1 756	1 736	1 861	2 061	1 665	1 425	1 348	1 529	1 695
Services juridiques	300	283	283	314	359	333	301	322	346	391
Comptabilité, vérification des comptes, tenue de livres et conseil en fiscalité	238	219	230	259	275	264	237	233	286	321
Conseil aux entreprises, conseil en gestion et relations publiques	1 412	1 254	1 221	1 287	1 428	1 068	887	793	897	983
Services de publicité, études de marché et sondages d'opinion	1 899	1 608	1 743	1 956	2 219	2 819	2 483	2 757	3 209	3 571
Services techniques, liés au commerce et autres services aux entreprises	8 142	7 195	7 712	8 472	9 706	6 877	6 199	6 514	7 270	8 623
Services d'architecture, d'ingénierie, scientifiques et autres services techniques	4 109	3 710	3 730	4 130	4 565	2 458	2 168	2 127	2 369	2 916
Services d'architecture	72	58	72	101	105	142	84	124	92	242
Services d'ingénierie	3 702	3 311	3 321	3 639	4 045	1 853	1 689	1 561	1 805	2 004
Services scientifiques et autres services techniques	..	..	..	..	..	..	..	..	..	..
Services de traitement des déchets et dépollution, services agricoles et miniers	85	99	117	109	130	88	78	66	72	93
Services de traitement des déchets et dépollution	..	..	..	..	..	..	..	..	..	..
Services annexes à l'agriculture, à la sylviculture et à la pêche	..	..	..	..	..	..	..	..	..	..
Services annexes aux industries extractives et à l'extraction de pétrole et de gaz	..	..	..	..	..	..	..	..	..	..
Services de location-exploitation	655	552	712	675	757	272	231	275	310	371
Services liés au commerce	1 259	1 031	1 133	1 165	1 370	1 384	1 249	1 223	1 418	1 584
Autres services aux entreprises n.i.a.	2 034	1 802	2 019	2 394	2 884	2 675	2 473	2 823	3 101	3 658
Services personnels, culturels et relatifs aux loisirs	**624**	**532**	**610**	**659**	**659**	**1 349**	**1 208**	**1 302**	**1 373**	**1 577**
Services audiovisuels et connexes	133	111	127	129	145	390	385	439	511	613
Autres services personnels, culturels et relatifs aux loisirs	491	421	482	531	515	959	823	863	862	963
Biens et services des administrations publiques, n.i.a.	**641**	**505**	**513**	**566**	**620**	**126**	**104**	**106**	**113**	**116**
Ambassades et consulats	..	..	..	..	..	..	..	..	..	..
Unités et organes militaires	..	..	..	..	..	..	..	..	..	..
Autres biens et services des administrations publiques, n.i.a.	..	..	..	..	..	..	..	..	..	..
Services non-alloués	**..**	**..**	**-3 p**	**-3 p**	**5 p**	**..**	**..**	**-2 p**	**2 p**	**-2 p**
Services liés au tourisme compris dans les voyages et les transports de passagers	..	..	..	..	..	..	..	..	..	..
SERVICES COMMERCIAUX	**67 931**	**58 513**	**60 937**	**66 232**	**74 050**	**55 075**	**47 602**	**49 615**	**55 131**	**62 430**
AUTRES SERVICES COMMERCIAUX	**28 120**	**23 906**	**25 039**	**27 377**	**30 827**	**24 096**	**21 158**	**22 257**	**25 176**	**28 784**

.. Non disponible ; p Donnée provisoire

Note : Voir les métadonnées détaillées sur : *http://metalinks.oecd.org/tis/20200306/903d* et *http://metalinks.oecd.org/tis/20200306/8f2f.*

Source : Eurostat.

Belgique

Millions USD

	Exportations					Importations				
	2014	2015	2016	2017	2018	2014	2015	2016	2017	2018
TOTAL DES SERVICES	**124 925**	**108 971**	**108 913**	**117 087**	**123 583**	**117 789**	**104 281**	**105 197**	**113 659**	**123 619**
Services de fabrication fournis sur des intrants physiques détenus par des tiers	**4 466**	**5 036**	**4 588**	**4 910**	**5 041**	**1 422**	**2 107**	**1 742**	**2 181**	**2 438**
Services d'entretien et de réparation n.i.a.	**854**	**804**	**804**	**841**	**928**	**606**	**936**	**773**	**836**	**1 323**
Transports	**25 841**	**22 692**	**22 286**	**24 301**	**25 899**	**23 327**	**23 272**	**24 203**	**26 976**	**28 360**
Transports maritimes	8 987	7 707	7 741	8 020	8 343	6 537	7 137	7 569	8 549	9 174
Passagers	27	21	24	16	64	24	17	24	16	50
Fret	5 671	4 308	4 018	4 483	4 347	4 747	5 377	5 505	6 486	6 748
Autres	3 289	3 378	3 699	3 520	3 931	1 767	1 742	2 039	2 046	2 377
Transports aériens	3 148	2 642	2 553	3 387	3 769	3 996	3 524	3 316	3 515	3 939
Passagers	1 154	948	945	1 044	1 189	2 427	2 040	1 897	1 952	2 070
Fret	885	672	597	1 240	1 376	1 048	954	960	1 112	1 285
Autres	1 109	1 022	1 011	1 104	1 204	521	531	459	452	583
Autres modes de transport	12 730	11 548	11 163	12 299	13 125	12 152	11 996	12 627	14 194	14 646
Passagers	142	141	168	179	228	166	143	159	267	224
Fret	7 489	6 708	6 311	7 012	7 250	8 669	8 633	9 218	10 096	10 095
Autres	5 099	4 699	4 683	5 108	5 647	3 317	3 220	3 251	3 831	4 327
Services postaux et de messagerie	975	794	829	595	662	642	616	690	718	601
Classification élargie des autres modes de transport										
Transports spatiaux	1	..	..	..	..	..	..	..	..	..
Transports ferroviaires	792	661	669	754	765	740	740	624	772	759
Passagers	98	105	141	135	157	143	119	137	240	179
Fret	551	454	406	534	462	406	463	344	360	355
Autres	143	103	123	86	146	191	160	142	172	224
Transports routiers	8 025	7 419	7 139	8 057	8 501	8 467	8 537	9 243	10 576	10 386
Passagers	44	36	28	42	70	23	24	21	25	45
Fret	5 628	5 193	4 831	5 451	5 699	7 098	7 019	7 734	8 718	8 456
Autres	2 354	2 190	2 281	2 565	2 733	1 347	1 494	1 487	1 834	1 885
Transports par voies navigables intérieures	385	295	309	338	342	372	380	403	495	560
Passagers	..	..	..	3	1	..	..	..	2	..
Fret	267	202	200	206	183	273	303	318	372	424
Autres	118	93	108	129	159	98	77	85	121	136
Transports par conduites	825	561	535	502	539	803	633	561	425	536
Transmission d'électricité	220	299	339	319	368	90	216	261	222	322
Autres services connexes aux transports	2 484	2 312	2 173	2 329	2 610	1 680	1 490	1 536	1 705	2 082
Transports - pour tous les modes										
Passagers	1 324	1 110	1 137	1 239	1 480	2 616	2 199	2 081	2 235	2 344
Fret	14 045	11 689	10 927	12 734	12 975	14 463	14 964	15 683	17 694	18 128
Autres	10 472	9 893	10 222	10 328	11 444	6 246	6 108	6 439	7 047	7 887
Autres transports sauf services postaux et de messagerie	9 497	9 099	9 393	9 733	10 782	5 604	5 492	5 749	6 329	7 288
Voyages	**13 912**	**7 863**	**7 642**	**8 360**	**8 911**	**23 795**	**13 652**	**14 412**	**15 481**	**18 517**
Voyages à titre professionnel	3 091	867	804	875	937	3 294	1 769	1 721	1 889	2 188
Acquisitions par les travailleurs frontaliers, saisonniers, court terme	405	338	295	301	332	1 072	896	808	823	904
Autres que les acquisitions par les travailleurs frontaliers, saisonniers, court terme	2 687	529	508	574	606	2 222	873	914	1 066	1 284
Voyages à titre personnel	10 821	6 996	6 838	7 486	7 974	20 501	11 883	12 691	13 593	16 328
Dépenses liées à la santé	..	..	..	..	..	..	..	..	..	..
Dépenses liées à l'éducation	..	..	..	..	..	..	..	..	..	..
Autres	10 362	6 467	6 456	6 819	7 379	19 881	11 477	12 283	13 128	15 873
Construction	**5 035**	**3 583**	**3 586**	**3 026**	**3 125**	**3 312**	**2 707**	**3 270**	**2 930**	**3 754**
Construction réalisée à l'étranger	4 817	3 203	3 376	2 803	2 916	1 433	1 004	1 678	1 193	1 736
Construction réalisée dans l'économie déclarante	218	380	210	222	209	1 879	1 702	1 592	1 737	2 016
Services d'assurance et de pension	**1 900**	**1 567**	**1 563**	**1 729**	**1 961**	**1 934**	**1 436**	**1 407**	**1 462**	**1 535**
Assurance directe	945	801	836	894	1 061	823	597	629	554	556
Assurance-vie	13	12	11	11	14	4	3	2	2	1
Assurance fret	141	101	103	99	124	102	61	71	64	85
Autres assurances directes	791	688	723	782	923	716	532	556	487	470
Réassurance	500	370	347	472	471	706	527	508	578	676
Services auxiliaires d'assurance	455	396	377	363	398	403	311	269	329	302
Services de pension et de garantie standard	1	1	1	1	32	1	1	1	..	1
Services de pension	1	1	1	1	32	1	1	1	..	1
Services de garantie standard	..	..	..	..	..	..	..	..	..	..

Belgique *(suite)*

Millions USD

	Exportations					Importations				
	2014	2015	2016	2017	2018	2014	2015	2016	2017	2018
Services financiers	**8 357**	**7 688**	**7 425**	**8 715**	**9 029**	**6 804**	**5 602**	**6 030**	**6 340**	**6 798**
Services financiers explicitement facturés et autres	5 696	4 850	4 434	5 478	5 633	5 207	4 602	5 212	5 727	6 164
Services d'intermédiation financière indirectement mesurés (SIFIM)	2 661	2 837	2 992	3 238	3 395	1 596	1 000	817	613	633
Frais pour usage de propriété intellectuelle n.i.a.	**3 304**	**3 203**	**3 794**	**3 819**	**4 388**	**3 396**	**3 335**	**2 763**	**3 591**	**3 724**
Frais de franchise et marques commerciales	724	732	840	801	1 012	634	576	485	538	647
Licences d'utilisation des résultats de la recherche-développement	..	..	..	..	..	..	..	..	..	..
Licences de reproduction et/ou de distribution de logiciels	..	..	..	..	..	..	..	..	..	..
Licences de reproduction et/ou de distribution de produits audiovisuels et connexes	..	..	..	..	..	..	..	..	..	..
Services de télécommunications, d'informatique et d'information	**11 820**	**10 880**	**11 028**	**12 563**	**14 189**	**8 792**	**8 308**	**8 524**	**9 512**	**10 751**
Services de télécommunications	3 806	3 587	3 455	3 377	3 520	3 036	2 936	2 722	2 709	2 777
Services d'informatique	7 699	6 727	6 910	8 542	9 808	5 598	4 973	5 251	6 201	7 205
Logiciels	..	..	..	..	..	..	..	..	..	..
***dont :** Logiciels originaux*	..	..	..	..	..	..	..	..	..	..
Autres services d'informatique	..	..	..	..	..	..	..	..	..	..
Services d'information	316	567	664	644	863	159	399	550	603	768
Services d'agence de presse	69	77	91	80	170	20	21	19	17	84
Autres services d'information	245	489	573	563	693	139	378	532	585	685
Autres services aux entreprises	**45 455**	**41 631**	**42 223**	**44 489**	**45 220**	**41 698**	**40 348**	**39 745**	**41 991**	**43 942**
Services de recherche-développement	4 572	4 291	4 891	5 494	5 138	6 878	7 060	4 765	5 573	6 000
Travail mené de façon systématique pour accroître les connaissances	4 572	4 291	4 891	5 494	5 138	6 878	7 060	4 765	5 573	6 000
Services de recherche-développement, autres	..	..	..	..	..	..	..	..	..	..
Services spécialisés et services de conseil en gestion	30 406	28 325	28 187	29 794	30 788	25 383	24 470	25 104	26 009	28 542
Services juridiques, de comptabilité, de conseil en gestion et de relations publiques	24 346	23 687	23 798	25 322	26 353	18 115	18 804	19 570	20 116	22 371
Services juridiques	685	724	992	1 054	1 081	521	581	522	521	733
Comptabilité, vérification des comptes, tenue de livres et conseil en fiscalité	1 027	907	908	1 091	1 094	898	850	916	1 109	1 223
Conseil aux entreprises, conseil en gestion et relations publiques	22 634	22 056	21 897	23 179	24 179	16 696	17 372	18 132	18 487	20 415
Services de publicité, études de marché et sondages d'opinion	6 059	4 637	4 390	4 472	4 434	7 269	5 666	5 534	5 893	6 171
Services techniques, liés au commerce et autres services aux entreprises	10 479	9 016	9 145	9 201	9 296	9 437	8 817	9 876	10 411	9 401
Services d'architecture, d'ingénierie, scientifiques et autres services techniques	3 473	3 175	2 911	2 684	2 847	2 627	2 651	3 404	3 572	2 723
Services d'architecture	45	26	29	25	45	32	21	22	28	47
Services d'ingénierie	2 179	2 010	1 700	1 346	1 309	1 666	1 719	2 384	2 569	1 522
Services scientifiques et autres services techniques	1 250	1 141	1 183	1 315	1 493	930	911	999	975	1 153
Services de traitement des déchets et dépollution, services agricoles et miniers	376	328	426	429	452	337	360	320	370	504
Services de traitement des déchets et dépollution	232	151	258	234	214	157	148	146	157	159
Services annexes à l'agriculture, à la sylviculture et à la pêche	..	..	..	..	..	..	..	..	..	..
Services annexes aux industries extractives et à l'extraction de pétrole et de gaz	..	..	..	..	..	..	..	..	..	..
Services de location-exploitation	2 228	1 811	2 152	1 927	1 799	1 670	1 788	2 088	2 035	1 604
Services liés au commerce	3 379	2 828	2 836	3 220	3 205	3 639	3 179	3 281	3 465	3 490
Autres services aux entreprises n.i.a.	1 024	872	820	941	994	1 164	840	783	968	1 080
Services personnels, culturels et relatifs aux loisirs	**1 400**	**1 239**	**1 268**	**1 191**	**1 272**	**1 288**	**1 089**	**1 126**	**1 139**	**1 123**
Services audiovisuels et connexes	829	765	794	634	634	1 004	865	858	823	766
Autres services personnels, culturels et relatifs aux loisirs	571	474	475	557	640	283	224	268	317	358
Biens et services des administrations publiques, n.i.a.	**1 876**	**1 863**	**2 136**	**2 399**	**2 532**	**155**	**130**	**125**	**135**	**136**
Ambassades et consulats	17	83	94	106	128	28	20	24	26	30
Unités et organes militaires	192	168	174	184	201	98	79	16	..	..
Autres biens et services des administrations publiques, n.i.a.	1 665	1 613	1 868	2 108	2 204	29	31	86	108	106
Services non-alloués	**706**	**923**	**570**	**745**	**1 090**	**1 262**	**1 360**	**1 079**	**1 086**	**1 221**
Services liés au tourisme compris dans les voyages et les transports de passagers	..	..	..	..	..	..	..	..	..	..
SERVICES COMMERCIAUX	**123 049**	**107 108**	**106 777**	**114 688**	**121 051**	**117 634**	**104 151**	**105 072**	**113 524**	**123 483**
AUTRES SERVICES COMMERCIAUX	**77 270**	**69 791**	**70 887**	**75 531**	**79 183**	**67 224**	**62 825**	**62 865**	**66 966**	**71 625**

.. Non disponible

Note : Voir les métadonnées détaillées sur : *http://metalinks.oecd.org/tis/20200306/903d* et *http://metalinks.oecd.org/tis/20200306/f0af*.

Source : Eurostat.

TABLEAUX PAR PAYS

Canada

Millions USD

	Exportations					Importations				
	2014	2015	2016	2017	2018	2014	2015	2016	2017	2018
TOTAL DES SERVICES	**92 652**	**84 936**	**87 364**	**94 218**	**98 901**	**114 025**	**104 727**	**104 511**	**112 121**	**115 442**
Services de fabrication fournis sur des intrants physiques détenus par des tiers	..	..	..	..	..	..	..	..	..	..
Services d'entretien et de réparation n.i.a.	**1 504**	**1 642**	**1 584**	**1 518**	**1 566**	**792**	**902**	**856**	**726**	**749**
Transports	**13 716**	**12 162**	**12 311**	**13 383**	**13 963**	**22 645**	**20 614**	**20 385**	**22 316**	**24 578**
Transports maritimes	2 997	2 507	2 365	2 660	2 908	10 146	9 260	8 936	9 725	11 156
Passagers	..	..	..	..	..	..	..	..	..	..
Fret	778	632	544	664	711	9 524	8 698	8 379	9 109	10 419
Autres	2 219	1 875	1 821	1 996	2 197	623	562	558	616	736
Transports aériens	5 968	5 423	5 695	6 172	6 455	9 351	8 494	8 342	9 238	9 890
Passagers	3 008	2 731	3 059	3 433	3 498	7 008	6 288	6 238	6 960	7 512
Fret	..	..	..	..	..	..	..	..	..	..
Autres	2 960	2 693	2 636	2 739	2 957	2 343	2 206	2 105	2 279	2 379
Autres modes de transport	4 752	4 231	4 252	4 552	4 600	3 148	2 861	3 106	3 353	3 532
Passagers	25	24	26	29	28	303	244	232	251	276
Fret	3 398	3 077	3 121	3 184	3 163	2 019	1 874	1 929	1 933	2 028
Autres	..	..	..	..	..	..	..	..	..	..
Services postaux et de messagerie	1 329	1 131	1 104	1 339	1 408	826	743	945	1 168	1 229
Classification élargie des autres modes de transport										
Transports spatiaux	..	..	..	..	..	..	..	..	..	..
Transports ferroviaires	..	..	..	..	..	..	..	..	..	..
Passagers	..	..	..	..	..	..	..	..	..	..
Fret	..	..	..	..	..	..	..	..	..	..
Autres	..	..	..	..	..	..	..	..	..	..
Transports routiers	..	..	..	..	..	..	..	..	..	..
Passagers	..	..	..	..	..	..	..	..	..	..
Fret	..	..	..	..	..	..	..	..	..	..
Autres	..	..	..	..	..	..	..	..	..	..
Transports par voies navigables intérieures	..	..	..	..	..	..	..	..	..	..
Passagers	..	..	..	..	..	..	..	..	..	..
Fret	..	..	..	..	..	..	..	..	..	..
Autres	..	..	..	..	..	..	..	..	..	..
Transports par conduites	..	..	..	..	..	..	..	..	..	..
Transmission d'électricité	..	..	..	..	..	..	..	..	..	..
Autres services connexes aux transports	..	..	..	..	..	..	..	..	..	..
Transports - pour tous les modes										
Passagers	3 033	2 754	3 084	3 461	3 525	7 310	6 532	6 471	7 211	7 787
Fret	4 175	3 709	3 665	3 848	3 874	11 542	10 572	10 308	11 042	12 448
Autres	5 179	4 567	4 458	4 735	5 155	2 966	2 768	2 663	2 894	3 115
Autres transports sauf services postaux et de messagerie	..	..	..	..	..	..	..	..	..	..
Voyages	**21 517**	**20 324**	**22 605**	**25 002**	**26 375**	**37 581**	**33 792**	**32 715**	**34 684**	**34 400**
Voyages à titre professionnel	3 116	2 790	2 894	3 178	3 411	4 491	3 998	3 970	4 230	4 182
Acquisitions par les travailleurs frontaliers, saisonniers, court terme	..	..	..	..	..	..	..	..	..	..
Autres que les acquisitions par les travailleurs frontaliers, saisonniers, court terme	..	..	..	..	..	..	..	..	..	..
Voyages à titre personnel	18 401	17 534	19 712	21 824	22 964	33 090	29 794	28 745	30 455	30 219
Dépenses liées à la santé	143	127	123	130	136	434	444	513	532	533
Dépenses liées à l'éducation	6 443	6 434	6 811	7 992	8 676	2 160	2 363	2 508	2 661	2 771
Autres	11 814	10 973	12 778	13 702	14 152	30 496	26 987	25 724	27 262	26 915
Construction	**523**	**460**	**195**	**354**	**385**	**509**	**376**	**233**	**290**	**310**
Construction réalisée à l'étranger	..	..	..	..	..	..	..	..	..	..
Construction réalisée dans l'économie déclarante	..	..	..	..	..	..	..	..	..	..
Services d'assurance et de pension	**1 532**	**1 340**	**1 213**	**1 323**	**1 461**	**4 248**	**3 814**	**3 492**	**3 643**	**3 978**
Assurance directe	528	550	393	444	490	1 411	898	1 105	1 151	1 256
Assurance-vie	..	..	..	..	..	..	..	..	..	..
Assurance fret	..	..	..	..	..	..	..	..	..	..
Autres assurances directes	..	..	..	..	..	..	..	..	..	..
Réassurance	605	410	372	333	368	2 434	2 704	2 256	2 277	2 487
Services auxiliaires d'assurance	400	380	447	546	603	403	212	131	216	235
Services de pension et de garantie standard	..	..	..	..	..	..	..	..	..	..
Services de pension	..	..	..	..	..	..	..	..	..	..
Services de garantie standard	..	..	..	..	..	..	..	..	..	..

Canada (suite)

Millions USD

	Exportations					Importations				
	2014	2015	2016	2017	2018	2014	2015	2016	2017	2018
Services financiers	**8 186**	**8 163**	**8 130**	**8 353**	**9 399**	**6 217**	**6 941**	**8 385**	**8 590**	**8 387**
Services financiers explicitement facturés et autres	5 209	5 006	4 877	4 886	5 661	5 158	5 864	7 283	7 484	7 250
Services d'intermédiation financière indirectement mesurés (SIFIM)	2 976	3 157	3 253	3 467	3 738	1 060	1 077	1 102	1 107	1 138
Frais pour usage de propriété intellectuelle n.i.a.	**4 753**	**4 077**	**4 513**	**4 885**	**5 507**	**11 694**	**10 713**	**11 563**	**11 825**	**11 803**
Frais de franchise et marques commerciales	530	575	554	744	838	2 368	1 924	2 028	2 149	2 136
Licences d'utilisation des résultats de la recherche-développement	1 908	1 654	1 748	1 762	1 987	4 920	5 925	6 179	5 957	5 971
Licences de reproduction et/ou de distribution de logiciels	1 930	1 575	1 717	1 873	2 112	3 992	2 126	2 422	2 699	2 682
Licences de reproduction et/ou de distribution de produits audiovisuels et connexes	386	274	493	506	570	414	739	933	1 020	1 014
Services de télécommunications, d'informatique et d'information	**8 331**	**7 301**	**7 175**	**8 143**	**8 878**	**5 845**	**5 162**	**4 946**	**6 105**	**6 118**
Services de télécommunications	1 894	1 842	1 741	1 530	1 529	1 505	1 618	1 353	1 606	1 648
Services d'informatique	5 772	4 852	4 757	5 673	6 304	3 198	2 767	2 723	3 176	3 156
Logiciels	..	..	..	..	..	..	..	..	..	..
dont : *Logiciels originaux*	..	..	..	..	..	..	..	..	..	..
Autres services d'informatique	..	..	..	..	..	..	..	..	..	..
Services d'information	666	607	678	941	1 045	1 142	776	871	1 322	1 314
Services d'agence de presse	..	..	..	..	..	..	..	..	..	..
Autres services d'information	..	..	..	..	..	..	..	..	..	..
Autres services aux entreprises	**29 040**	**25 858**	**25 704**	**27 157**	**27 079**	**21 385**	**19 505**	**18 828**	**20 591**	**21 481**
Services de recherche-développement	5 412	4 565	5 116	5 345	5 368	1 437	1 230	1 188	1 208	1 555
Travail mené de façon systématique pour accroître les connaissances	..	..	..	..	..	..	..	..	..	..
Services de recherche-développement, autres	..	..	..	..	..	..	..	..	..	..
Services spécialisés et services de conseil en gestion	11 935	11 239	12 396	13 846	12 888	10 634	9 864	10 648	12 481	12 888
Services juridiques, de comptabilité, de conseil en gestion et de relations publiques	11 024	10 074	11 111	12 132	11 500	9 958	9 179	10 000	11 400	11 805
Services juridiques	1 462	1 594	1 987	2 079	2 220	852	585	672	714	787
Comptabilité, vérification des comptes, tenue de livres et conseil en fiscalité	..	..	..	..	..	..	..	..	..	..
Conseil aux entreprises, conseil en gestion et relations publiques	10 202	9 250	10 267	11 208	10 624	9 206	8 535	9 332	10 709	11 094
Services de publicité, études de marché et sondages d'opinion	910	1 166	1 285	1 714	1 388	676	685	648	1 082	1 084
Services techniques, liés au commerce et autres services aux entreprises	11 692	10 054	8 191	7 965	8 823	9 316	8 412	6 993	6 902	7 037
Services d'architecture, d'ingénierie, scientifiques et autres services techniques	6 735	4 934	4 030	4 071	4 430	5 091	4 629	3 815	4 130	4 516
Services d'architecture	..	..	..	..	..	..	..	..	..	..
Services d'ingénierie	2 894	1 718	1 531	1 436	1 562	1 506	1 036	827	831	908
Services scientifiques et autres services techniques	3 841	3 216	2 500	2 635	2 868	3 585	3 593	2 988	3 299	3 608
Services de traitement des déchets et dépollution, services agricoles et miniers	108	172	84	169	184	406	343	270	266	291
Services de traitement des déchets et dépollution	108	172	84	169	184	406	343	270	266	291
Services annexes à l'agriculture, à la sylviculture et à la pêche	..	..	..	..	..	..	..	..	..	..
Services annexes aux industries extractives et à l'extraction de pétrole et de gaz	..	..	..	..	..	..	..	..	..	..
Services de location-exploitation	490	526	458	546	704	884	684	627	574	410
Services liés au commerce	1 645	1 686	1 810	1 692	2 152	1 083	836	818	841	657
Autres services aux entreprises n.i.a.	2 823	2 907	1 893	1 657	1 537	2 258	2 263	1 733	1 358	1 455
Services personnels, culturels et relatifs aux loisirs	**2 175**	**2 388**	**2 728**	**2 821**	**3 028**	**2 103**	**1 915**	**2 133**	**2 371**	**2 652**
Services audiovisuels et connexes	1 888	2 106	2 510	2 606	2 791	1 888	1 747	2 010	2 241	2 511
Autres services personnels, culturels et relatifs aux loisirs	288	281	217	215	237	215	168	123	130	141
Biens et services des administrations publiques, n.i.a.	**1 377**	**1 224**	**1 207**	**1 278**	**1 260**	**1 006**	**993**	**977**	**979**	**986**
Ambassades et consulats	..	..	..	..	..	..	..	..	..	..
Unités et organes militaires	..	..	..	..	..	..	..	..	..	..
Autres biens et services des administrations publiques, n.i.a.	..	..	..	..	..	..	..	..	..	..
Services non-alloués	**..**	**..**	**..**	**..**	**..**	**..**	**..**	**..**	**..**	**..**
Services liés au tourisme compris dans les voyages et les transports de passagers	**24 550**	**23 077**	**25 690**	**28 463**	**29 901**	**44 891**	**40 324**	**39 184**	**41 895**	**42 187**
SERVICES COMMERCIAUX	**91 275**	**83 712**	**86 157**	**92 940**	**97 640**	**113 019**	**103 734**	**103 534**	**111 141**	**114 456**
AUTRES SERVICES COMMERCIAUX	**54 539**	**49 586**	**49 657**	**53 035**	**55 737**	**52 001**	**48 426**	**49 581**	**53 416**	**54 729**

.. Non disponible

Note : Voir les métadonnées détaillées sur : *http://metalinks.oecd.org/tis/20200306/903d* et *http://metalinks.oecd.org/tis/20200306/0905*.

Source : Statistique Canada.

Chili

Millions USD

	Exportations					Importations				
	2014	2015	2016	2017	2018	2014	2015	2016	2017	2018
TOTAL DES SERVICES	**10 681**	**9 520**	**9 526**	**10 195**	**10 273**	**14 411**	**13 095**	**12 840**	**13 590**	**14 269**
Services de fabrication fournis sur des intrants physiques détenus par des tiers	..	..	..	..	..	..	..	..	..	..
Services d'entretien et de réparation n.i.a.	..	..	..	..	..	..	..	..	..	..
Transports	**4 671**	**3 186**	**3 008**	**2 936**	**3 224**	**6 023**	**4 580**	**4 266**	**4 660**	**5 004**
Transports maritimes	2 604	1 205	992	1 023	1 060	4 219	2 856	2 429	2 595	2 870
Passagers	..	..	..	..	..	..	..	..	..	..
Fret	1 554	280	104	168	171	2 611	2 403	2 209	2 371	2 667
Autres	1 051	926	888	855	889	1 607	453	220	223	203
Transports aériens	..	..	..	..	..	..	..	..	..	..
Passagers	..	..	..	..	..	..	..	..	..	..
Fret	..	..	..	..	..	..	..	..	..	..
Autres	..	..	..	..	..	..	..	..	..	..
Autres modes de transport	2 067	1 981	2 016	1 913	2 164	1 804	1 724	1 837	2 066	2 134
Passagers	943	931	1 079	989	1 016	618	555	609	759	753
Fret	867	772	674	644	862	896	902	908	974	1 027
Autres	256	278	263	279	285	290	267	320	333	354
Services postaux et de messagerie	..	..	..	..	..	..	..	..	..	..
Classification élargie des autres modes de transport										
Transports spatiaux	..	..	..	..	..	..	..	..	..	..
Transports ferroviaires	..	..	..	..	..	..	..	..	..	..
Passagers	..	..	..	..	..	..	..	..	..	..
Fret	..	..	..	..	..	..	..	..	..	..
Autres	..	..	..	..	..	..	..	..	..	..
Transports routiers	..	..	..	..	..	..	..	..	..	..
Passagers	..	..	..	..	..	..	..	..	..	..
Fret	..	..	..	..	..	..	..	..	..	..
Autres	..	..	..	..	..	..	..	..	..	..
Transports par voies navigables intérieures	..	..	..	..	..	..	..	..	..	..
Passagers	..	..	..	..	..	..	..	..	..	..
Fret	..	..	..	..	..	..	..	..	..	..
Autres	..	..	..	..	..	..	..	..	..	..
Transports par conduites	..	..	..	..	..	..	..	..	..	..
Transmission d'électricité	..	..	..	..	..	..	..	..	..	..
Autres services connexes aux transports	..	..	..	..	..	..	..	..	..	..
Transports - pour tous les modes										
Passagers	943	931	1 079	989	1 016	618	555	609	759	753
Fret	2 420	1 051	778	812	1 034	3 507	3 306	3 117	3 345	3 694
Autres	1 307	1 203	1 151	1 134	1 174	1 898	719	540	556	557
Autres transports sauf services postaux et de messagerie	..	..	..	..	..	..	..	..	..	..
Voyages	**2 259**	**2 482**	**2 665**	**3 383**	**2 956**	**2 089**	**1 963**	**2 124**	**2 304**	**2 333**
Voyages à titre professionnel	400	427	423	394	422	312	254	275	254	283
Acquisitions par les travailleurs frontaliers, saisonniers, court terme	..	..	..	..	..	..	..	..	..	..
Autres que les acquisitions par les travailleurs frontaliers, saisonniers, court terme	..	..	..	..	..	..	..	..	..	..
Voyages à titre personnel	1 859	2 055	2 242	2 989	2 534	1 777	1 710	1 849	2 050	2 050
Dépenses liées à la santé	..	..	..	..	..	..	..	..	..	..
Dépenses liées à l'éducation	..	..	..	..	..	..	..	..	..	..
Autres	..	..	..	..	..	..	..	..	..	..
Construction	..	..	..	..	..	..	..	..	..	..
Construction réalisée à l'étranger	..	..	..	..	..	..	..	..	..	..
Construction réalisée dans l'économie déclarante	..	..	..	..	..	..	..	..	..	..
Services d'assurance et de pension	**256**	**296**	**317**	**309**	**284**	**413**	**438**	**411**	**501**	**321**
Assurance directe	..	..	..	..	..	..	..	..	..	..
Assurance-vie	..	..	..	..	..	..	..	..	..	..
Assurance fret	..	..	..	..	..	..	..	..	..	..
Autres assurances directes	..	..	..	..	..	..	..	..	..	..
Réassurance	..	..	..	..	..	..	..	..	..	..
Services auxiliaires d'assurance	..	..	..	..	..	..	..	..	..	..
Services de pension et de garantie standard	..	..	..	..	..	..	..	..	..	..
Services de pension	..	..	..	..	..	..	..	..	..	..
Services de garantie standard	..	..	..	..	..	..	..	..	..	..

Chili *(suite)*

Millions USD

	Exportations					Importations				
	2014	2015	2016	2017	2018	2014	2015	2016	2017	2018
Services financiers	**143**	**173**	**180**	**215**	**247**	**671**	**744**	**700**	**749**	**843**
Services financiers explicitement facturés et autres	..	..	..	..	..	..	..	..	..	..
Services d'intermédiation financière indirectement mesurés (SIFIM)	..	..	..	..	..	..	..	..	..	..
Frais pour usage de propriété intellectuelle n.i.a.	**41**	**42**	**38**	**51**	**46**	**1 549**	**1 558**	**1 614**	**1 670**	**1 783**
Frais de franchise et marques commerciales	..	..	..	..	..	..	..	..	..	..
Licences d'utilisation des résultats de la recherche-développement	..	..	..	..	..	..	..	..	..	..
Licences de reproduction et/ou de distribution de logiciels	..	..	..	..	..	..	..	..	..	..
Licences de reproduction et/ou de distribution de produits audiovisuels et connexes	..	..	..	..	..	..	..	..	..	..
Services de télécommunications, d'informatique et d'information	**343**	**316**	**344**	**337**	**390**	**591**	**601**	**563**	**526**	**539**
Services de télécommunications	98	78	61	51	62	159	132	118	123	123
Services d'informatique	245	239	283	286	328	432	469	446	403	416
Logiciels	..	..	..	..	..	..	..	..	..	..
***dont :** Logiciels originaux*	..	..	..	..	..	..	..	..	..	..
Autres services d'informatique	..	..	..	..	..	..	..	..	..	..
Services d'information	..	..	..	..	..	..	..	..	..	..
Services d'agence de presse	..	..	..	..	..	..	..	..	..	..
Autres services d'information	..	..	..	..	..	..	..	..	..	..
Autres services aux entreprises	**2 509**	**2 616**	**2 515**	**2 489**	**2 660**	**2 680**	**2 838**	**2 776**	**2 745**	**2 990**
Services de recherche-développement	..	..	..	..	..	..	..	..	..	..
Travail mené de façon systématique pour accroître les connaissances	..	..	..	..	..	..	..	..	..	..
Services de recherche-développement, autres	..	..	..	..	..	..	..	..	..	..
Services spécialisés et services de conseil en gestion	..	..	..	..	..	..	..	..	..	..
Services juridiques, de comptabilité, de conseil en gestion et de relations publiques	..	..	..	..	..	..	..	..	..	..
Services juridiques	..	..	..	..	..	..	..	..	..	..
Comptabilité, vérification des comptes, tenue de livres et conseil en fiscalité	..	..	..	..	..	..	..	..	..	..
Conseil aux entreprises, conseil en gestion et relations publiques	..	..	..	..	..	..	..	..	..	..
Services de publicité, études de marché et sondages d'opinion	..	..	..	..	..	..	..	..	..	..
Services techniques, liés au commerce et autres services aux entreprises	..	..	..	..	..	..	..	..	..	..
Services d'architecture, d'ingénierie, scientifiques et autres services techniques	..	..	..	..	..	..	..	..	..	..
Services d'architecture	..	..	..	..	..	..	..	..	..	..
Services d'ingénierie	..	..	..	..	..	..	..	..	..	..
Services scientifiques et autres services techniques	..	..	..	..	..	..	..	..	..	..
Services de traitement des déchets et dépollution, services agricoles et miniers	..	..	..	..	..	..	..	..	..	..
Services de traitement des déchets et dépollution	..	..	..	..	..	..	..	..	..	..
Services annexes à l'agriculture, à la sylviculture et à la pêche	..	..	..	..	..	..	..	..	..	..
Services annexes aux industries extractives et à l'extraction de pétrole et de gaz	..	..	..	..	..	..	..	..	..	..
Services de location-exploitation	..	..	..	..	..	..	..	..	..	..
Services liés au commerce	..	..	..	..	..	..	..	..	..	..
Autres services aux entreprises n.i.a.	..	..	..	..	..	..	..	..	..	..
Services personnels, culturels et relatifs aux loisirs	**38**	**34**	**37**	**45**	**58**	**45**	**37**	**31**	**40**	**41**
Services audiovisuels et connexes	..	..	..	..	..	..	..	..	..	..
Autres services personnels, culturels et relatifs aux loisirs	..	..	..	..	..	..	..	..	..	..
Biens et services des administrations publiques, n.i.a.	**..**	**..**	**..**	**..**	**..**	**..**	**..**	**..**	**..**	**..**
Ambassades et consulats	..	..	..	..	..	..	..	..	..	..
Unités et organes militaires	..	..	..	..	..	..	..	..	..	..
Autres biens et services des administrations publiques, n.i.a.	..	..	..	..	..	..	..	..	..	..
Services non-alloués	**423**	**376**	**421**	**432**	**408**	**351**	**336**	**355**	**395**	**417**
Services liés au tourisme compris dans les voyages et les transports de passagers	**..**	**..**	**..**	**..**	**..**	**..**	**..**	**..**	**..**	**..**
SERVICES COMMERCIAUX	**..**	**..**	**..**	**..**	**..**	**..**	**..**	**..**	**..**	**..**
AUTRES SERVICES COMMERCIAUX	3 752	3 852	3 853	3 877	4 094	6 300	6 551	6 450	6 625	6 933

.. Non disponible

Note : Voir les métadonnées détaillées sur : *http://metalinks.oecd.org/tis/20200306/903d* et *http://metalinks.oecd.org/tis/20200306/995e.*

Source : Banque centrale du Chili.

République tchèque

Millions USD

	Exportations					Importations				
	2014	2015	2016	2017	2018	2014	2015	2016	2017	2018
TOTAL DES SERVICES	**25 094**	**22 840**	**24 250**	**27 175**	**30 432**	**22 413**	**19 667**	**19 847**	**21 712**	**24 878**
Services de fabrication fournis sur des intrants physiques détenus par des tiers	**1 692**	**1 568**	**1 806**	**2 149**	**2 275**	**291**	**302**	**293**	**325**	**336**
Services d'entretien et de réparation n.i.a.	**687**	**772**	**664**	**763**	**822**	**647**	**850**	**930**	**845**	**847**
Transports	**5 650**	**5 157**	**5 709**	**6 422**	**7 507**	**4 999**	**4 598**	**4 487**	**5 029**	**5 925**
Transports maritimes	70	58	72	82	89	317	278	255	227	280
Passagers	..	..	0	0	0	0	0	0	..	..
Fret	53	38	43	54	56	116	109	91	145	193
Autres	16	20	28	27	33	201	169	164	82	87
Transports aériens	1 180	1 065	1 137	1 171	1 318	589	609	448	502	695
Passagers	742	663	691	682	763	22	25	22	38	71
Fret	256	230	243	259	291	191	179	161	184	274
Autres	183	172	203	230	263	377	405	265	280	349
Autres modes de transport	4 349	3 981	4 440	5 066	5 988	3 858	3 508	3 553	4 084	4 730
Passagers	48	46	40	40	76	19	22	21	29	31
Fret	3 543	3 252	3 692	4 104	4 583	3 456	3 131	3 163	3 606	4 208
Autres	759	683	708	922	1 329	384	355	369	449	490
Services postaux et de messagerie	51	53	60	103	112	235	203	232	215	221
Classification élargie des autres modes de transport										
Transports spatiaux	..	..	..	..	..	..	..	..	..	..
Transports ferroviaires	443	369	400	455	531	376	365	423	509	558
Passagers	10	16	16	18	18	11	15	15	26	22
Fret	385	309	337	373	440	349	341	394	464	517
Autres	48	44	47	65	72	17	9	14	20	19
Transports routiers	3 342	3 056	3 216	3 571	4 035	2 567	2 495	2 551	2 902	3 303
Passagers	38	30	24	22	58	8	7	6	4	10
Fret	3 000	2 745	2 889	3 194	3 537	2 393	2 336	2 376	2 689	3 092
Autres	305	281	303	355	440	167	152	170	210	201
Transports par voies navigables intérieures	14	9	11	14	17	9	1	1	2	2
Passagers	..	..	..	..	..	..	..	..	..	..
Fret	10	7	5	9	13	8	0	0	1	1
Autres	3	3	6	5	4	1	1	1	1	1
Transports par conduites	58	38	348	289	295	573	361	293	366	429
Transmission d'électricité	89	152	114	240	298	133	92	101	87	168
Autres services connexes aux transports	403	357	352	497	812	199	192	185	218	269
Transports - pour tous les modes										
Passagers	789	710	731	722	839	41	47	43	67	102
Fret	3 851	3 519	3 979	4 417	4 930	3 763	3 419	3 415	3 934	4 676
Autres	1 009	929	999	1 283	1 738	1 196	1 132	1 029	1 027	1 148
Autres transports sauf services postaux et de messagerie	958	876	939	1 179	1 625	962	929	797	812	927
Voyages	**6 830**	**6 057**	**6 309**	**6 933**	**7 451**	**5 141**	**4 772**	**4 919**	**5 442**	**5 967**
Voyages à titre professionnel	1 732	1 393	1 451	1 595	1 714	1 198	859	885	980	1 074
Acquisitions par les travailleurs frontaliers, saisonniers, court terme	417	403	482	587	777	465	463	568	686	792
Autres que les acquisitions par les travailleurs frontaliers, saisonniers, court terme	1 315	990	969	1 007	937	733	396	317	294	282
Voyages à titre personnel	5 098	4 664	4 858	5 339	5 737	3 944	3 913	4 034	4 462	4 893
Dépenses liées à la santé	236	230	240	264	283	100	105	108	120	131
Dépenses liées à l'éducation	234	201	208	224	245	361	307	286	300	330
Autres	4 628	4 233	4 410	4 852	5 209	3 483	3 501	3 639	4 043	4 432
Construction	**708**	**720**	**371**	**428**	**434**	**471**	**382**	**197**	**156**	**158**
Construction réalisée à l'étranger	685	676	368	420	425	413	328	152	112	108
Construction réalisée dans l'économie déclarante	22	45	3	7	8	59	54	45	44	50
Services d'assurance et de pension	**276**	**229**	**253**	**314**	**360**	**907**	**696**	**695**	**764**	**827**
Assurance directe	153	134	133	166	177	154	145	142	168	196
Assurance-vie	..	0	0	0	1	0	..	0	0	0
Assurance fret	130	116	121	135	153	130	124	120	140	166
Autres assurances directes	23	18	13	31	23	24	21	22	28	30
Réassurance	102	67	81	94	127	577	460	450	487	523
Services auxiliaires d'assurance	17	22	24	46	45	173	88	100	108	107
Services de pension et de garantie standard	4	6	15	8	12	3	3	3	1	1
Services de pension	3	3	2	3	3	0	0	0	0	0
Services de garantie standard	1	4	13	6	8	3	2	2	1	1

République tchèque *(suite)*

Millions USD

	Exportations					Importations				
	2014	2015	2016	2017	2018	2014	2015	2016	2017	2018
Services financiers	**506**	**431**	**396**	**434**	**464**	**996**	**376**	**282**	**213**	**289**
Services financiers explicitement facturés et autres	43	41	38	45	60	541	126	115	86	81
Services d'intermédiation financière indirectement mesurés (SIFIM)	463	391	359	389	404	455	251	168	127	208
Frais pour usage de propriété intellectuelle n.i.a.	**498**	**465**	**446**	**420**	**498**	**1 344**	**1 228**	**1 194**	**1 231**	**1 499**
Frais de franchise et marques commerciales	114	98	73	77	68	447	387	385	360	370
Licences d'utilisation des résultats de la recherche-développement	147	129	163	96	134	97	71	79	80	71
Licences de reproduction et/ou de distribution de logiciels	69	70	53	56	71	55	85	95	141	156
Licences de reproduction et/ou de distribution de produits audiovisuels et connexes	167	169	157	190	225	746	684	635	651	902
Services de télécommunications, d'informatique et d'information	**2 927**	**2 745**	**3 248**	**3 820**	**4 265**	**2 007**	**1 755**	**1 902**	**2 198**	**2 427**
Services de télécommunications	557	459	631	783	786	541	484	606	703	717
Services d'informatique	2 331	2 235	2 560	2 929	3 361	1 295	1 060	1 151	1 334	1 520
Logiciels	558	629	764	883	1 226	208	183	226	247	281
***dont :** Logiciels originaux*	178	175	267	243	248	105	93	100	122	142
Autres services d'informatique	1 772	1 606	1 796	2 046	2 136	1 087	877	925	1 087	1 239
Services d'information	40	50	57	109	117	172	211	145	161	190
Services d'agence de presse	..	..	..	..	..	..	..	..	..	..
Autres services d'information	..	..	..	..	..	..	..	..	..	..
Autres services aux entreprises	**5 099**	**4 533**	**4 842**	**5 289**	**6 102**	**5 384**	**4 528**	**4 738**	**5 291**	**6 379**
Services de recherche-développement	593	559	557	671	781	687	515	611	776	1 066
Travail mené de façon systématique pour accroître les connaissances	593	559	557	671	781	687	515	611	776	1 066
Services de recherche-développement, autres	..	..	..	..	..	..	..	..	..	..
Services spécialisés et services de conseil en gestion	2 531	2 200	2 371	2 767	2 974	2 604	2 411	2 389	2 776	3 244
Services juridiques, de comptabilité, de conseil en gestion et de relations publiques	1 901	1 688	1 819	2 165	2 300	2 055	1 972	1 919	2 159	2 534
Services juridiques	85	87	103	108	115	80	94	53	70	90
Comptabilité, vérification des comptes, tenue de livres et conseil en fiscalité	441	434	470	567	729	238	194	224	235	263
Conseil aux entreprises, conseil en gestion et relations publiques	1 375	1 168	1 246	1 491	1 456	1 737	1 684	1 642	1 853	2 181
Services de publicité, études de marché et sondages d'opinion	630	511	552	602	674	549	439	470	618	710
Services techniques, liés au commerce et autres services aux entreprises	1 975	1 774	1 913	1 851	2 347	2 092	1 602	1 738	1 739	2 069
Services d'architecture, d'ingénierie, scientifiques et autres services techniques	809	679	709	614	814	607	388	520	375	352
Services d'architecture	15	41	16	16	14	7	5	2	9	2
Services d'ingénierie	578	399	472	316	461	357	198	318	114	109
Services scientifiques et autres services techniques	216	239	222	283	340	243	185	201	251	241
Services de traitement des déchets et dépollution, services agricoles et miniers	34	27	30	33	36	35	21	20	24	29
Services de traitement des déchets et dépollution	25	20	23	24	31	19	10	10	12	17
Services annexes à l'agriculture, à la sylviculture et à la pêche	5	5	5	8	3	4	5	4	4	4
Services annexes aux industries extractives et à l'extraction de pétrole et de gaz	4	2	2	2	1	12	7	7	7	9
Services de location-exploitation	106	127	142	129	206	463	256	309	316	373
Services liés au commerce	290	256	283	268	282	518	494	349	373	441
Autres services aux entreprises n.i.a.	736	686	749	807	1 009	470	443	539	652	873
Services personnels, culturels et relatifs aux loisirs	**199**	**142**	**183**	**169**	**219**	**155**	**133**	**162**	**165**	**171**
Services audiovisuels et connexes	152	98	147	117	148	85	75	91	81	83
Autres services personnels, culturels et relatifs aux loisirs	47	45	36	52	71	70	58	72	84	88
Biens et services des administrations publiques, n.i.a.	**23**	**21**	**24**	**33**	**36**	**69**	**47**	**48**	**53**	**55**
Ambassades et consulats	..	..	..	..	..	..	..	..	..	..
Unités et organes militaires	..	..	..	..	..	..	..	..	..	..
Autres biens et services des administrations publiques, n.i.a.	..	..	..	..	..	..	..	..	..	..
Services non-alloués	**1**	**0**	**0**	**0**	**0**	**..**	**0**	**..**	**0**	**..**
Services liés au tourisme compris dans les voyages et les transports de passagers	**7 202**	**6 363**	**6 558**	**7 068**	**7 513**	**4 717**	**4 356**	**4 393**	**4 823**	**5 277**
SERVICES COMMERCIAUX	**25 071**	**22 819**	**24 226**	**27 142**	**30 395**	**22 344**	**19 620**	**19 798**	**21 659**	**24 823**
AUTRES SERVICES COMMERCIAUX	**10 212**	**9 266**	**9 739**	**10 874**	**12 341**	**11 265**	**9 099**	**9 170**	**10 018**	**11 748**

.. Non disponible

Note : Voir les métadonnées détaillées sur : *http://metalinks.oecd.org/tis/20200306/903d* et *http://metalinks.oecd.org/tis/20200306/e928*.

Source : Eurostat.

Danemark

Millions USD

	Exportations					Importations				
	2014	2015	2016	2017	2018	2014	2015	2016	2017	2018
TOTAL DES SERVICES	**73 439**	**64 405**	**63 459**	**69 766**	**78 345**	**64 766**	**58 224**	**59 522**	**62 951**	**71 132**
Services de fabrication fournis sur des intrants physiques détenus par des tiers	**254**	**303**	**289**	**306**	**354**	**1 224**	**1 424**	**1 339**	**1 454**	**1 554**
Services d'entretien et de réparation n.i.a.	**367**	**318**	**331**	**356**	**440**	**418**	**387**	**394**	**377**	**453**
Transports	**44 473**	**36 645**	**32 632**	**35 902**	**39 463**	**32 326**	**28 483**	**26 736**	**28 520**	**31 513**
Transports maritimes	36 698	30 192	25 941	28 623	31 597	24 933	22 163	20 245	21 527	23 881
Passagers	323	318	302	275	307	55	87	74	21	17
Fret	35 684	29 317	25 060	27 727	30 628	10 608	8 772	6 732	6 912	8 071
Autres	691	557	579	621	663	14 270	13 305	13 440	14 595	15 793
Transports aériens	4 055	3 236	3 353	3 623	3 849	3 473	2 995	2 955	3 161	3 495
Passagers	2 385	1 869	1 958	1 998	2 094	1 773	1 582	1 643	1 687	1 835
Fret	601	524	519	642	735	613	508	514	617	738
Autres	1 069	843	876	983	1 020	1 087	905	799	857	922
Autres modes de transport	3 602	3 114	3 226	3 525	3 870	3 866	3 272	3 493	3 790	4 084
Passagers	85	67	103	116	121	65	65	50	54	54
Fret	3 162	2 713	2 748	2 998	3 278	3 380	2 857	3 030	3 276	3 524
Autres	355	335	375	410	472	422	350	413	460	507
Services postaux et de messagerie	118	102	113	131	147	54	54	42	42	54
Classification élargie des autres modes de transport										
Transports spatiaux	..	..	..	..	..	..	..	..	..	..
Transports ferroviaires	199	148	181	202	207	133	107	94	98	102
Passagers	49	39	73	83	82	53	52	36	36	33
Fret	115	82	86	97	104	41	24	27	31	34
Autres	35	27	22	22	22	38	31	31	30	34
Transports routiers	3 109	2 673	2 778	3 006	3 241	3 400	2 859	3 001	3 181	3 468
Passagers	36	28	30	33	38	11	13	13	17	20
Fret	2 793	2 395	2 456	2 647	2 830	3 065	2 582	2 659	2 802	3 041
Autres	280	250	292	327	373	325	264	329	362	407
Transports par voies navigables intérieures	..	..	0	1	1	0	1	1	1	1
Passagers	..	..	0	1	1	..	..	1	1	1
Fret	..	..	..	..	..	..	0	..	..	..
Autres	..	..	..	..	..	0	0	..	..	..
Transports par conduites	63	101	99	63	111	132	169	192	182	197
Transmission d'électricité	192	135	106	192	234	142	80	152	262	251
Autres services connexes aux transports	40	58	61	61	78	59	55	53	67	66
Transports - pour tous les modes										
Passagers	2 793	2 254	2 362	2 389	2 521	1 893	1 734	1 766	1 762	1 905
Fret	..	..	..	..	..	..	..	..	..	..
Autres	..	..	..	..	..	..	..	..	..	..
Autres transports sauf services postaux et de messagerie	..	..	..	..	..	..	..	..	..	..
Voyages	**7 624**	**6 682**	**7 495**	**8 498**	**9 101**	**10 451**	**8 983**	**9 176**	**9 793**	**10 490**
Voyages à titre professionnel	1 333	1 197	1 259	1 270	1 402	2 652	2 356	2 370	2 558	2 776
Acquisitions par les travailleurs frontaliers, saisonniers, court terme	..	..	..	..	..	..	..	..	..	..
Autres que les acquisitions par les travailleurs frontaliers, saisonniers, court terme	..	..	..	..	..	..	..	..	..	..
Voyages à titre personnel	6 292	5 486	6 236	7 228	7 699	7 799	6 627	6 806	7 235	7 714
Dépenses liées à la santé	..	..	..	..	..	..	..	..	..	..
Dépenses liées à l'éducation	..	..	..	..	..	..	..	..	..	..
Autres	..	..	..	..	..	..	..	..	..	..
Construction	**3 385**	**5 091**	**6 369**	**6 544**	**9 701**	**2 060**	**2 108**	**2 947**	**3 731**	**5 848**
Construction réalisée à l'étranger	3 311	5 025	6 282	6 514	9 652	1 412	1 709	2 552	3 484	5 423
Construction réalisée dans l'économie déclarante	74	66	87	30	49	648	400	395	247	425
Services d'assurance et de pension	**324**	**269**	**299**	**326**	**292**	**481**	**369**	**387**	**378**	**366**
Assurance directe	198	163	201	201	141	94	90	84	99	81
Assurance-vie	11	9	9	10	10	0	0	0	0	0
Assurance fret	22	21	23	25	27	17	14	13	14	15
Autres assurances directes	165	133	170	167	103	77	76	71	84	66
Réassurance	40	56	45	64	88	289	212	230	219	252
Services auxiliaires d'assurance	86	49	52	60	64	99	67	73	61	33
Services de pension et de garantie standard	..	..	..	..	..	..	..	..	..	..
Services de pension	..	..	..	..	..	..	..	..	..	..
Services de garantie standard	..	..	..	..	..	..	..	..	..	..

Danemark *(suite)*

Millions USD

	Exportations					Importations				
	2014	2015	2016	2017	2018	2014	2015	2016	2017	2018
Services financiers	**824**	**696**	**733**	**682**	**719**	**828**	**640**	**665**	**552**	**585**
Services financiers explicitement facturés et autres	641	549	519	573	619	522	466	484	498	517
Services d'intermédiation financière indirectement mesurés (SIFIM)	183	147	214	110	100	306	174	181	55	68
Frais pour usage de propriété intellectuelle n.i.a.	**2 523**	**2 094**	**2 434**	**3 187**	**3 342**	**1 695**	**1 532**	**1 625**	**1 486**	**1 565**
Frais de franchise et marques commerciales	949	992	1 242	1 272	1 491	616	708	709	592	698
Licences d'utilisation des résultats de la recherche-développement	1 364	925	859	1 429	1 372	235	194	177	208	231
Licences de reproduction et/ou de distribution de logiciels	45	41	217	364	356	545	397	462	476	427
Licences de reproduction et/ou de distribution de produits audiovisuels et connexes	165	136	115	122	122	300	233	277	211	209
Services de télécommunications, d'informatique et d'information	**4 085**	**3 889**	**4 117**	**4 742**	**5 188**	**4 651**	**4 477**	**4 555**	**5 316**	**6 067**
Services de télécommunications	441	389	324	346	407	675	597	564	572	580
Services d'informatique	3 511	3 385	3 664	3 990	4 297	3 822	3 736	3 804	4 286	4 989
Logiciels	..	..	..	..	..	..	..	..	..	..
***dont :** Logiciels originaux*	..	..	..	..	..	..	..	..	..	..
Autres services d'informatique	..	..	..	..	..	..	..	..	..	..
Services d'information	133	115	129	406	485	154	145	188	458	497
Services d'agence de presse	41	21	26	25	27	32	18	33	28	33
Autres services d'information	92	94	103	381	458	122	127	154	430	465
Autres services aux entreprises	**8 509**	**7 593**	**7 924**	**8 299**	**8 814**	**9 057**	**8 427**	**10 271**	**9 646**	**10 921**
Services de recherche-développement	1 278	1 187	1 208	1 333	1 305	1 364	1 248	2 532	1 859	2 392
Travail mené de façon systématique pour accroître les connaissances	952	983	989	1 157	1 091	1 100	1 014	2 106	1 359	1 619
Services de recherche-développement, autres	326	204	219	176	214	264	234	426	500	772
Services spécialisés et services de conseil en gestion	2 955	2 414	2 830	2 954	3 321	3 547	3 049	3 554	3 839	4 139
Services juridiques, de comptabilité, de conseil en gestion et de relations publiques	2 241	1 830	2 297	2 387	2 635	2 236	1 960	2 312	2 510	2 650
Services juridiques	219	181	189	207	255	173	133	121	148	288
Comptabilité, vérification des comptes, tenue de livres et conseil en fiscalité	368	402	401	397	354	275	271	307	340	527
Conseil aux entreprises, conseil en gestion et relations publiques	1 654	1 247	1 708	1 783	2 027	1 788	1 555	1 885	2 022	1 835
Services de publicité, études de marché et sondages d'opinion	715	585	532	567	686	1 311	1 090	1 242	1 329	1 489
Services techniques, liés au commerce et autres services aux entreprises	4 277	3 992	3 887	4 012	4 188	4 147	4 129	4 185	3 948	4 391
Services d'architecture, d'ingénierie, scientifiques et autres services techniques	1 596	1 438	1 494	1 716	1 728	1 220	1 624	1 600	1 405	1 448
Services d'architecture	83	92	80	87	90	27	30	22	26	25
Services d'ingénierie	1 267	1 202	1 222	1 361	1 396	653	1 044	992	966	898
Services scientifiques et autres services techniques	246	144	192	268	242	540	550	586	413	525
Services de traitement des déchets et dépollution, services agricoles et miniers	272	355	205	194	176	745	494	360	268	246
Services de traitement des déchets et dépollution	88	108	104	85	62	12	11	11	10	11
Services annexes à l'agriculture, à la sylviculture et à la pêche	41	54	52	51	48	6	5	4	7	18
Services annexes aux industries extractives et à l'extraction de pétrole et de gaz	142	192	50	58	66	727	479	346	251	218
Services de location-exploitation	606	584	590	416	293	585	557	518	486	584
Services liés au commerce	600	641	578	611	628	660	717	820	943	950
Autres services aux entreprises n.i.a.	1 204	974	1 020	1 076	1 363	937	738	887	846	1 162
Services personnels, culturels et relatifs aux loisirs	**699**	**475**	**543**	**580**	**558**	**1 443**	**1 283**	**1 309**	**1 579**	**1 647**
Services audiovisuels et connexes	272	170	202	225	231	798	658	589	796	833
Autres services personnels, culturels et relatifs aux loisirs	427	305	341	355	326	646	626	720	784	814
Biens et services des administrations publiques, n.i.a.	**373**	**350**	**294**	**345**	**375**	**133**	**112**	**120**	**120**	**124**
Ambassades et consulats	..	..	..	..	..	..	..	..	..	..
Unités et organes militaires	..	..	..	..	..	..	..	..	..	..
Autres biens et services des administrations publiques, n.i.a.	..	..	..	..	..	..	..	..	..	..
Services non-alloués	**..**	**..**	**..**	**..**	**..**	**..**	**..**	**..**	**..**	**..**
Services liés au tourisme compris dans les voyages et les transports de passagers	**..**	**..**	**..**	**..**	**..**	**..**	**..**	**..**	**..**	**..**
SERVICES COMMERCIAUX	**73 066**	**64 055**	**63 165**	**69 421**	**77 970**	**64 633**	**58 112**	**59 403**	**62 831**	**71 008**
AUTRES SERVICES COMMERCIAUX	**20 349**	**20 106**	**22 419**	**24 360**	**28 613**	**20 215**	**18 835**	**21 758**	**22 688**	**26 999**

.. Non disponible

Note : Voir les métadonnées détaillées sur : *http://metalinks.oecd.org/tis/20200306/903d* et *http://metalinks.oecd.org/tis/20200306/6b83*.

Source : Eurostat.

TABLEAUX PAR PAYS

Estonie

Millions USD

	Exportations					Importations				
	2014	2015	2016	2017	2018	2014	2015	2016	2017	2018
TOTAL DES SERVICES	**7 147**	**5 860**	**6 094**	**6 844**	**7 806**	**4 901**	**3 985**	**4 326**	**4 754**	**5 546**
Services de fabrication fournis sur des intrants physiques détenus par des tiers	**223**	**214**	**197**	**220**	**219**	**41**	**33**	**42**	**54**	**73**
Services d'entretien et de réparation n.i.a.	**200**	**152**	**187**	**188**	**262**	**71**	**53**	**81**	**83**	**118**
Transports	**2 355**	**1 861**	**1 732**	**1 979**	**2 331**	**1 685**	**1 322**	**1 373**	**1 571**	**1 793**
Transports maritimes	1 064	871	811	914	1 031	643	496	462	552	638
Passagers	341	323	303	308	318	48	39	37	43	47
Fret	317	247	222	256	300	398	308	312	351	392
Autres	406	302	286	351	413	197	148	113	159	199
Transports aériens	140	138	146	227	351	299	256	276	316	364
Passagers	61	66	56	125	204	76	78	81	84	113
Fret	41	32	41	46	57	188	154	167	184	202
Autres	38	40	49	56	90	35	24	28	48	49
Autres modes de transport	1 126	812	734	804	908	724	542	591	653	735
Passagers	14	..	14	28	25	40	27	18	20	23
Fret	711	536	485	569	656	572	455	478	540	584
Autres	401	..	235	207	227	113	60	95	93	128
Services postaux et de messagerie	25	40	41	34	40	19	28	45	50	56
Classification élargie des autres modes de transport										
Transports spatiaux	..	..	..	..	..	..	..	..	..	..
Transports ferroviaires	427	259	199	208	205	144	80	92	95	112
Passagers	1	0	..	..	1	0	0	0	0	0
Fret	146	74	59	85	93	115	74	75	77	91
Autres	280	184	141	123	111	29	6	17	18	20
Transports routiers	611	488	498	565	663	534	433	462	512	571
Passagers	13	12	14	28	25	39	26	18	20	22
Fret	508	418	412	477	550	451	374	397	460	486
Autres	91	58	73	60	89	44	32	47	33	63
Transports par voies navigables intérieures	..	..	..	..	..	..	..	..	..	..
Passagers	..	..	..	..	..	..	..	..	..	..
Fret	..	..	..	..	..	..	..	..	..	..
Autres	..	..	..	..	..	..	..	..	..	..
Transports par conduites	..	..	..	..	..	2	..	..	1	..
Transmission d'électricité	..	..	..	..	..	4	..	..	3	..
Autres services connexes aux transports	31	22	21	25	27	40	22	31	42	45
Transports - pour tous les modes										
Passagers	415	..	373	461	547	164	143	137	146	182
Fret	1 070	815	748	871	1 013	1 158	917	957	1 075	1 178
Autres	870	..	611	648	770	363	261	280	350	432
Autres transports sauf services postaux et de messagerie	845	..	569	613	730	344	233	235	300	376
Voyages	**1 858**	**1 494**	**1 537**	**1 651**	**1 789**	**1 181**	**1 026**	**1 162**	**1 246**	**1 470**
Voyages à titre professionnel	377	311	321	354	400	390	335	411	408	438
Acquisitions par les travailleurs frontaliers, saisonniers, court terme	23	19	29	41	60	150	121	125	126	131
Autres que les acquisitions par les travailleurs frontaliers, saisonniers, court terme	354	293	292	313	339	240	214	286	282	307
Voyages à titre personnel	1 482	1 182	1 216	1 297	1 390	791	690	751	838	1 032
Dépenses liées à la santé	25	20	22	21	24	6	6	6	7	8
Dépenses liées à l'éducation	38	35	43	50	61	57	49	50	51	59
Autres	1 418	1 127	1 151	1 226	1 305	729	634	695	780	965
Construction	**385**	**329**	**401**	**460**	**528**	**280**	**117**	**130**	**149**	**187**
Construction réalisée à l'étranger	371	323	392	449	482	120	86	109	133	128
Construction réalisée dans l'économie déclarante	14	6	8	11	46	160	31	21	17	59
Services d'assurance et de pension	**4**	**3**	**4**	**5**	**4**	**29**	**26**	**26**	**27**	**30**
Assurance directe	2	2	2	3	3	16	15	16	18	18
Assurance-vie	0	0	0	1	1	..	..	0	..	..
Assurance fret	..	..	..	..	..	9	8	8	9	9
Autres assurances directes	2	1	1	2	2	6	7	8	9	9
Réassurance	..	..	..	..	..	12	10	10	9	12
Services auxiliaires d'assurance	2	1	3	3	2	2	1	..	0	1
Services de pension et de garantie standard	..	..	..	..	..	..	..	..	..	..
Services de pension	..	..	..	..	..	..	..	..	..	..
Services de garantie standard	..	..	..	..	..	..	..	..	..	..

Estonie *(suite)*

Millions USD

	Exportations					Importations				
	2014	2015	2016	2017	2018	2014	2015	2016	2017	2018
Services financiers	**132**	**102**	**138**	**137**	**101**	**124**	**107**	**99**	**101**	**91**
Services financiers explicitement facturés et autres	104	83	117	119	84	46	52	41	50	36
Services d'intermédiation financière indirectement mesurés (SIFIM)	28	19	22	18	16	78	56	58	51	55
Frais pour usage de propriété intellectuelle n.i.a.	**13**	**12**	**12**	**20**	**16**	**62**	**44**	**52**	**62**	**65**
Frais de franchise et marques commerciales	..	..	..	..	..	..	..	..	..	..
Licences d'utilisation des résultats de la recherche-développement	..	..	..	..	..	..	..	..	..	..
Licences de reproduction et/ou de distribution de logiciels	..	..	..	..	..	..	..	..	..	..
Licences de reproduction et/ou de distribution de produits audiovisuels et connexes	..	..	..	..	..	..	..	..	..	..
Services de télécommunications, d'informatique et d'information	**649**	**510**	**577**	**727**	**906**	**465**	**360**	**388**	**465**	**573**
Services de télécommunications	216	183	167	176	200	186	149	151	162	182
Services d'informatique	353	295	366	522	667	202	167	188	243	313
Logiciels	..	..	..	..	..	..	..	..	..	..
***dont :** Logiciels originaux*	..	..	..	..	..	..	..	..	..	..
Autres services d'informatique	..	..	..	..	..	..	..	..	..	..
Services d'information	80	32	44	30	39	77	44	50	61	78
Services d'agence de presse	..	..	..	..	..	0	0	0	..	..
Autres services d'information	..	..	44	30	39	77	44	50	61	78
Autres services aux entreprises	**1 215**	**1 077**	**1 208**	**1 348**	**1 520**	**888**	**818**	**902**	**926**	**1 065**
Services de recherche-développement	93	83	93	100	96	23	17	11	17	18
Travail mené de façon systématique pour accroître les connaissances	89	79	90	96	91	22	16	11	17	18
Services de recherche-développement, autres	4	3	4	4	5	1	1	0	1	1
Services spécialisés et services de conseil en gestion	456	410	470	537	610	306	278	334	363	423
Services juridiques, de comptabilité, de conseil en gestion et de relations publiques	227	207	237	273	308	202	201	252	256	273
Services juridiques	21	20	24	35	34	14	16	23	20	18
Comptabilité, vérification des comptes, tenue de livres et conseil en fiscalité	35	37	44	48	49	12	13	16	14	16
Conseil aux entreprises, conseil en gestion et relations publiques	171	151	168	191	226	176	173	213	222	239
Services de publicité, études de marché et sondages d'opinion	229	203	234	264	302	104	76	83	107	150
Services techniques, liés au commerce et autres services aux entreprises	666	584	645	711	814	560	524	557	546	624
Services d'architecture, d'ingénierie, scientifiques et autres services techniques	68	62	67	73	78	79	49	30	43	50
Services d'architecture	17	16	17	18	20	20	12	7	11	13
Services d'ingénierie	27	25	27	29	31	32	20	12	17	20
Services scientifiques et autres services techniques	24	22	24	26	27	28	17	10	15	18
Services de traitement des déchets et dépollution, services agricoles et miniers	17	15	17	16	20	10	6	6	5	12
Services de traitement des déchets et dépollution	4	3	4	3	3	2	2	2	0	1
Services annexes à l'agriculture, à la sylviculture et à la pêche	..	..	..	..	..	..	..	..	..	..
Services annexes aux industries extractives et à l'extraction de pétrole et de gaz	..	..	..	..	..	..	..	..	..	..
Services de location-exploitation	196	125	132	163	201	240	193	219	217	260
Services liés au commerce	20	74	81	32	22	26	92	99	64	29
Autres services aux entreprises n.i.a.	364	309	347	427	493	205	183	203	217	273
Services personnels, culturels et relatifs aux loisirs	**59**	**61**	**56**	**66**	**84**	**48**	**55**	**47**	**44**	**53**
Services audiovisuels et connexes	24	27	21	25	24	20	28	15	18	20
Autres services personnels, culturels et relatifs aux loisirs	35	34	34	41	60	28	27	31	26	33
Biens et services des administrations publiques, n.i.a.	**55**	**47**	**46**	**43**	**47**	**29**	**26**	**25**	**25**	**30**
Ambassades et consulats	36	29	28	30	32	23	21	20	22	26
Unités et organes militaires	..	..	..	..	..	6	5	5	3	4
Autres biens et services des administrations publiques, n.i.a.	19	18	18	13	15	..	0	0	0	0
Services non-alloués	..	..	..	..	..	..	..	..	..	..
Services liés au tourisme compris dans les voyages et les transports de passagers	..	..	..	..	..	..	..	..	..	..
SERVICES COMMERCIAUX	**7 092**	**5 813**	**6 048**	**6 801**	**7 759**	**4 872**	**3 960**	**4 301**	**4 729**	**5 517**
AUTRES SERVICES COMMERCIAUX	**2 455**	**2 093**	**2 395**	**2 763**	**3 158**	**1 895**	**1 526**	**1 643**	**1 775**	**2 063**

.. Non disponible

Note : Voir les métadonnées détaillées sur : *http://metalinks.oecd.org/tis/20200306/903d* et *http://metalinks.oecd.org/tis/20200306/f521*.

Source : Eurostat.

TABLEAUX PAR PAYS

Finlande

Millions USD

	Exportations					Importations				
	2014	2015	2016	2017	2018	2014	2015	2016	2017	2018
TOTAL DES SERVICES	**25 764**	**24 214**	**25 434**	**28 888**	**31 748**	**30 796**	**27 665**	**28 537**	**30 283**	**34 742**
Services de fabrication fournis sur des intrants physiques détenus par des tiers	**1 368**	**1 515**	**1 389**	**1 644**	**1 936**	**1 059**	**1 218**	**1 248**	**1 513**	**1 830**
Services d'entretien et de réparation n.i.a.	**268**	**238**	**350**	**381**	**511**	**289**	**206**	**238**	**242**	**282**
Transports	**3 403**	**3 495**	**3 648**	**4 306**	**5 018**	**6 703**	**5 385**	**5 464**	**6 101**	**7 255**
Transports maritimes	1 605	1 304	1 223	1 449	1 705	3 866	2 939	2 994	3 383	3 823
Passagers	547	254	252	307	342	364	207	207	218	228
Fret	740	819	802	941	1 065	3 179	2 381	2 400	2 777	3 101
Autres	318	232	168	202	298	325	352	387	389	495
Transports aériens	1 644	1 538	1 451	1 903	2 278	1 213	1 224	1 232	1 319	1 468
Passagers	1 271	1 167	1 096	1 466	1 739	661	778	798	847	929
Fret	252	207	232	272	347	260	153	149	160	181
Autres	121	164	123	166	192	292	293	285	311	359
Autres modes de transport	4	518	701	807	892	1 585	1 180	1 156	1 355	1 905
Passagers	..	17	19	20	21	..	7	3	3	2
Fret	..	403	604	677	777	1 580	1 118	1 080	1 235	1 723
Autres	4	100	79	108	94	5	56	73	116	179
Services postaux et de messagerie	150	134	273	147	142	39	41	82	45	57
Classification élargie des autres modes de transport										
Transports spatiaux	..	..	..	..	..	..	..	..	..	..
Transports ferroviaires	4	65	64	74	79	113	75	76	87	99
Passagers	..	16	16	19	21	..	3	3	..	..
Fret	..	50	48	54	56	106	70	71	86	98
Autres	4	1	1	1	2	5	1	3	1	1
Transports routiers	..	383	571	640	743	1 473	1 065	1 020	1 168	1 658
Passagers	..	1	3	2	..	..	2	..	3	2
Fret	..	353	556	624	722	1 473	1 048	1 008	1 148	1 624
Autres	..	30	11	15	20	..	13	12	16	32
Transports par voies navigables intérieures	..	8	1	1	..	..	..	1	1	2
Passagers	..	..	..	..	..	..	..	..	..	..
Fret	..	..	..	..	..	..	..	1	1	2
Autres	..	8	1	1	..	..	..	..	..	..
Transports par conduites	..	..	..	..	..	..	..	..	..	..
Transmission d'électricité	..	..	..	..	..	..	..	..	..	..
Autres services connexes aux transports	..	62	66	91	71	..	41	58	99	145
Transports - pour tous les modes										
Passagers	1 818	1 436	1 367	1 794	2 102	1 023	990	1 008	1 068	1 159
Fret	992	1 427	1 638	1 890	2 188	5 019	3 652	3 629	4 171	5 006
Autres	593	630	643	621	726	661	741	827	861	1 090
Autres transports sauf services postaux et de messagerie	443	496	370	474	584	622	700	746	817	1 033
Voyages	**3 642**	**2 571**	**2 646**	**3 383**	**3 662**	**5 296**	**4 797**	**5 191**	**5 573**	**6 080**
Voyages à titre professionnel	1 177	990	1 033	1 289	1 363	1 122	1 010	1 122	1 112	1 332
Acquisitions par les travailleurs frontaliers, saisonniers, court terme	..	..	..	..	..	..	..	..	..	..
Autres que les acquisitions par les travailleurs frontaliers, saisonniers, court terme	1 177	990	1 033	1 289	1 363	1 122	1 010	1 122	1 112	1 332
Voyages à titre personnel	2 465	1 580	1 613	2 094	2 298	4 173	3 786	4 070	4 460	4 749
Dépenses liées à la santé	..	..	..	..	..	..	..	..	..	..
Dépenses liées à l'éducation	..	..	..	..	..	..	..	..	..	..
Autres	2 465	1 580	1 613	2 094	2 298	4 173	3 786	4 070	4 460	4 749
Construction	**484**	**436**	**251**	**289**	**425**	**638**	**792**	**629**	**594**	**549**
Construction réalisée à l'étranger	484	436	251	289	425	183	240	115	129	141
Construction réalisée dans l'économie déclarante	..	..	..	..	..	455	552	514	465	407
Services d'assurance et de pension	**53**	**74**	**126**	**227**	**287**	**560**	**373**	**426**	**383**	**414**
Assurance directe	41	11	14	18	67	459	301	346	323	351
Assurance-vie	20	2	6	9	33	110	87	98	121	126
Assurance fret	..	..	..	..	..	223	158	158	180	202
Autres assurances directes	21	9	9	9	34	125	57	90	21	22
Réassurance	12	63	112	210	220	101	72	80	60	63
Services auxiliaires d'assurance	..	..	..	..	..	..	..	..	..	..
Services de pension et de garantie standard	..	..	..	..	..	..	..	..	..	..
Services de pension	..	..	..	..	..	..	..	..	..	..
Services de garantie standard	..	..	..	..	..	..	..	..	..	..

Finlande *(suite)*

Millions USD

	Exportations					Importations				
	2014	2015	2016	2017	2018	2014	2015	2016	2017	2018
Services financiers	**421**	**389**	**382**	**329**	**322**	**1 684**	**1 405**	**1 346**	**911**	**883**
Services financiers explicitement facturés et autres	338	305	293	254	233	1 219	986	1 009	471	548
Services d'intermédiation financière indirectement mesurés (SIFIM)	82	84	89	76	91	464	419	337	441	334
Frais pour usage de propriété intellectuelle n.i.a.	**2 626**	**2 456**	**3 032**	**3 054**	**3 463**	**1 168**	**832**	**876**	**1 018**	**1 067**
Frais de franchise et marques commerciales	287	213	227	214	204	222	221	291	366	398
Licences d'utilisation des résultats de la recherche-développement	2 160	2 117	2 616	2 621	3 044	644	190	150	89	79
Licences de reproduction et/ou de distribution de logiciels	158	99	138	160	157	162	290	308	379	385
Licences de reproduction et/ou de distribution de produits audiovisuels et connexes	21	27	51	58	57	142	132	127	184	205
Services de télécommunications, d'informatique et d'information	**8 676**	**8 377**	**7 967**	**8 062**	**8 007**	**3 394**	**3 067**	**3 272**	**3 747**	**4 356**
Services de télécommunications	194	183	319	330	334	491	486	406	411	472
Services d'informatique	8 398	8 097	7 600	7 645	7 597	2 791	2 482	2 718	3 147	3 699
Logiciels	2 663	3 041	3 186	3 047	2 820	448	505	537	632	917
***dont :** Logiciels originaux*	259	2 736	2 813	2 735	2 815	175	252	295	354	915
Autres services d'informatique	5 736	5 056	4 415	4 598	4 777	2 343	1 978	2 181	2 514	2 781
Services d'information	82	97	49	87	76	111	99	148	188	184
Services d'agence de presse	3	1	1	19	18	17	22	30	28	24
Autres services d'information	81	95	48	68	58	94	77	120	161	161
Autres services aux entreprises	**4 641**	**4 491**	**5 459**	**6 852**	**7 783**	**9 486**	**8 896**	**9 160**	**9 495**	**11 221**
Services de recherche-développement	543	525	604	994	767	2 793	2 029	1 905	1 996	2 140
Travail mené de façon systématique pour accroître les connaissances	210	379	412	805	564	1 144	467	431	423	490
Services de recherche-développement, autres	333	145	191	189	203	1 649	1 562	1 473	1 573	1 649
Services spécialisés et services de conseil en gestion	1 137	1 341	1 475	1 810	2 387	2 837	2 349	2 582	2 480	3 037
Services juridiques, de comptabilité, de conseil en gestion et de relations publiques	799	905	881	1 036	1 418	958	997	1 298	1 313	1 568
Services juridiques	90	92	105	114	165	158	192	208	160	177
Comptabilité, vérification des comptes, tenue de livres et conseil en fiscalité	133	168	157	202	274	161	170	364	245	302
Conseil aux entreprises, conseil en gestion et relations publiques	576	646	618	720	977	641	637	725	909	1 088
Services de publicité, études de marché et sondages d'opinion	338	437	594	774	969	1 879	1 352	1 284	1 168	1 470
Services techniques, liés au commerce et autres services aux entreprises	2 960	2 625	3 382	4 048	4 631	3 857	4 518	4 675	5 019	6 044
Services d'architecture, d'ingénierie, scientifiques et autres services techniques	945	669	1 228	1 556	1 837	256	275	324	353	495
Services d'architecture	53	..	7	..	..	1	2	2	1	1
Services d'ingénierie	837	619	1 183	1 497	1 729	222	236	288	310	438
Services scientifiques et autres services techniques	54	50	39	60	107	33	37	34	42	56
Services de traitement des déchets et dépollution, services agricoles et miniers	53	70	53	38	30	16	24	18	25	66
Services de traitement des déchets et dépollution	8	8	4	8	11	11	8	9	8	38
Services annexes à l'agriculture, à la sylviculture et à la pêche	..	4	6	2	4	..	14	7	14	21
Services annexes aux industries extractives et à l'extraction de pétrole et de gaz	44	59	43	28	15	5	1	2	5	6
Services de location-exploitation	171	134	73	94	86	88	541	571	642	694
Services liés au commerce	456	490	587	660	777	1 233	1 297	1 274	1 249	1 361
Autres services aux entreprises n.i.a.	1 333	1 261	1 440	1 698	1 902	2 263	2 382	2 489	2 751	3 429
Services personnels, culturels et relatifs aux loisirs	**57**	**67**	**54**	**230**	**196**	**491**	**571**	**564**	**668**	**765**
Services audiovisuels et connexes	36	27	11	98	79	242	337	319	380	430
Autres services personnels, culturels et relatifs aux loisirs	23	40	43	132	117	249	234	246	289	336
Biens et services des administrations publiques, n.i.a.	**127**	**108**	**131**	**133**	**139**	**31**	**124**	**122**	**41**	**43**
Ambassades et consulats	66	57	66	69	72	31	84	82	..	..
Unités et organes militaires	..	..	..	..	..	..	..	..	..	..
Autres biens et services des administrations publiques, n.i.a.	61	51	63	64	67	..	40	40	41	43
Services non-alloués	**..**	**..**	**..**	**..**	**1 p**	**..**	**..**	**..**	**..**	**1 p**
Services liés au tourisme compris dans les voyages et les transports de passagers	**..**	**..**	**..**	**..**	**..**	**..**	**..**	**..**	**..**	**..**
SERVICES COMMERCIAUX	**25 637**	**24 107**	**25 303**	**28 755**	**31 608**	**30 766**	**27 540**	**28 415**	**30 242**	**34 700**
AUTRES SERVICES COMMERCIAUX	**16 957**	**16 289**	**17 270**	**19 041**	**20 483**	**17 420**	**15 935**	**16 274**	**16 816**	**19 254**

.. Non disponible ; p Donnée provisoire

Note : Des données historiques sont disponibles dans Échanges de services - EBOPS 2002 (*http://dx.doi.org/10.1787/data-00274-fr*).

Voir les métadonnées détaillées sur : *http://metalinks.oecd.org/tis/20200306/903d* et *http://metalinks.oecd.org/tis/20200306/3401*.

Source : Eurostat.

TABLEAUX PAR PAYS

France

Millions USD

	Exportations					Importations				
	2014	2015	2016	2017	2018	2014	2015	2016	2017	2018
TOTAL DES SERVICES	**272 844**	**255 608**	**259 003**	**271 121**	**294 371**	**252 627**	**233 319**	**236 632**	**248 367**	**266 243**
Services de fabrication fournis sur des intrants physiques détenus par des tiers	**9 948**	**8 758**	**8 459**	**10 237**	**11 836**	**10 051**	**8 652**	**7 840**	**8 983**	**10 018**
Services d'entretien et de réparation n.i.a.	**6 777**	**7 260**	**7 736**	**8 480**	**10 380**	**4 537**	**6 796**	**7 368**	**8 153**	**9 487**
Transports	**47 892**	**41 860**	**40 277**	**45 870**	**47 883**	**51 841**	**45 007**	**45 648**	**49 174**	**53 267**
Transports maritimes	16 759	14 500	12 076	14 601	15 952	11 093	9 859	8 793	9 957	11 159
Passagers	332	360	372	480	519	9	28	50	24	24
Fret	15 527	13 211	11 020	13 348	14 673	4 675	3 622	3 249	3 737	4 699
Autres	901	928	685	772	760	6 408	6 210	5 495	6 197	6 437
Transports aériens	14 366	12 346	12 201	12 925	12 176	17 078	14 070	14 150	16 102	16 660
Passagers	7 824	6 877	7 063	7 577	6 585	8 990	7 402	7 781	8 665	9 297
Fret	2 147	1 436	957	1 170	1 302	2 644	2 285	2 076	2 417	2 670
Autres	4 397	4 033	4 181	4 180	4 288	5 444	4 383	4 292	5 020	4 693
Autres modes de transport	16 356	14 247	15 049	17 119	18 066	23 332	20 546	22 301	22 613	24 873
Passagers	799	877	787	629	662	679	760	759	823	835
Fret	10 254	8 481	9 042	9 774	11 216	17 168	15 006	16 150	16 491	18 604
Autres	5 303	4 889	5 220	6 715	6 188	5 483	4 781	5 391	5 301	5 433
Services postaux et de messagerie	410	766	952	1 226	1 690	338	534	404	502	574
Classification élargie des autres modes de transport										
Transports spatiaux	1 299	1 250	1 237	1 522	717	..	131	49	..	..
Transports ferroviaires	1 462	1 335	1 383	1 500	1 630	1 709	1 766	1 834	1 893	2 081
Passagers	532	477	511	478	503	625	684	715	744	747
Fret	809	759	774	894	989	1 063	1 060	1 090	1 136	1 320
Autres	121	100	98	129	138	21	21	30	12	14
Transports routiers	8 416	6 432	7 100	7 725	8 715	15 800	13 713	15 149	15 447	17 235
Passagers	252	400	275	151	159	56	75	45	79	89
Fret	6 506	5 012	5 753	6 209	7 046	15 011	13 105	14 387	14 547	16 272
Autres	1 656	1 019	1 071	1 365	1 510	734	534	717	823	875
Transports par voies navigables intérieures	145	82	65	65	73	357	159	72	251	274
Passagers	15	..	..	..	..	..	..	..	..	..
Fret	129	82	65	65	73	267	84	48	202	221
Autres	..	..	..	..	..	90	74	24	50	52
Transports par conduites	1 685	1 522	1 476	1 609	1 725	373	326	264	241	282
Transmission d'électricité	1 125	1 107	973	997	1 385	455	430	362	365	509
Autres services connexes aux transports	2 226	2 521	2 814	3 700	3 822	4 638	4 023	4 573	4 415	4 493
Transports - pour tous les modes										
Passagers	8 954	8 115	8 221	8 686	7 767	9 679	8 189	8 589	9 511	10 155
Fret	..	..	..	..	..	..	..	..	..	..
Autres	..	..	..	..	..	..	..	..	..	..
Autres transports sauf services postaux et de messagerie	..	..	..	..	..	..	..	..	..	..
Voyages	**58 070**	**58 319**	**55 124**	**58 708**	**65 452**	**48 692**	**39 513**	**40 348**	**42 672**	**47 837**
Voyages à titre professionnel	6 514	8 857	8 884	7 501	7 608	17 258	15 006	14 068	16 064	15 818
Acquisitions par les travailleurs frontaliers, saisonniers, court terme	..	..	..	..	..	..	..	..	..	..
Autres que les acquisitions par les travailleurs frontaliers, saisonniers, court terme	..	..	..	..	..	..	..	..	..	..
Voyages à titre personnel	51 556	49 462	46 241	51 206	57 844	31 434	24 506	26 280	26 607	32 020
Dépenses liées à la santé	..	..	..	..	..	..	..	..	..	..
Dépenses liées à l'éducation	..	..	..	..	..	..	..	..	..	..
Autres	..	..	..	..	..	..	..	..	..	..
Construction	**3 487**	**3 966**	**3 316**	**5 579**	**3 598**	**2 911**	**2 738**	**2 375**	**3 004**	**2 285**
Construction réalisée à l'étranger	3 416	3 932	3 276	5 532	3 538	1 518	1 946	1 736	2 426	1 688
Construction réalisée dans l'économie déclarante	69	34	40	47	60	1 393	793	639	578	597
Services d'assurance et de pension	**6 306**	**4 183**	**9 121**	**7 550**	**9 376**	**7 300**	**6 199**	**9 336**	**10 256**	**10 045**
Assurance directe	2 232	1 863	2 105	1 648	2 532	3 325	2 902	3 125	3 084	3 253
Assurance-vie	-4	-35	179	-339	426	23	38	164	23	27
Assurance fret	734	735	759	798	902	2 857	2 470	2 505	2 733	2 874
Autres assurances directes	1 501	1 163	1 167	1 189	1 204	446	395	456	329	352
Réassurance	2 726	2 349	5 289	4 166	5 010	2 331	1 726	3 765	4 420	4 058
Services auxiliaires d'assurance	1 043	732	1 216	1 193	1 262	1 660	1 525	2 397	2 740	2 720
Services de pension et de garantie standard	304	-760	513	542	573	-16	47	48	14	14
Services de pension	7	11	7	8	12	1	17	..	..	..
Services de garantie standard	299	-771	507	534	561	-17	29	48	12	14

France *(suite)*

Millions USD

	Exportations					Importations				
	2014	2015	2016	2017	2018	2014	2015	2016	2017	2018
Services financiers	**12 930**	**11 777**	**11 533**	**10 905**	**11 774**	**6 758**	**6 375**	**5 960**	**6 990**	**7 693**
Services financiers explicitement facturés et autres	7 772	7 201	7 418	7 797	8 210	5 079	4 938	4 616	5 420	6 012
Services d'intermédiation financière indirectement mesurés (SIFIM)	5 160	4 576	4 115	3 108	3 566	1 680	1 437	1 344	1 570	1 681
Frais pour usage de propriété intellectuelle n.i.a.	**14 566**	**15 239**	**15 485**	**16 827**	**16 798**	**12 746**	**15 666**	**14 752**	**15 979**	**15 920**
Frais de franchise et marques commerciales	..	..	..	..	..	..	..	..	..	..
Licences d'utilisation des résultats de la recherche-développement	..	..	..	..	..	..	..	..	..	..
Licences de reproduction et/ou de distribution de logiciels	..	..	..	..	..	..	..	..	..	..
Licences de reproduction et/ou de distribution de produits audiovisuels et connexes	..	..	..	..	..	..	..	..	..	..
Services de télécommunications, d'informatique et d'information	**18 925**	**17 219**	**18 155**	**18 310**	**20 404**	**19 806**	**17 829**	**19 386**	**21 110**	**23 009**
Services de télécommunications	6 395	5 904	5 865	5 087	5 838	6 945	6 171	6 779	5 587	5 855
Services d'informatique	11 662	10 402	11 449	12 503	13 714	11 689	10 678	11 723	14 352	15 901
Logiciels	..	..	..	..	..	..	..	..	..	..
***dont :** Logiciels originaux*	..	..	..	..	..	..	..	..	..	..
Autres services d'informatique	..	..	..	..	..	..	..	..	..	..
Services d'information	868	913	842	720	852	1 170	980	886	1 171	1 252
Services d'agence de presse	146	242	145	116	124	72	57	76	135	161
Autres services d'information	722	671	697	604	728	1 099	924	810	1 036	1 093
Autres services aux entreprises	**89 210**	**82 703**	**84 745**	**83 073**	**91 653**	**83 064**	**81 088**	**79 787**	**78 409**	**83 101**
Services de recherche-développement	13 935	12 677	11 427	12 646	15 490	15 070	14 518	14 338	13 422	15 037
Travail mené de façon systématique pour accroître les connaissances	12 023	10 574	9 516	11 402	14 165	13 989	13 430	13 021	12 118	13 548
Services de recherche-développement, autres	1 912	2 103	1 909	1 243	1 326	1 081	1 088	1 317	1 305	1 489
Services spécialisés et services de conseil en gestion	22 842	19 280	24 115	25 096	28 544	20 066	19 001	21 654	23 951	25 566
Services juridiques, de comptabilité, de conseil en gestion et de relations publiques	16 311	14 440	18 440	18 637	22 307	13 753	13 121	15 395	16 075	17 265
Services juridiques	1 704	1 617	1 461	1 527	1 486	1 560	1 544	1 426	1 572	1 350
Comptabilité, vérification des comptes, tenue de livres et conseil en fiscalité	987	762	900	955	1 048	1 450	1 175	1 149	1 050	1 141
Conseil aux entreprises, conseil en gestion et relations publiques	13 620	12 061	16 079	16 154	19 774	10 743	10 403	12 820	13 452	14 774
Services de publicité, études de marché et sondages d'opinion	6 533	4 840	5 676	6 459	6 237	6 313	5 879	6 259	7 876	8 300
Services techniques, liés au commerce et autres services aux entreprises	52 431	50 747	49 203	45 332	47 618	47 928	47 570	43 795	41 036	42 498
Services d'architecture, d'ingénierie, scientifiques et autres services techniques	16 300	15 770	15 773	10 566	11 512	13 578	12 515	12 500	10 733	9 919
Services d'architecture	53	39	186	268	277	37	10	64	99	104
Services d'ingénierie	6 226	5 494	5 438	5 050	5 508	4 847	3 934	4 070	5 532	5 274
Services scientifiques et autres services techniques	10 022	10 236	10 149	5 249	5 727	8 695	8 572	8 366	5 100	4 541
Services de traitement des déchets et dépollution, services agricoles et miniers	5 879	5 615	5 098	4 442	4 710	3 290	5 909	6 337	2 577	2 244
Services de traitement des déchets et dépollution	40	121	200	89	89	147	97	150	285	342
Services annexes à l'agriculture, à la sylviculture et à la pêche	..	..	..	..	..	..	..	..	..	..
Services annexes aux industries extractives et à l'extraction de pétrole et de gaz	..	..	..	..	..	..	..	..	..	..
Services de location-exploitation	4 088	4 356	4 190	5 079	5 176	5 205	5 735	5 993	6 619	6 982
Services liés au commerce	5 980	5 584	5 964	6 517	6 506	7 776	5 877	4 743	4 541	4 897
Autres services aux entreprises n.i.a.	20 185	19 421	18 177	18 728	19 714	18 079	17 536	14 221	16 565	18 456
Services personnels, culturels et relatifs aux loisirs	**3 504**	**3 553**	**4 327**	**4 357**	**4 659**	**4 422**	**3 443**	**3 818**	**3 604**	**3 548**
Services audiovisuels et connexes	2 107	1 953	1 424	1 847	2 065	2 323	1 931	2 168	2 048	1 932
Autres services personnels, culturels et relatifs aux loisirs	1 397	1 602	2 904	2 510	2 593	2 098	1 512	1 652	1 556	1 616
Biens et services des administrations publiques, n.i.a.	**1 231**	**770**	**725**	**1 227**	**558**	**498**	**12**	**12**	**35**	**34**
Ambassades et consulats	482	38	3	1 165	496	459	10	7	7	5
Unités et organes militaires	..	..	..	..	..	1	..	..	..	..
Autres biens et services des administrations publiques, n.i.a.	750	732	721	61	64	36	3	7	28	28
Services non-alloués	**1**	**..**	**3 p**	**..**	**1 p**	**..**	**..**	**..**	**1 p**	**4 p**
Services liés au tourisme compris dans les voyages et les transports de passagers	..	..	..	..	..	..	..	..	..	..
SERVICES COMMERCIAUX	**271 613**	**254 838**	**258 279**	**269 894**	**293 813**	**252 130**	**233 307**	**236 620**	**248 332**	**266 208**
AUTRES SERVICES COMMERCIAUX	**148 927**	**138 641**	**146 682**	**146 601**	**158 262**	**137 006**	**133 338**	**135 414**	**139 353**	**145 601**

.. Non disponible ; p Donnée provisoire

Note : Voir les métadonnées détaillées sur : *http://metalinks.oecd.org/tis/20200306/903d* et *http://metalinks.oecd.org/tis/20200306/ffdf*.

Source : Eurostat.

TABLEAUX PAR PAYS

Allemagne

Millions USD

	Exportations					Importations				
	2014	2015	2016	2017	2018	2014	2015	2016	2017	2018
TOTAL DES SERVICES	**299 815**	**280 544**	**291 786**	**317 507**	**343 073**	**332 300**	**301 885**	**315 916**	**342 229**	**367 491**
Services de fabrication fournis sur des intrants physiques détenus par des tiers	**7 499**	**7 376**	**7 635**	**7 647**	**8 950**	**4 961**	**4 635**	**5 265**	**6 006**	**6 565**
Services d'entretien et de réparation n.i.a.	**7 290**	**7 836**	**8 615**	**9 766**	**11 097**	**8 637**	**8 426**	**9 468**	**10 302**	**10 998**
Transports	**61 765**	**56 535**	**55 138**	**62 227**	**69 404**	**70 922**	**62 305**	**61 751**	**66 360**	**72 355**
Transports maritimes	29 304	28 048	25 206	28 172	32 116	22 011	18 678	18 133	18 492	19 783
Passagers	226	216	254	238	253	28	26	32	28	32
Fret	26 479	25 817	22 925	25 859	29 645	9 640	7 517	7 436	7 575	7 951
Autres	2 599	2 014	2 027	2 076	2 218	12 341	11 135	10 666	10 889	11 800
Transports aériens	19 552	17 584	18 602	21 651	23 226	23 137	20 112	19 654	21 163	22 335
Passagers	14 594	13 058	14 030	15 598	16 569	8 092	7 520	7 131	7 607	8 475
Fret	1 324	1 087	1 090	2 289	2 727	9 894	7 962	8 155	8 621	9 340
Autres	3 634	3 438	3 482	3 765	3 931	5 152	4 630	4 368	4 936	4 521
Autres modes de transport	11 401	9 849	10 333	11 298	12 666	24 064	22 098	22 531	25 241	28 662
Passagers	..	497	445	471	..	..	321	324	371	..
Fret	4 784	4 182	4 221	4 706	5 144	17 114	15 194	15 720	16 793	18 207
Autres	..	5 168	5 667	6 121	..	..	6 585	6 488	8 078	..
Services postaux et de messagerie	1 509	1 054	998	1 106	1 396	1 710	1 419	1 434	1 464	1 575
Classification élargie des autres modes de transport										
Transports spatiaux	..	1	4	3	..	..	11	7	19	..
Transports ferroviaires	1 871	1 551	1 466	1 572	1 688	2 007	1 778	1 743	1 852	2 040
Passagers	521	439	398	418	466	263	252	229	269	295
Fret	1 077	890	868	936	1 012	1 463	1 279	1 287	1 328	1 466
Autres	272	222	199	216	210	280	248	227	255	279
Transports routiers	6 687	6 005	6 569	7 158	7 985	15 304	13 327	13 844	14 614	15 752
Passagers	8	8	8	11	12	20	36	60	62	146
Fret	2 955	2 633	2 733	3 013	3 294	13 588	11 718	12 071	12 583	13 417
Autres	3 724	3 365	3 828	4 132	4 679	1 696	1 572	1 712	1 969	2 188
Transports par voies navigables intérieures	234	205	184	210	227	568	506	503	533	596
Passagers	..	50	39	41	..	..	33	34	39	..
Fret	173	145	135	160	176	499	448	426	452	484
Autres	..	10	10	9	..	..	26	43	42	..
Transports par conduites	..	49	66	73	..	..	614	675	704	..
Transmission d'électricité	..	467	417	523	..	..	1 135	1 262	1 725	..
Autres services connexes aux transports	2 029	1 570	1 625	1 760	2 102	4 624	4 727	4 499	5 795	7 432
Transports - pour tous les modes										
Passagers	..	13 772	14 728	16 306	..	..	7 866	7 488	8 005	..
Fret	32 587	31 087	28 236	32 853	37 516	36 647	30 672	31 310	32 989	35 499
Autres	..	11 675	12 173	13 067	..	..	23 767	22 954	25 368	..
Autres transports sauf services postaux et de messagerie	..	10 622	11 176	11 962	..	..	22 350	21 520	23 904	..
Voyages	**43 263**	**36 893**	**37 430**	**39 759**	**42 955**	**93 218**	**77 481**	**79 736**	**88 843**	**95 533**
Voyages à titre professionnel	..	..	..	..	..	10 330	7 627	6 651	8 158	7 832
Acquisitions par les travailleurs frontaliers, saisonniers, court terme	..	..	..	..	..	1 757	510	900	1 163	1 302
Autres que les acquisitions par les travailleurs frontaliers, saisonniers, court terme	..	..	..	..	..	8 573	7 117	5 751	6 995	6 530
Voyages à titre personnel	..	..	..	..	..	82 888	69 854	73 085	80 687	87 701
Dépenses liées à la santé	..	..	..	..	..	938	592	805	587	910
Dépenses liées à l'éducation	..	..	..	..	..	4 155	3 250	2 794	2 800	3 119
Autres	..	..	..	..	..	77 796	66 012	69 485	77 299	83 672
Construction	**2 712**	**2 101**	**1 923**	**2 120**	**2 381**	**2 139**	**1 799**	**1 954**	**1 812**	**1 843**
Construction réalisée à l'étranger	2 521	1 975	1 785	1 994	2 214	1 252	1 089	1 134	1 028	1 031
Construction réalisée dans l'économie déclarante	192	124	137	126	165	886	710	821	784	812
Services d'assurance et de pension	**10 630**	**11 159**	**13 173**	**13 107**	**13 992**	**5 797**	**6 122**	**6 942**	**6 915**	**7 416**
Assurance directe	963	1 015	877	898	1 072	1 746	1 623	1 671	1 636	1 608
Assurance-vie	27	26	28	35	37	158	163	166	179	151
Assurance fret	147	189	155	154	159	766	669	679	757	835
Autres assurances directes	788	801	695	710	876	823	791	825	701	623
Réassurance	7 694	8 015	9 871	10 340	10 958	2 305	2 657	3 105	3 255	3 454
Services auxiliaires d'assurance	1 974	2 129	2 425	1 867	1 963	1 747	1 842	2 167	2 024	2 355
Services de pension et de garantie standard	..	..	..	..	..	..	..	..	..	..
Services de pension	..	..	..	..	..	..	..	..	..	..
Services de garantie standard	..	..	..	..	..	..	..	..	..	..

Allemagne *(suite)*

Millions USD

	Exportations					Importations				
	2014	2015	2016	2017	2018	2014	2015	2016	2017	2018
Services financiers	**25 778**	**23 445**	**22 855**	**23 971**	**24 707**	**16 482**	**13 884**	**13 335**	**11 884**	**12 851**
Services financiers explicitement facturés et autres	14 814	13 971	14 130	15 087	15 882	9 936	7 701	7 761	8 108	8 864
Services d'intermédiation financière indirectement mesurés (SIFIM)	10 963	9 474	8 725	8 884	8 825	6 546	6 183	5 574	3 776	3 987
Frais pour usage de propriété intellectuelle n.i.a.	**15 443**	**16 066**	**18 810**	**20 827**	**24 417**	**10 736**	**10 128**	**11 312**	**14 145**	**15 620**
Frais de franchise et marques commerciales	4 771	5 165	5 756	7 152	8 732	2 209	2 377	2 250	2 497	2 909
Licences d'utilisation des résultats de la recherche-développement	9 279	9 644	11 727	12 125	14 051	4 232	3 693	4 512	5 431	4 559
Licences de reproduction et/ou de distribution de logiciels	328	327	333	376	353	1 871	1 659	1 979	3 140	4 843
Licences de reproduction et/ou de distribution de produits audiovisuels et connexes	1 065	929	993	1 173	1 281	2 424	2 398	2 570	3 078	3 310
Services de télécommunications, d'informatique et d'information	**29 134**	**30 323**	**35 021**	**38 714**	**42 625**	**25 597**	**27 438**	**33 322**	**37 194**	**40 740**
Services de télécommunications	3 609	3 359	3 401	4 332	4 183	4 937	4 311	4 074	4 884	4 495
Services d'informatique	24 423	25 928	30 396	32 861	36 305	19 422	21 675	27 352	30 245	33 889
Logiciels	9 570	10 457	13 319	14 330	16 275	4 523	6 781	8 462	9 344	10 076
dont : *Logiciels originaux*	170	257	253	245	382	285	183	187	240	272
Autres services d'informatique	14 853	15 470	17 077	18 532	20 030	14 899	14 894	18 890	20 899	23 813
Services d'information	1 101	1 036	1 225	1 521	2 137	1 237	1 452	1 896	2 066	2 357
Services d'agence de presse	102	100	134	106	145	433	436	402	399	524
Autres services d'information	1 000	936	1 091	1 415	1 990	805	1 016	1 494	1 667	1 833
Autres services aux entreprises	**89 285**	**82 010**	**84 517**	**91 075**	**94 245**	**90 214**	**83 359**	**86 415**	**91 031**	**94 662**
Services de recherche-développement	24 021	23 541	24 565	26 981	26 334	18 025	17 639	21 748	23 208	24 083
Travail mené de façon systématique pour accroître les connaissances	23 441	23 050	23 950	26 510	25 918	17 591	17 301	21 476	22 777	23 670
Services de recherche-développement, autres	580	490	615	471	417	434	337	273	432	414
Services spécialisés et services de conseil en gestion	31 970	27 396	28 236	30 096	31 477	35 545	31 740	31 374	32 700	33 443
Services juridiques, de comptabilité, de conseil en gestion et de relations publiques	22 535	18 978	18 503	19 572	20 390	24 595	20 329	18 692	18 887	19 077
Services juridiques	1 794	1 761	1 837	2 102	2 183	1 578	1 651	1 695	2 209	2 230
Comptabilité, vérification des comptes, tenue de livres et conseil en fiscalité	1 072	1 098	1 186	1 413	1 337	1 040	877	1 067	1 569	1 400
Conseil aux entreprises, conseil en gestion et relations publiques	19 670	16 120	15 481	16 057	16 870	21 977	17 801	15 929	15 109	15 449
Services de publicité, études de marché et sondages d'opinion	9 434	8 418	9 732	10 524	11 087	10 948	11 411	12 682	13 812	14 365
Services techniques, liés au commerce et autres services aux entreprises	33 294	31 073	31 717	33 998	36 434	36 646	33 980	33 292	35 123	37 136
Services d'architecture, d'ingénierie, scientifiques et autres services techniques	14 747	12 800	12 453	12 711	13 197	14 074	12 185	10 483	9 829	10 660
Services d'architecture	188	178	148	148	151	65	54	101	79	85
Services d'ingénierie	10 399	9 280	9 309	9 878	10 272	7 447	6 606	6 520	7 030	7 759
Services scientifiques et autres services techniques	4 158	3 343	2 996	2 685	2 775	6 561	5 525	3 863	2 719	2 818
Services de traitement des déchets et dépollution, services agricoles et miniers	553	504	454	465	504	443	394	327	355	374
Services de traitement des déchets et dépollution	276	243	264	296	335	178	138	131	177	172
Services annexes à l'agriculture, à la sylviculture et à la pêche	..	..	..	..	..	..	..	..	..	..
Services annexes aux industries extractives et à l'extraction de pétrole et de gaz	..	..	..	..	..	..	..	..	..	..
Services de location-exploitation	3 395	3 150	3 209	3 648	4 282	4 284	4 529	4 285	4 441	4 362
Services liés au commerce	4 840	4 441	4 550	5 133	5 400	8 467	7 292	7 287	7 636	8 009
Autres services aux entreprises n.i.a.	9 761	10 180	11 052	12 041	13 050	9 379	9 579	10 909	12 864	13 730
Services personnels, culturels et relatifs aux loisirs	**1 697**	**1 752**	**1 848**	**4 120**	**2 683**	**2 221**	**4 766**	**5 014**	**5 971**	**7 079**
Services audiovisuels et connexes	1 195	1 218	1 260	3 307	1 687	1 686	2 209	2 236	2 501	3 078
Autres services personnels, culturels et relatifs aux loisirs	502	535	590	813	997	535	2 556	2 779	3 471	4 000
Biens et services des administrations publiques, n.i.a.	**5 319**	**5 050**	**4 823**	**4 174**	**5 619**	**1 377**	**1 544**	**1 402**	**1 765**	**1 832**
Ambassades et consulats	513	506	494	432	1 072	519	327	291	525	633
Unités et organes militaires	2 168	2 106	2 060	1 383	2 054	642	881	674	850	806
Autres biens et services des administrations publiques, n.i.a.	2 638	2 438	2 269	2 360	2 493	218	336	438	390	392
Services non-alloués	**..**	**..**	**..**	**..**	**..**	**..**	**..**	**..**	**..**	**..**
Services liés au tourisme compris dans les voyages et les transports de passagers	**..**	**..**	**..**	**..**	**..**	**..**	**..**	**..**	**..**	**..**
SERVICES COMMERCIAUX	**294 496**	**275 494**	**286 963**	**313 333**	**337 455**	**330 923**	**300 341**	**314 514**	**340 464**	**365 659**
AUTRES SERVICES COMMERCIAUX	**174 679**	**166 856**	**178 147**	**193 935**	**205 049**	**153 185**	**147 496**	**158 293**	**168 953**	**180 210**

.. Non disponible

Note : Voir les métadonnées détaillées sur : *http://metalinks.oecd.org/tis/20200306/903d* et *http://metalinks.oecd.org/tis/20200306/588a*.

Source : Eurostat.

TABLEAUX PAR PAYS

Grèce

Millions USD

	Exportations					Importations				
	2014	2015	2016	2017	2018	2014	2015	2016	2017	2018
TOTAL DES SERVICES	**41 197**	**35 102**	**32 958**	**37 932**	**43 862**	**16 991**	**16 712**	**14 930**	**17 599**	**21 076**
Services de fabrication fournis sur des intrants physiques détenus par des tiers	**37**	**46**	**26**	**71**	**76**	**35**	**15**	**10**	**13**	**12**
Services d'entretien et de réparation n.i.a.	**142**	**111**	**93**	**92**	**103**	**300**	**243**	**228**	**365**	**485**
Transports	**17 421**	**15 154**	**13 909**	**16 310**	**19 630**	**8 331**	**10 397**	**8 837**	**10 729**	**13 037**
Transports maritimes	15 190	13 123	11 677	13 967	16 811	3 841	6 718	5 332	6 946	8 580
Passagers	80	341	331	433	560	22	11	7	9	13
Fret	14 934	11 998	10 647	12 809	15 485	233	133	113	132	159
Autres	176	784	698	724	766	3 587	6 574	5 212	6 805	8 408
Transports aériens	1 571	1 537	1 744	1 805	2 223	1 279	1 328	1 237	1 188	1 371
Passagers	1 555	1 521	1 726	1 787	2 201	1 202	1 248	1 163	1 116	1 288
Fret	16	15	18	18	22	64	66	62	59	69
Autres	..	..	..	..	..	13	13	12	12	14
Autres modes de transport	623	464	460	503	557	3 194	2 328	2 237	2 527	3 010
Passagers	35	21	21	24	23	20	17	21	18	24
Fret	303	190	183	207	201	204	175	197	182	231
Autres	285	253	255	272	333	2 971	2 136	2 019	2 327	2 755
Services postaux et de messagerie	38	31	29	36	39	17	24	31	68	76
Classification élargie des autres modes de transport										
Transports spatiaux	..	..	..	..	..	..	..	..	..	..
Transports ferroviaires	19	5	5	9	11	15	10	15	14	25
Passagers	4	1	1	2	2	3	2	3	3	5
Fret	15	4	4	7	9	12	8	12	12	20
Autres	..	..	..	..	..	..	..	..	..	..
Transports routiers	315	205	198	220	212	167	153	176	155	194
Passagers	31	21	20	22	21	17	15	18	16	19
Fret	284	185	178	198	190	150	137	159	140	174
Autres	..	..	..	..	..	..	..	..	..	..
Transports par voies navigables intérieures	..	..	..	..	..	..	..	..	..	..
Passagers	..	..	..	..	..	..	..	..	..	..
Fret	..	..	..	..	..	..	..	..	..	..
Autres	..	..	..	..	..	..	..	..	..	..
Transports par conduites	4	1	1	2	2	4	2	1	2	1
Transmission d'électricité	..	..	..	..	..	38	27	26	29	35
Autres services connexes aux transports	285	253	255	272	333	2 971	2 136	2 019	2 327	2 755
Transports - pour tous les modes										
Passagers	1 670	1 884	2 079	2 243	2 784	1 244	1 277	1 190	1 144	1 326
Fret	15 252	12 203	10 848	13 034	15 708	500	374	372	373	458
Autres	499	1 067	983	1 033	1 138	6 587	8 747	7 274	9 212	11 253
Autres transports sauf services postaux et de messagerie	..	..	..	..	..	..	..	..	..	..
Voyages	**17 769**	**15 667**	**14 609**	**16 487**	**18 987**	**2 755**	**2 260**	**2 218**	**2 147**	**2 586**
Voyages à titre professionnel	1 030	867	886	942	1 026	1 382	1 104	1 007	942	965
Acquisitions par les travailleurs frontaliers, saisonniers, court terme	..	..	..	..	..	..	..	..	..	..
Autres que les acquisitions par les travailleurs frontaliers, saisonniers, court terme	1 030	867	886	942	1 026	1 382	1 104	1 007	942	965
Voyages à titre personnel	16 739	14 799	13 723	15 545	17 962	1 373	1 156	1 211	1 204	1 621
Dépenses liées à la santé	39	41	39	62	58	20	10	19	14	17
Dépenses liées à l'éducation	240	189	195	256	229	262	177	136	156	154
Autres	16 460	14 569	13 489	15 227	17 675	1 091	968	1 056	1 035	1 450
Construction	**1 122**	**678**	**552**	**448**	**339**	**463**	**330**	**146**	**150**	**91**
Construction réalisée à l'étranger	838	517	329	247	172	401	283	105	89	47
Construction réalisée dans l'économie déclarante	283	161	223	201	168	61	47	41	61	44
Services d'assurance et de pension	**573**	**343**	**335**	**485**	**450**	**1 534**	**1 037**	**1 065**	**1 188**	**1 381**
Assurance directe	343	170	185	299	242	1 173	796	808	919	1 099
Assurance-vie	295	139	149	243	182	445	267	296	298	355
Assurance fret	21	13	13	15	19	718	519	495	578	687
Autres assurances directes	27	18	23	41	41	10	10	17	44	57
Réassurance	230	172	150	186	208	361	240	257	269	282
Services auxiliaires d'assurance	..	..	..	..	..	..	..	..	..	..
Services de pension et de garantie standard	..	..	..	..	..	..	..	..	..	..
Services de pension	..	..	..	..	..	..	..	..	..	..
Services de garantie standard	..	..	..	..	..	..	..	..	..	..

Grèce (suite)

Millions USD

	Exportations					Importations				
	2014	2015	2016	2017	2018	2014	2015	2016	2017	2018
Services financiers	**180**	**148**	**147**	**177**	**159**	**312**	**374**	**262**	**255**	**291**
Services financiers explicitement facturés et autres	180	148	147	177	159	312	374	262	255	291
Services d'intermédiation financière indirectement mesurés (SIFIM)	..	..	..	..	..	..	..	..	..	..
Frais pour usage de propriété intellectuelle n.i.a.	**106**	**54**	**79**	**75**	**96**	**448**	**290**	**247**	**346**	**383**
Frais de franchise et marques commerciales	..	..	..	..	..	..	..	..	..	..
Licences d'utilisation des résultats de la recherche-développement	..	..	..	..	..	..	..	..	..	..
Licences de reproduction et/ou de distribution de logiciels	..	..	..	..	..	..	..	..	..	..
Licences de reproduction et/ou de distribution de produits audiovisuels et connexes	..	..	..	..	..	..	..	..	..	..
Services de télécommunications, d'informatique et d'information	**1 152**	**892**	**1 009**	**1 131**	**1 220**	**870**	**622**	**632**	**739**	**912**
Services de télécommunications	472	321	428	453	438	533	329	327	365	416
Services d'informatique	646	547	558	593	577	279	243	262	298	421
Logiciels	..	..	..	..	..	..	..	..	..	..
***dont :** Logiciels originaux*	..	..	..	..	..	..	..	..	..	..
Autres services d'informatique	..	..	..	..	..	..	..	..	..	..
Services d'information	34	24	23	85	205	58	50	43	77	74
Services d'agence de presse	20	14	13	50	120	58	50	43	77	74
Autres services d'information	14	10	10	36	86	..	..	..	..	..
Autres services aux entreprises	**2 180**	**1 620**	**1 793**	**2 247**	**2 321**	**1 527**	**852**	**906**	**1 200**	**1 456**
Services de recherche-développement	208	176	186	216	206	88	57	58	76	75
Travail mené de façon systématique pour accroître les connaissances	198	167	177	205	196	83	54	55	72	71
Services de recherche-développement, autres	10	9	9	11	10	4	3	3	4	4
Services spécialisés et services de conseil en gestion	761	558	601	745	771	752	348	390	497	620
Services juridiques, de comptabilité, de conseil en gestion et de relations publiques	522	378	440	522	559	670	289	319	416	492
Services juridiques	94	68	79	94	101	208	90	99	129	153
Comptabilité, vérification des comptes, tenue de livres et conseil en fiscalité	33	24	28	34	36	20	9	10	13	15
Conseil aux entreprises, conseil en gestion et relations publiques	395	286	333	395	423	442	191	210	274	325
Services de publicité, études de marché et sondages d'opinion	239	179	161	223	212	83	59	71	81	128
Services techniques, liés au commerce et autres services aux entreprises	1 211	887	1 006	1 286	1 344	687	447	459	628	761
Services d'architecture, d'ingénierie, scientifiques et autres services techniques	366	283	284	306	274	242	152	120	142	157
Services d'architecture	..	..	..	..	..	..	..	..	..	..
Services d'ingénierie	75	58	58	62	56	122	77	60	72	80
Services scientifiques et autres services techniques	292	225	226	244	218	120	75	59	70	78
Services de traitement des déchets et dépollution, services agricoles et miniers	187	144	145	156	140	140	88	69	82	91
Services de traitement des déchets et dépollution	187	144	145	156	140	140	88	69	82	91
Services annexes à l'agriculture, à la sylviculture et à la pêche	..	..	..	..	..	..	..	..	..	..
Services annexes aux industries extractives et à l'extraction de pétrole et de gaz	..	..	..	..	..	..	..	..	..	..
Services de location-exploitation	60	23	32	58	92	41	31	45	49	77
Services liés au commerce	139	73	104	141	223	94	53	47	73	114
Autres services aux entreprises n.i.a.	459	364	442	625	615	169	123	177	282	321
Services personnels, culturels et relatifs aux loisirs	**273**	**221**	**236**	**246**	**326**	**239**	**151**	**239**	**311**	**252**
Services audiovisuels et connexes	226	182	188	183	217	143	83	174	237	178
Autres services personnels, culturels et relatifs aux loisirs	47	39	48	63	109	97	68	65	74	74
Biens et services des administrations publiques, n.i.a.	**243**	**169**	**171**	**164**	**154**	**177**	**142**	**141**	**157**	**190**
Ambassades et consulats	206	142	136	123	118	102	83	88	94	96
Unités et organes militaires	36	26	29	38	31	73	57	53	62	93
Autres biens et services des administrations publiques, n.i.a.	1	0	5	3	5	2	2	0	1	1
Services non-alloués	..	..	..	..	..	..	..	..	..	..
Services liés au tourisme compris dans les voyages et les transports de passagers	..	..	..	..	..	..	..	..	..	..
SERVICES COMMERCIAUX	**40 954**	**34 933**	**32 787**	**37 768**	**43 707**	**16 814**	**16 570**	**14 789**	**17 442**	**20 886**
AUTRES SERVICES COMMERCIAUX	**5 585**	**3 956**	**4 149**	**4 809**	**4 911**	**5 393**	**3 655**	**3 496**	**4 189**	**4 766**

.. Non disponible

Note : Voir les métadonnées détaillées sur : *http://metalinks.oecd.org/tis/20200306/903d* et *http://metalinks.oecd.org/tis/20200306/010a*.

Source : Eurostat.

TABLEAUX PAR PAYS

Hongrie

Millions USD

	Exportations					Importations				
	2014	2015	2016	2017	2018	2014	2015	2016	2017	2018
TOTAL DES SERVICES	**24 911**	**22 508**	**24 201**	**26 888**	**29 514**	**18 819**	**17 068**	**17 424**	**18 729**	**20 623**
Services de fabrication fournis sur des intrants physiques détenus par des tiers	**1 971**	**1 743**	**1 738**	**2 142**	**2 280**	**268**	**235**	**226**	**217**	**266**
Services d'entretien et de réparation n.i.a.	**518**	**460**	**571**	**542**	**671**	**406**	**369**	**446**	**717**	**623**
Transports	**6 064**	**5 411**	**5 798**	**6 496**	**7 352**	**4 389**	**3 963**	**3 971**	**4 440**	**5 110**
Transports maritimes	72	69	66	67	87	197	176	150	230	246
Passagers	..	..	..	..	..	..	..	..	..	..
Fret	2	2	1	2	21	75	68	56	114	110
Autres	69	67	65	65	66	122	108	94	116	136
Transports aériens	2 063	1 952	2 136	2 584	3 177	1 450	1 309	1 254	1 409	1 783
Passagers	1 555	1 554	1 746	2 143	2 649	633	589	537	540	605
Fret	15	11	11	11	22	138	126	93	109	126
Autres	493	388	378	430	506	679	594	624	760	1 053
Autres modes de transport	3 839	3 301	3 485	3 754	3 989	2 574	2 304	2 362	2 613	2 901
Passagers	60	55	58	60	60	41	37	35	40	37
Fret	2 038	1 709	1 644	1 701	1 826	1 694	1 519	1 546	1 756	1 945
Autres	1 741	1 537	1 783	1 992	2 104	839	749	781	817	919
Services postaux et de messagerie	90	90	111	92	99	169	174	205	187	179
Classification élargie des autres modes de transport										
Transports spatiaux	..	..	..	..	..	..	..	..	..	..
Transports ferroviaires	354	312	334	373	414	329	283	308	339	381
Passagers	34	30	30	35	33	35	30	27	31	30
Fret	168	139	143	163	183	181	153	167	196	230
Autres	151	143	161	176	198	113	99	115	112	121
Transports routiers	2 840	2 433	2 594	2 776	2 854	1 748	1 575	1 623	1 818	2 020
Passagers	25	25	27	26	27	6	7	9	9	7
Fret	1 696	1 432	1 363	1 370	1 441	1 373	1 250	1 279	1 459	1 625
Autres	1 119	977	1 204	1 381	1 386	369	318	335	349	388
Transports par voies navigables intérieures	80	66	59	63	61	54	39	35	48	42
Passagers	1	1	0	0	0	..	..	..	..	..
Fret	60	50	46	46	46	41	29	23	34	29
Autres	20	16	14	16	15	13	10	13	14	13
Transports par conduites	109	86	92	121	155	88	79	69	56	56
Transmission d'électricité	6	2	1	1	1	10	7	9	11	4
Autres services connexes aux transports	451	402	405	420	504	345	321	318	342	397
Transports - pour tous les modes										
Passagers	1 615	1 609	1 804	2 203	2 708	675	626	572	579	642
Fret	..	..	..	..	..	..	..	..	..	..
Autres	..	..	..	..	..	..	..	..	..	..
Autres transports sauf services postaux et de messagerie	..	..	..	..	..	..	..	..	..	..
Voyages	**5 869**	**5 326**	**5 664**	**6 174**	**6 924**	**2 033**	**1 831**	**2 162**	**2 449**	**2 648**
Voyages à titre professionnel	570	550	492	474	522	345	327	378	397	357
Acquisitions par les travailleurs frontaliers, saisonniers, court terme	92	76	91	101	147	157	140	171	209	186
Autres que les acquisitions par les travailleurs frontaliers, saisonniers, court terme	478	474	402	373	375	188	187	207	189	171
Voyages à titre personnel	5 299	4 776	5 172	5 700	6 402	1 688	1 504	1 784	2 052	2 291
Dépenses liées à la santé	590	551	393	415	509	4	5	7	9	11
Dépenses liées à l'éducation	147	126	137	87	68	38	13	23	18	16
Autres	4 562	4 100	4 642	5 199	5 824	1 646	1 486	1 754	2 025	2 265
Construction	**307**	**333**	**364**	**382**	**399**	**218**	**200**	**155**	**239**	**241**
Construction réalisée à l'étranger	255	254	280	278	277	75	80	63	47	55
Construction réalisée dans l'économie déclarante	52	79	84	104	122	143	121	92	193	186
Services d'assurance et de pension	**30**	**27**	**26**	**28**	**35**	**162**	**151**	**186**	**190**	**228**
Assurance directe	12	10	12	13	20	17	16	24	21	27
Assurance-vie	4	3	3	3	3	3	3	2	3	6
Assurance fret	0	0	0	0	0	1	1	2	2	1
Autres assurances directes	7	7	9	10	16	13	12	19	16	19
Réassurance	11	4	8	7	4	134	121	147	152	182
Services auxiliaires d'assurance	8	13	7	8	11	9	13	13	14	15
Services de pension et de garantie standard	..	..	0	0	0	2	1	1	3	4
Services de pension	..	..	..	..	..	0	0	0	2	2
Services de garantie standard	..	..	..	0	0	2	1	1	1	2

Hongrie *(suite)*

Millions USD

	Exportations					Importations				
	2014	2015	2016	2017	2018	2014	2015	2016	2017	2018
Services financiers	**338**	**305**	**327**	**424**	**483**	**420**	**449**	**542**	**532**	**512**
Services financiers explicitement facturés et autres	263	240	240	296	352	239	246	295	286	288
Services d'intermédiation financière indirectement mesurés (SIFIM)	75	65	86	129	131	181	203	247	246	224
Frais pour usage de propriété intellectuelle n.i.a.	**2 077**	**1 566**	**1 793**	**1 683**	**1 770**	**1 701**	**2 020**	**1 447**	**1 592**	**1 503**
Frais de franchise et marques commerciales	..	..	..	..	..	..	..	..	..	..
Licences d'utilisation des résultats de la recherche-développement	..	..	..	..	..	..	..	..	..	..
Licences de reproduction et/ou de distribution de logiciels	..	..	..	..	..	..	..	..	..	..
Licences de reproduction et/ou de distribution de produits audiovisuels et connexes	..	..	..	..	..	..	..	..	..	..
Services de télécommunications, d'informatique et d'information	**2 028**	**1 820**	**1 927**	**2 434**	**2 730**	**1 699**	**1 554**	**1 631**	**1 799**	**1 875**
Services de télécommunications	195	154	152	206	174	234	239	238	239	228
Services d'informatique	1 810	1 647	1 753	2 093	2 413	1 399	1 259	1 335	1 472	1 541
Logiciels	..	..	..	..	..	..	..	..	..	..
***dont :** Logiciels originaux*	..	..	..	..	..	..	..	..	..	..
Autres services d'informatique	..	..	..	..	..	..	..	..	..	..
Services d'information	23	18	21	135	143	66	55	58	88	106
Services d'agence de presse	4	5	7	7	9	21	18	16	19	17
Autres services d'information	19	13	14	128	134	45	38	43	69	89
Autres services aux entreprises	**5 035**	**4 900**	**5 397**	**5 768**	**6 213**	**6 877**	**5 679**	**5 960**	**5 781**	**6 921**
Services de recherche-développement	620	596	612	716	739	1 334	850	753	621	735
Travail mené de façon systématique pour accroître les connaissances	430	318	388	457	262	408	267	266	359	119
Services de recherche-développement, autres	189	279	223	259	477	927	583	487	262	616
Services spécialisés et services de conseil en gestion	2 087	2 008	2 354	2 508	2 703	2 435	2 204	2 143	2 306	2 528
Services juridiques, de comptabilité, de conseil en gestion et de relations publiques	1 754	1 731	2 048	2 176	2 351	2 062	1 890	1 826	1 936	2 138
Services juridiques	92	77	82	81	74	48	53	53	62	75
Comptabilité, vérification des comptes, tenue de livres et conseil en fiscalité	680	594	667	823	845	90	88	89	81	87
Conseil aux entreprises, conseil en gestion et relations publiques	982	1 061	1 299	1 272	1 432	1 923	1 749	1 684	1 794	1 976
Services de publicité, études de marché et sondages d'opinion	333	277	306	332	352	373	314	318	370	390
Services techniques, liés au commerce et autres services aux entreprises	2 329	2 295	2 432	2 544	2 772	3 108	2 625	3 064	2 855	3 658
Services d'architecture, d'ingénierie, scientifiques et autres services techniques	438	448	540	562	671	421	367	504	374	503
Services d'architecture	11	8	7	5	2	15	3	9	8	8
Services d'ingénierie	394	394	490	501	610	348	297	441	300	424
Services scientifiques et autres services techniques	34	46	43	55	59	58	66	54	67	71
Services de traitement des déchets et dépollution, services agricoles et miniers	82	60	111	106	134	48	24	25	24	20
Services de traitement des déchets et dépollution	20	19	24	21	26	20	11	10	12	10
Services annexes à l'agriculture, à la sylviculture et à la pêche	..	..	..	..	..	..	..	..	..	..
Services annexes aux industries extractives et à l'extraction de pétrole et de gaz	..	..	..	..	..	..	..	..	..	..
Services de location-exploitation	75	89	52	131	204	245	255	199	215	635
Services liés au commerce	172	151	179	145	167	503	418	388	382	390
Autres services aux entreprises n.i.a.	1 561	1 548	1 549	1 601	1 596	1 892	1 562	1 948	1 860	2 111
Services personnels, culturels et relatifs aux loisirs	**539**	**490**	**471**	**686**	**527**	**490**	**472**	**532**	**602**	**546**
Services audiovisuels et connexes	449	398	367	547	396	388	375	426	464	406
Autres services personnels, culturels et relatifs aux loisirs	90	92	105	139	131	101	98	107	138	140
Biens et services des administrations publiques, n.i.a.	**136**	**126**	**126**	**129**	**132**	**157**	**145**	**166**	**172**	**151**
Ambassades et consulats	85	74	76	83	72	77	78	101	99	86
Unités et organes militaires	2	3	2	2	1	71	61	64	73	65
Autres biens et services des administrations publiques, n.i.a.	50	50	47	44	58	9	6	1	..	..
Services non-alloués	..	..	..	..	..	..	..	..	..	..
Services liés au tourisme compris dans les voyages et les transports de passagers	..	..	..	..	..	..	..	..	..	..
SERVICES COMMERCIAUX	**24 775**	**22 382**	**24 075**	**26 759**	**29 382**	**18 662**	**16 923**	**17 258**	**18 557**	**20 472**
AUTRES SERVICES COMMERCIAUX	**10 353**	**9 442**	**10 305**	**11 406**	**12 156**	**11 567**	**10 525**	**10 453**	**10 735**	**11 825**

.. Non disponible

Note : Voir les métadonnées détaillées sur : *http://metalinks.oecd.org/tis/20200306/903d* et *http://metalinks.oecd.org/tis/20200306/c90f*.

Source : Eurostat.

TABLEAUX PAR PAYS

Islande

Millions USD

	Exportations					Importations				
	2014	2015	2016	2017	2018	2014	2015	2016	2017	2018
TOTAL DES SERVICES	**4 282**	**4 351**	**5 350**	**6 325**	**6 583 p**	**3 120**	**2 841**	**3 221**	**3 785**	**4 286 p**
Services de fabrication fournis sur des intrants physiques détenus par des tiers	**219**	**136**	**57**	**..**	**..**	**..**	**..**	**..**	**..**	**..**
Services d'entretien et de réparation n.i.a.	**51**	**41**	**63**	**61**	**77 p**	**152**	**138**	**160**	**168**	**190 p**
Transports	**1 621**	**1 554**	**1 806**	**2 137**	**2 208 p**	**501**	**498**	**532**	**616**	**703 p**
Transports maritimes	135	125	148	178	..	228	224	219	266	..
Passagers	..	..	..	..	..	..	..	..	..	..
Fret	67	59	62	77	..	142	141	143	163	..
Autres	68	66	86	101	..	86	83	76	103	..
Transports aériens	1 466	1 409	1 633	1 932	..	229	233	259	285	..
Passagers	1 238	1 184	1 434	1 682	..	61	60	61	67	..
Fret	161	159	120	147	..	12	10	14	18	..
Autres	67	66	79	103	..	156	164	185	199	..
Autres modes de transport	14	13	16	14	..	38	38	49	61	..
Passagers	..	..	..	..	..	..	..	2	..	..
Fret	12	11	12	..	..	36	35	38	41	..
Autres	2	2	4	14	..	3	2	9	20	..
Services postaux et de messagerie	7	7	9	13	..	6	4	5	4	..
Classification élargie des autres modes de transport										
Transports spatiaux	..	..	..	..	..	..	..	..	..	..
Transports ferroviaires	..	..	..	..	..	..	..	..	..	..
Passagers	..	..	..	..	..	..	..	..	..	..
Fret	..	..	..	..	..	..	..	..	..	..
Autres	..	..	..	..	..	..	..	..	..	..
Transports routiers	..	..	..	..	..	..	..	..	..	..
Passagers	..	..	..	..	..	..	..	..	..	..
Fret	..	..	..	..	..	..	..	..	..	..
Autres	..	..	..	..	..	..	..	..	..	..
Transports par voies navigables intérieures	..	..	..	..	..	..	..	..	..	..
Passagers	..	..	..	..	..	..	..	..	..	..
Fret	..	..	..	..	..	..	..	..	..	..
Autres	..	..	..	..	..	..	..	..	..	..
Transports par conduites	..	..	..	..	..	..	..	..	..	..
Transmission d'électricité	..	..	..	..	..	..	..	..	..	..
Autres services connexes aux transports	..	..	..	..	..	..	..	..	..	..
Transports - pour tous les modes										
Passagers	1 238	1 184	1 434	1 682	..	61	60	63	67	..
Fret	..	..	..	..	..	..	..	..	..	..
Autres	..	..	..	..	..	..	..	..	..	..
Autres transports sauf services postaux et de messagerie	..	..	..	..	..	..	..	..	..	..
Voyages	**1 371**	**1 617**	**2 395**	**3 011**	**3 140 p**	**973**	**996**	**1 258**	**1 657**	**1 840 p**
Voyages à titre professionnel	171	214	195	242	..	191	209	254	323	..
Acquisitions par les travailleurs frontaliers, saisonniers, court terme	..	..	..	..	..	..	..	..	..	..
Autres que les acquisitions par les travailleurs frontaliers, saisonniers, court terme	..	..	..	..	..	..	..	..	..	..
Voyages à titre personnel	1 200	1 404	2 200	2 769	..	782	787	1 005	1 334	..
Dépenses liées à la santé	..	..	..	..	..	..	..	..	..	..
Dépenses liées à l'éducation	18	19	27	38	..	43	36	27	23	..
Autres	1 183	1 384	2 173	2 731	..	739	751	978	1 311	..
Construction	**31**	**17**	**17**	**26**	**28 p**	**7**	**14**	**28**	**33**	**33 p**
Construction réalisée à l'étranger	..	..	..	..	..	..	..	..	..	..
Construction réalisée dans l'économie déclarante	..	..	..	..	..	..	..	..	..	..
Services d'assurance et de pension	**23**	**23**	**16**	**16**	**16 p**	**45**	**36**	**36**	**40**	**30 p**
Assurance directe	11	7	5	5	..	27	22	24	22	..
Assurance-vie	..	..	..	..	..	..	..	..	..	..
Assurance fret	0	0	0	0	..	0	0	0	0	..
Autres assurances directes	11	7	4	5	..	26	22	23	21	..
Réassurance	..	..	..	..	..	15	9	9	14	..
Services auxiliaires d'assurance	12	16	11	12	..	4	5	2	5	..
Services de pension et de garantie standard	..	..	..	..	..	..	..	..	..	..
Services de pension	..	..	..	..	..	..	..	..	..	..
Services de garantie standard	..	..	..	..	..	..	..	..	..	..

Islande *(suite)*

Millions USD

	Exportations					Importations				
	2014	2015	2016	2017	2018	2014	2015	2016	2017	2018
Services financiers	**169**	**123**	**121**	**164**	**169 p**	**134**	**74**	**68**	**69**	**62 p**
Services financiers explicitement facturés et autres	61	73	98	139	142 p	42	39	55	58	51 p
Services d'intermédiation financière indirectement mesurés (SIFIM)	108	50	23	25	26 p	93	35	13	11	12 p
Frais pour usage de propriété intellectuelle n.i.a.	**161**	**232**	**187**	**253**	**245 p**	**120**	**84**	**105**	**116**	**122 p**
Frais de franchise et marques commerciales	127	198	..	..	..	82	53	..	..	..
Licences d'utilisation des résultats de la recherche-développement	..	..	..	..	..	..	..	..	..	..
Licences de reproduction et/ou de distribution de logiciels	28	31	..	..	..	15	14	..	..	..
Licences de reproduction et/ou de distribution de produits audiovisuels et connexes	5	0	..	..	..	22	17	..	..	..
Services de télécommunications, d'informatique et d'information	**222**	**242**	**277**	**303**	**317 p**	**175**	**177**	**194**	**262**	**308 p**
Services de télécommunications	30	24	26	27	..	43	39	29	36	..
Services d'informatique	185	211	240	258	..	108	113	136	187	..
Logiciels	..	..	..	..	..	..	..	..	..	..
***dont :** Logiciels originaux*	..	..	..	..	..	..	..	..	..	..
Autres services d'informatique	..	..	..	..	..	..	..	..	..	..
Services d'information	7	6	12	18	..	24	25	29	39	..
Services d'agence de presse	0	0	0	0	..	1	1	1	1	..
Autres services d'information	7	6	12	18	..	23	24	29	38	..
Autres services aux entreprises	**342**	**304**	**336**	**291**	**324 p**	**940**	**759**	**759**	**730**	**866 p**
Services de recherche-développement	68	77	109	125	..	88	63	44	48	..
Travail mené de façon systématique pour accroître les connaissances	..	..	..	..	..	..	..	..	..	..
Services de recherche-développement, autres	..	..	..	..	..	..	..	..	..	..
Services spécialisés et services de conseil en gestion	146	120	111	59	..	320	274	249	157	..
Services juridiques, de comptabilité, de conseil en gestion et de relations publiques	140	118	110	52	..	275	233	201	103	..
Services juridiques	21	27	18	15	..	47	93	44	49	..
Comptabilité, vérification des comptes, tenue de livres et conseil en fiscalité	5	5	7	7	..	3	2	3	5	..
Conseil aux entreprises, conseil en gestion et relations publiques	114	86	86	30	..	225	138	154	49	..
Services de publicité, études de marché et sondages d'opinion	7	2	1	8	..	45	41	49	54	..
Services techniques, liés au commerce et autres services aux entreprises	128	107	116	107	..	532	422	466	525	..
Services d'architecture, d'ingénierie, scientifiques et autres services techniques	64	56	52	37	..	16	15	14	28	..
Services d'architecture	12	0	1	1	..	2	..	2	2	..
Services d'ingénierie	51	55	50	33	..	9	12	11	24	..
Services scientifiques et autres services techniques	2	1	1	3	..	6	2	1	2	..
Services de traitement des déchets et dépollution, services agricoles et miniers	3	2	1	10	..	11	3	13	2	..
Services de traitement des déchets et dépollution	..	..	..	..	..	..	..	..	..	..
Services annexes à l'agriculture, à la sylviculture et à la pêche	..	..	..	..	..	..	..	..	..	..
Services annexes aux industries extractives et à l'extraction de pétrole et de gaz	..	..	..	..	..	..	..	..	..	..
Services de location-exploitation	15	8	11	6	..	373	278	303	333	..
Services liés au commerce	44	36	46	46	..	48	48	57	78	..
Autres services aux entreprises n.i.a.	3	4	6	8	..	85	79	80	84	..
Services personnels, culturels et relatifs aux loisirs	**45**	**43**	**56**	**40**	**37 p**	**53**	**50**	**66**	**76**	**114 p**
Services audiovisuels et connexes	29	26	50	28	..	12	14	20	27	..
Autres services personnels, culturels et relatifs aux loisirs	15	18	6	12	..	41	36	45	49	..
Biens et services des administrations publiques, n.i.a.	**29**	**19**	**21**	**22**	**23 p**	**19**	**16**	**16**	**19**	**20 p**
Ambassades et consulats	25	19	21	22	..	18	14	14	17	..
Unités et organes militaires	..	..	..	..	..	..	..	..	..	..
Autres biens et services des administrations publiques, n.i.a.	4	0	..	..	..	2	2	2	2	..
Services non-alloués	..	..	..	..	..	..	..	..	..	..
Services liés au tourisme compris dans les voyages et les transports de passagers	..	..	..	..	..	..	..	..	..	..
SERVICES COMMERCIAUX	**4 254**	**4 332**	**5 329**	**6 303**	**6 560 p**	**3 100**	**2 825**	**3 206**	**3 766**	**4 266 p**
AUTRES SERVICES COMMERCIAUX	**992**	**984**	**1 010**	**1 094**	**1 136 p**	**1 475**	**1 193**	**1 255**	**1 326**	**1 534 p**

.. Non disponible ; p Donnée provisoire

Note : Des données historiques sont disponibles dans Échanges de services - EBOPS 2002 *(http://dx.doi.org/10.1787/data-00274-fr)*.

Voir les métadonnées détaillées sur : *http://metalinks.oecd.org/tis/20200306/903d* et *http://metalinks.oecd.org/tis/20200306/54cd*.

Source : Eurostat.

Irlande

Millions USD

	Exportations					Importations				
	2014	2015	2016	2017	2018	2014	2015	2016	2017	2018
TOTAL DES SERVICES	**132 526**	**133 352**	**149 415**	**182 366**	**212 559**	**139 883**	**175 180**	**219 914**	**231 377**	**219 134**
Services de fabrication fournis sur des intrants physiques détenus par des tiers	**1 572**	**1 711**	**1 986**	**2 216**	**2 205**	**1 392**	**1 726**	**3 818**	**5 275**	**6 345**
Services d'entretien et de réparation n.i.a.	**50**	**44**	**809**	**36**	**38**	**273**	**274**	**500**	**96**	**91**
Transports	**6 890**	**7 268**	**7 993**	**9 114**	**9 143**	**2 880**	**3 014**	**2 974**	**2 929**	**3 670**
Transports maritimes	245	232	230	240	254	1 765	1 902	1 874	1 837	2 347
Passagers	78	75	72	73	71	15	13	11	10	11
Fret	115	113	114	121	136	1 612	1 775	1 749	1 708	2 212
Autres	53	44	44	45	47	137	114	114	117	123
Transports aériens	6 644	7 035	7 763	8 874	8 888	885	860	852	849	1 009
Passagers	6 151	6 623	7 352	8 456	8 449	98	80	82	83	86
Fret	43	36	35	36	38	460	507	498	488	633
Autres	451	377	376	383	401	326	273	272	275	288
Autres modes de transport	..	..	..	..	..	231	253	249	243	316
Passagers	..	..	..	..	..	..	..	..	..	..
Fret	..	..	..	..	..	231	253	249	243	316
Autres	..	..	..	..	..	..	..	..	..	..
Services postaux et de messagerie	..	..	..	..	..	..	..	..	..	..
Classification élargie des autres modes de transport										
Transports spatiaux	..	..	..	..	..	..	..	..	..	..
Transports ferroviaires	..	..	..	..	..	..	..	..	..	..
Passagers	..	..	..	..	..	..	..	..	..	..
Fret	..	..	..	..	..	..	..	..	..	..
Autres	..	..	..	..	..	..	..	..	..	..
Transports routiers	..	..	..	..	..	231	253	249	243	316
Passagers	..	..	..	..	..	..	..	..	..	..
Fret	..	..	..	..	..	231	253	249	243	316
Autres	..	..	..	..	..	..	..	..	..	..
Transports par voies navigables intérieures	..	..	..	..	..	..	..	..	..	..
Passagers	..	..	..	..	..	..	..	..	..	..
Fret	..	..	..	..	..	..	..	..	..	..
Autres	..	..	..	..	..	..	..	..	..	..
Transports par conduites	..	..	..	..	..	..	..	..	..	..
Transmission d'électricité	..	..	..	..	..	..	..	..	..	..
Autres services connexes aux transports	..	..	..	..	..	..	..	..	..	..
Transports - pour tous les modes										
Passagers	6 229	6 698	7 423	8 529	8 521	113	93	93	94	97
Fret	158	149	149	157	174	2 303	2 534	2 496	2 441	3 161
Autres	504	421	420	428	449	463	387	386	392	411
Autres transports sauf services postaux et de messagerie	504	421	420	428	449	463	387	386	392	411
Voyages	**4 851**	**4 786**	**5 182**	**5 603**	**6 182**	**6 404**	**5 704**	**6 220**	**6 552**	**7 401**
Voyages à titre professionnel	833	793	845	909	925	955	853	801	829	977
Acquisitions par les travailleurs frontaliers, saisonniers, court terme	53	44	44	45	47	170	142	142	144	151
Autres que les acquisitions par les travailleurs frontaliers, saisonniers, court terme	779	749	801	864	878	785	711	659	685	826
Voyages à titre personnel	4 017	3 992	4 337	4 694	5 256	5 449	4 851	5 419	5 721	6 426
Dépenses liées à la santé	..	..	..	..	..	8	7	7	9	7
Dépenses liées à l'éducation	53	44	44	45	35	32	27	27	27	28
Autres	3 964	3 947	4 293	4 648	5 221	5 409	4 818	5 386	5 690	6 393
Construction	**80**	**78**	**76**	**86**	**90**	**265**	**254**	**280**	**338**	**354**
Construction réalisée à l'étranger	80	78	76	86	90	265	254	280	338	354
Construction réalisée dans l'économie déclarante	..	..	..	..	..	..	..	..	..	..
Services d'assurance et de pension	**11 572**	**11 433**	**10 283**	**10 984**	**11 407**	**7 565**	**7 895**	**7 406**	**7 851**	**9 490**
Assurance directe	11 572	11 433	10 283	10 984	11 407	4 487	4 944	4 830	5 166	6 042
Assurance-vie	5 739	5 720	4 667	5 198	5 027	2 140	2 688	2 596	2 996	3 468
Assurance fret	..	..	..	..	..	256	282	277	271	353
Autres assurances directes	5 832	5 714	5 616	5 787	6 381	2 091	1 973	1 957	1 898	2 222
Réassurance	..	..	..	..	..	3 078	2 951	2 577	2 685	3 450
Services auxiliaires d'assurance	..	..	..	..	..	..	..	..	..	..
Services de pension et de garantie standard	..	..	..	..	..	..	..	..	..	..
Services de pension	..	..	..	..	..	..	..	..	..	..
Services de garantie standard	..	..	..	..	..	..	..	..	..	..

Irlande *(suite)*

Millions USD

	Exportations					Importations				
	2014	2015	2016	2017	2018	2014	2015	2016	2017	2018
Services financiers	**13 841**	**13 849**	**14 699**	**17 516**	**18 124**	**10 126**	**11 403**	**12 774**	**14 563**	**15 169**
Services financiers explicitement facturés et autres	..	12 625	13 597	16 139	16 613	..	9 989	11 241	13 147	14 082
Services d'intermédiation financière indirectement mesurés (SIFIM)	..	1 224	1 102	1 376	1 511	..	1 414	1 534	1 417	1 087
Frais pour usage de propriété intellectuelle n.i.a.	**6 955**	**8 124**	**8 907**	**10 255**	**13 901**	**57 404**	**70 713**	**76 548**	**75 121**	**85 200**
Frais de franchise et marques commerciales	..	..	..	..	..	..	..	..	..	..
Licences d'utilisation des résultats de la recherche-développement	6 955	8 124	8 907	10 255	13 901	57 404	70 713	76 548	75 121	85 200
Licences de reproduction et/ou de distribution de logiciels	..	..	..	..	..	..	..	..	..	..
Licences de reproduction et/ou de distribution de produits audiovisuels et connexes	..	..	..	..	..	..	..	..	..	..
Services de télécommunications, d'informatique et d'information	**56 462**	**56 653**	**65 038**	**77 459**	**102 262**	**2 155**	**2 392**	**2 820**	**4 423**	**5 784**
Services de télécommunications	755	758	794	740	490	1 306	1 142	1 289	781	673
Services d'informatique	55 679	55 846	64 207	..	..	805	1 216	1 492	3 513	4 978
Logiciels	55 679	55 846	64 207	..	..	805	1 216	1 492	3 513	4 978
***dont :** Logiciels originaux*	..	..	..	..	..	..	..	..	..	..
Autres services d'informatique	..	..	..	..	..	..	..	..	..	..
Services d'information	29	49	39	..	..	43	33	39	131	133
Services d'agence de presse	..	..	..	..	..	..	..	..	..	..
Autres services d'information	29	49	39	..	..	43	33	39	131	133
Autres services aux entreprises	**27 454**	**25 542**	**33 287**	**44 572**	**44 884**	**51 065**	**71 513**	**106 281**	**113 843**	**85 170**
Services de recherche-développement	3 020	2 011	4 400	7 583	3 527	11 547	31 229	64 215	62 156	27 032
Travail mené de façon systématique pour accroître les connaissances	3 020	2 011	4 400	7 583	3 527	11 547	31 229	64 215	62 156	27 032
Services de recherche-développement, autres	..	..	..	..	..	..	..	..	..	..
Services spécialisés et services de conseil en gestion	659	774	1 623	3 989	7 706	5 876	6 058	6 761	8 774	10 475
Services juridiques, de comptabilité, de conseil en gestion et de relations publiques	529	508	1 282	3 546	..	1 122	1 521	2 087	3 437	4 880
Services juridiques	..	..	..	..	..	..	..	..	..	..
Comptabilité, vérification des comptes, tenue de livres et conseil en fiscalité	..	..	..	..	..	135	65	86	67	97
Conseil aux entreprises, conseil en gestion et relations publiques	529	508	1 282	3 546	..	986	1 455	2 002	3 371	4 783
Services de publicité, études de marché et sondages d'opinion	130	266	341	444	..	4 754	4 536	4 672	5 338	5 595
Services techniques, liés au commerce et autres services aux entreprises	23 776	22 757	27 264	33 001	33 650	33 642	34 226	35 305	42 913	47 665
Services d'architecture, d'ingénierie, scientifiques et autres services techniques	281	263	196	258	260	130	72	138	53	60
Services d'architecture	..	..	..	..	..	..	..	..	..	..
Services d'ingénierie	281	263	196	258	260	130	72	138	53	60
Services scientifiques et autres services techniques	..	..	..	..	..	..	..	..	..	..
Services de traitement des déchets et dépollution, services agricoles et miniers	..	67	66	68	71	..	..	..	..	..
Services de traitement des déchets et dépollution	..	..	..	..	..	..	..	..	..	..
Services annexes à l'agriculture, à la sylviculture et à la pêche	..	67	66	68	71	..	..	..	..	..
Services annexes aux industries extractives et à l'extraction de pétrole et de gaz	..	..	..	..	..	..	..	..	..	..
Services de location-exploitation	12 526	13 424	14 567	15 260	15 239	1 239	834	1 189	1 031	859
Services liés au commerce	2 639	2 141	2 852	3 115	3 409	16 779	15 986	16 592	17 039	20 409
Autres services aux entreprises n.i.a.	..	6 863	9 584	14 300	14 673	15 492	17 333	17 387	24 792	..
Services personnels, culturels et relatifs aux loisirs	**328**	**274**	**273**	**280**	**293**	**295**	**246**	**246**	**336**	**406**
Services audiovisuels et connexes	328	274	273	280	293	264	221	220	309	379
Autres services personnels, culturels et relatifs aux loisirs	..	..	..	..	..	31	26	25	27	28
Biens et services des administrations publiques, n.i.a.	**344**	**466**	**418**	**420**	**429**	**57**	**47**	**47**	**50**	**54**
Ambassades et consulats	46	33	44	34	43	39	30	30	35	37
Unités et organes militaires	5	6	6	9	9	..	..	..	..	..
Autres biens et services des administrations publiques, n.i.a.	292	427	368	378	374	19	17	16	15	17
Services non-alloués	**2 129**	**3 124**	**464**	**3 831**	**3 606**	**..**	**..**	**..**	**..**	**..**
Services liés au tourisme compris dans les voyages et les transports de passagers	..	..	..	..	..	..	..	..	..	..
SERVICES COMMERCIAUX	**132 182**	**132 886**	**148 996**	**181 946**	**212 131**	**139 826**	**175 134**	**219 868**	**231 327**	**219 079**
AUTRES SERVICES COMMERCIAUX	**116 690**	**115 953**	**132 564**	**161 151**	**190 960**	**128 874**	**164 417**	**206 354**	**216 475**	**201 573**

.. Non disponible

Note : Voir les métadonnées détaillées sur : *http://metalinks.oecd.org/tis/20200306/903d* et *http://metalinks.oecd.org/tis/20200306/73c9*.

Source : Eurostat.

Israël

Millions USD

	Exportations					Importations				
	2014	2015	2016	2017	2018	2014	2015	2016	2017	2018
TOTAL DES SERVICES	**35 832**	**36 826**	**39 133**	**44 218**	**50 054**	**24 363**	**24 554**	**25 809**	**28 812**	**30 238**
Services de fabrication fournis sur des intrants physiques détenus par des tiers	..	..	..	..	..	..	..	..	..	..
Services d'entretien et de réparation n.i.a.	**537**	**653**	**793**	**889**	**935**	**622**	**594**	**299**	**386**	**385**
Transports	**4 348**	**4 025**	**3 591**	**4 133**	**4 464**	**6 540**	**6 382**	**6 808**	**7 291**	**7 897**
Transports maritimes	..	..	..	..	..	..	..	..	..	..
Passagers	..	..	..	..	..	..	..	..	..	..
Fret	..	..	..	..	..	..	..	..	..	..
Autres	..	..	..	..	..	..	..	..	..	..
Transports aériens	..	..	..	..	..	..	..	..	..	..
Passagers	..	..	..	..	..	..	..	..	..	..
Fret	..	..	..	..	..	..	..	..	..	..
Autres	..	..	..	..	..	..	..	..	..	..
Autres modes de transport	..	..	..	..	..	..	..	..	..	..
Passagers	..	..	..	..	..	..	..	..	..	..
Fret	..	..	..	..	..	..	..	..	..	..
Autres	..	..	..	..	..	..	..	..	..	..
Services postaux et de messagerie	..	..	..	..	..	..	..	..	..	..
Classification élargie des autres modes de transport										
Transports spatiaux	..	..	..	..	..	..	..	..	..	..
Transports ferroviaires	..	..	..	..	..	..	..	..	..	..
Passagers	..	..	..	..	..	..	..	..	..	..
Fret	..	..	..	..	..	..	..	..	..	..
Autres	..	..	..	..	..	..	..	..	..	..
Transports routiers	..	..	..	..	..	..	..	..	..	..
Passagers	..	..	..	..	..	..	..	..	..	..
Fret	..	..	..	..	..	..	..	..	..	..
Autres	..	..	..	..	..	..	..	..	..	..
Transports par voies navigables intérieures	..	..	..	..	..	..	..	..	..	..
Passagers	..	..	..	..	..	..	..	..	..	..
Fret	..	..	..	..	..	..	..	..	..	..
Autres	..	..	..	..	..	..	..	..	..	..
Transports par conduites	..	..	..	..	..	..	..	..	..	..
Transmission d'électricité	..	..	..	..	..	..	..	..	..	..
Autres services connexes aux transports	..	..	..	..	..	..	..	..	..	..
Transports - pour tous les modes										
Passagers	729	706	704	768	828	1 345	1 495	1 764	1 929	2 097
Fret	..	..	..	..	..	..	..	..	..	..
Autres	3 619	3 319	2 887	3 365	3 636	5 195	4 887	5 044	5 362	5 800
Autres transports sauf services postaux et de messagerie	..	..	..	..	..	..	..	..	..	..
Voyages	**5 766**	**5 794**	**5 883**	**6 810**	**7 245**	**5 189**	**6 012**	**6 447**	**7 057**	**7 668**
Voyages à titre professionnel	1 543	1 470	1 532	1 684	1 736	..	..	..	..	..
Acquisitions par les travailleurs frontaliers, saisonniers, court terme	1 040	999	1 060	1 124	1 129	..	..	..	..	..
Autres que les acquisitions par les travailleurs frontaliers, saisonniers, court terme	503	472	472	561	607	..	..	..	..	..
Voyages à titre personnel	4 223	4 324	4 351	5 126	5 510	..	..	..	..	..
Dépenses liées à la santé	280	248	213	233	243	..	..	..	..	..
Dépenses liées à l'éducation	88	100	122	146	157	..	..	..	..	..
Autres	3 855	3 976	4 016	4 748	5 109	..	..	..	..	..
Construction	**471**	**478**	**758**	**818**	**866**	**337**	**326**	**586**	**747**	**765**
Construction réalisée à l'étranger	..	..	..	..	..	..	..	..	..	..
Construction réalisée dans l'économie déclarante	..	..	..	..	..	..	..	..	..	..
Services d'assurance et de pension	**29**	**35**	**36**	**38**	**38**	**509**	**474**	**728**	**613**	**587**
Assurance directe	..	..	..	..	..	..	..	..	..	..
Assurance-vie	..	..	..	..	..	..	..	..	..	..
Assurance fret	..	..	..	..	..	..	..	..	..	..
Autres assurances directes	..	..	..	..	..	..	..	..	..	..
Réassurance	..	..	..	..	..	..	..	..	..	..
Services auxiliaires d'assurance	..	..	..	..	..	..	..	..	..	..
Services de pension et de garantie standard	..	..	..	..	..	..	..	..	..	..
Services de pension	..	..	..	..	..	..	..	..	..	..
Services de garantie standard	..	..	..	..	..	..	..	..	..	..

Israël *(suite)*

Millions USD

	Exportations					Importations				
	2014	2015	2016	2017	2018	2014	2015	2016	2017	2018
Services financiers	**654**	**675**	**655**	**733**	**792**	**667**	**680**	**680**	**785**	**855**
Services financiers explicitement facturés et autres	449	491	442	500	1 855	..	..	..	..	..
Services d'intermédiation financière indirectement mesurés (SIFIM)	205	184	213	233	233	..	..	..	..	..
Frais pour usage de propriété intellectuelle n.i.a.	**1 269**	**1 312**	**1 605**	**1 855**	**2 202**	**448**	**433**	**440**	**576**	**589**
Frais de franchise et marques commerciales	..	..	..	..	..	..	..	..	..	..
Licences d'utilisation des résultats de la recherche-développement	..	..	..	..	..	..	..	..	..	..
Licences de reproduction et/ou de distribution de logiciels	..	..	..	..	..	..	..	..	..	..
Licences de reproduction et/ou de distribution de produits audiovisuels et connexes	..	..	..	..	..	..	..	..	..	..
Services de télécommunications, d'informatique et d'information	**8 740**	**9 495**	**10 538**	**12 175**	**14 554**	**1 300**	**1 265**	**1 709**	**2 209**	**2 263**
Services de télécommunications	550	548	472	480	478	364	344	390	508	525
Services d'informatique	8 119	8 874	9 954	11 572	13 942	839	827	1 226	1 589	1 624
Logiciels	4 392	5 741	6 309	7 364	8 855	432	431	656	854	874
***dont :** Logiciels originaux*	..	..	..	..	..	..	..	..	..	..
Autres services d'informatique	3 727	4 064	3 645	4 208	5 087	407	396	570	735	750
Services d'information	71	72	112	123	133	97	93	94	112	115
Services d'agence de presse	..	..	..	..	..	..	..	..	..	..
Autres services d'information	..	..	..	..	..	..	..	..	..	..
Autres services aux entreprises	**12 259**	**12 312**	**13 648**	**15 037**	**17 263**	**7 184**	**6 741**	**6 028**	**7 204**	**7 396**
Services de recherche-développement	4 894	5 040	6 137	6 809	8 007	647	620	1 367	1 620	1 658
Travail mené de façon systématique pour accroître les connaissances	..	..	..	..	..	21	20	20	..	..
Services de recherche-développement, autres	4 885	5 031	6 137	6 809	8 007	627	600	1 347	1 620	1 658
Services spécialisés et services de conseil en gestion	2 358	2 443	2 779	3 062	3 445	1 299	1 241	1 540	1 906	1 970
Services juridiques, de comptabilité, de conseil en gestion et de relations publiques	972	1 003	976	1 048	1 149	604	570	583	660	687
Services juridiques	310	319	310	329	367	411	386	328	354	370
Comptabilité, vérification des comptes, tenue de livres et conseil en fiscalité	84	86	110	116	130	23	20	31	36	40
Conseil aux entreprises, conseil en gestion et relations publiques	578	598	556	602	652	171	164	224	270	277
Services de publicité, études de marché et sondages d'opinion	1 386	1 440	1 803	2 014	2 297	695	671	957	1 246	1 283
Services techniques, liés au commerce et autres services aux entreprises	5 007	4 829	4 732	5 167	5 811	5 238	4 880	3 121	3 677	3 768
Services d'architecture, d'ingénierie, scientifiques et autres services techniques	633	661	310	341	371	1 858	1 633	511	632	644
Services d'architecture	..	..	..	..	..	..	..	..	..	..
Services d'ingénierie	..	..	..	..	..	..	..	..	..	..
Services scientifiques et autres services techniques	..	..	..	..	..	..	..	..	..	..
Services de traitement des déchets et dépollution, services agricoles et miniers	..	..	..	..	..	..	..	..	..	..
Services de traitement des déchets et dépollution	..	..	..	..	..	..	..	..	..	..
Services annexes à l'agriculture, à la sylviculture et à la pêche	..	..	..	..	..	..	..	..	..	..
Services annexes aux industries extractives et à l'extraction de pétrole et de gaz	..	..	..	..	..	..	..	..	..	..
Services de location-exploitation	38	35	108	125	135	145	139	39	47	48
Services liés au commerce	795	796	549	596	631	599	577	436	535	547
Autres services aux entreprises n.i.a.	3 541	3 336	3 766	4 104	4 674	2 635	2 532	2 135	2 464	2 530
Services personnels, culturels et relatifs aux loisirs	**388**	**368**	**393**	**468**	**499**	**105**	**100**	**122**	**158**	**160**
Services audiovisuels et connexes	252	232	246	303	322	86	82	97	127	129
Autres services personnels, culturels et relatifs aux loisirs	132	136	148	165	177	23	21	25	31	31
Biens et services des administrations publiques, n.i.a.	**19**	**22**	**15**	**13**	**16**	**293**	**289**	**292**	**291**	**290**
Ambassades et consulats	..	..	..	..	..	..	..	..	..	..
Unités et organes militaires	..	..	..	..	..	..	..	..	..	..
Autres biens et services des administrations publiques, n.i.a.	..	..	..	..	..	..	..	..	..	..
Services non-alloués	**1 353**	**1 214**	**1 219**	**1 248**	**1 181**	**1 170**	**1 259**	**1 669**	**1 495**	**1 384**
Services liés au tourisme compris dans les voyages et les transports de passagers	..	..	..	..	..	..	..	..	..	..
SERVICES COMMERCIAUX	**35 813**	**36 804**	**39 118**	**44 205**	**50 038**	**24 070**	**24 265**	**25 517**	**28 521**	**29 948**
AUTRES SERVICES COMMERCIAUX	**23 810**	**24 675**	**27 633**	**31 125**	**36 213**	**10 549**	**10 018**	**10 294**	**12 292**	**12 615**

.. Non disponible

Note : Voir les métadonnées détaillées sur : *http://metalinks.oecd.org/tis/20200306/903d* et *http://metalinks.oecd.org/tis/20200306/6d3b*.

Les données statistiques concernant Israël sont fournies par et sous la responsabilité des autorités israéliennes compétentes. L'utilisation de ces données par l'OCDE est sans préjudice du statut des hauteurs du Golan, de Jérusalem Est et des colonies de peuplement israéliennes en Cisjordanie aux termes du droit international.

Source : Bureau central des statistiques d'Israel (CBS).

Italie

Millions USD

	Exportations					Importations				
	2014	2015	2016	2017	2018	2014	2015	2016	2017	2018
TOTAL DES SERVICES	**114 247**	**98 325**	**100 852**	**111 626**	**123 290**	**117 274**	**103 033**	**105 368**	**116 851**	**126 489**
Services de fabrication fournis sur des intrants physiques détenus par des tiers	**3 249**	**2 812**	**2 660**	**3 424**	**5 902**	**2 896**	**2 371**	**2 385**	**2 758**	**3 636**
Services d'entretien et de réparation n.i.a.	**535**	**621**	**771**	**1 113**	**785**	**647**	**841**	**792**	**1 040**	**1 242**
Transports	**15 669**	**14 175**	**13 907**	**14 506**	**15 746**	**26 662**	**23 451**	**23 219**	**25 552**	**27 110**
Transports maritimes	5 000	4 727	4 611	5 394	5 322	7 148	6 717	6 313	7 062	7 088
Passagers	91	96	125	138	135	78	50	48	61	57
Fret	2 483	2 285	1 943	2 670	2 824	4 357	4 010	3 575	4 294	4 478
Autres	2 426	2 346	2 543	2 586	2 362	2 714	2 656	2 690	2 708	2 553
Transports aériens	5 651	5 185	4 979	4 705	5 362	10 474	9 123	8 626	9 818	10 951
Passagers	1 977	1 810	1 757	1 784	2 175	6 580	5 811	5 498	6 734	7 517
Fret	186	135	127	171	203	958	756	669	817	915
Autres	3 488	3 240	3 095	2 751	2 983	2 936	2 557	2 459	2 268	2 519
Autres modes de transport	4 133	3 619	3 658	3 639	3 976	8 320	7 141	7 815	8 153	8 486
Passagers	219	181	209	201	224	66	55	59	70	83
Fret	1 889	1 680	1 518	1 444	1 537	5 879	5 033	5 506	5 751	5 818
Autres	2 025	1 758	1 931	1 995	2 215	2 376	2 053	2 250	2 332	2 586
Services postaux et de messagerie	885	645	659	767	1 087	720	470	465	519	585
Classification élargie des autres modes de transport										
Transports spatiaux	..	..	..	..	..	..	..	..	..	..
Transports ferroviaires	178	148	170	156	178	555	459	467	509	539
Passagers	141	115	137	122	142	54	46	48	53	63
Fret	37	33	33	34	36	501	412	420	456	476
Autres	..	..	..	..	..	..	..	..	..	..
Transports routiers	3 941	3 458	3 474	3 469	3 781	7 005	6 031	6 726	7 032	7 521
Passagers	78	66	73	78	82	12	8	11	17	20
Fret	1 838	1 634	1 471	1 396	1 484	4 617	3 969	4 464	4 683	4 916
Autres	2 025	1 758	1 931	1 995	2 215	2 376	2 053	2 250	2 332	2 586
Transports par voies navigables intérieures	..	..	..	..	..	..	..	..	..	..
Passagers	..	..	..	..	..	..	..	..	..	..
Fret	..	..	..	..	..	..	..	..	..	..
Autres	..	..	..	..	..	..	..	..	..	..
Transports par conduites	14	13	14	14	18	761	651	622	612	427
Transmission d'électricité	..	..	..	..	..	..	..	..	..	..
Autres services connexes aux transports	..	..	..	..	..	..	..	..	..	..
Transports - pour tous les modes										
Passagers	2 286	2 087	2 091	2 123	2 535	6 724	5 916	5 604	6 864	7 657
Fret	..	..	..	..	..	..	..	..	..	..
Autres	..	..	..	..	..	..	..	..	..	..
Autres transports sauf services postaux et de messagerie	..	..	..	..	..	..	..	..	..	..
Voyages	**45 428**	**39 434**	**40 219**	**44 123**	**49 236**	**28 807**	**24 413**	**24 940**	**27 674**	**30 082**
Voyages à titre professionnel	7 720	6 548	5 671	5 979	6 521	9 787	8 441	8 369	8 587	9 136
Acquisitions par les travailleurs frontaliers, saisonniers, court terme	238	191	92	140	184	636	607	381	328	399
Autres que les acquisitions par les travailleurs frontaliers, saisonniers, court terme	7 482	6 357	5 579	5 839	6 337	9 151	7 835	7 988	8 259	8 737
Voyages à titre personnel	37 708	32 886	34 548	38 145	42 716	19 020	15 972	16 570	19 087	20 946
Dépenses liées à la santé	160	199	98	132	173	110	130	47	107	136
Dépenses liées à l'éducation	1 692	1 088	1 200	1 055	1 375	1 962	1 581	1 370	1 454	1 602
Autres	35 856	31 599	33 250	36 957	41 167	16 947	14 261	15 153	17 525	19 208
Construction	**546**	**550**	**437**	**640**	**510**	**156**	**148**	**69**	**145**	**54**
Construction réalisée à l'étranger	534	539	435	633	508	75	71	55	89	34
Construction réalisée dans l'économie déclarante	12	11	2	8	1	81	77	14	56	20
Services d'assurance et de pension	**1 967**	**1 578**	**1 486**	**1 401**	**1 515**	**2 680**	**2 245**	**2 836**	**2 979**	**3 301**
Assurance directe	488	413	457	475	492	982	897	1 071	1 120	1 161
Assurance-vie	7	5	8	21	20	378	362	447	470	446
Assurance fret	203	179	239	261	282	332	289	381	422	467
Autres assurances directes	279	229	211	193	190	271	245	244	228	248
Réassurance	813	723	846	784	856	1 001	738	1 280	1 362	1 604
Services auxiliaires d'assurance	666	442	183	141	167	693	603	477	488	528
Services de pension et de garantie standard	..	..	0	0	0	4	8	7	9	7
Services de pension	..	..	..	..	..	1	1	1	1	1
Services de garantie standard	..	..	0	0	0	3	7	6	9	6

Italie *(suite)*

Millions USD

	Exportations					Importations				
	2014	2015	2016	2017	2018	2014	2015	2016	2017	2018
Services financiers	**6 468**	**5 510**	**6 114**	**7 300**	**7 567**	**9 366**	**9 296**	**9 271**	**10 552**	**10 697**
Services financiers explicitement facturés et autres	5 444	4 854	5 345	6 074	5 921	7 826	8 023	8 177	9 565	9 995
Services d'intermédiation financière indirectement mesurés (SIFIM)	1 024	656	769	1 226	1 646	1 540	1 273	1 094	987	702
Frais pour usage de propriété intellectuelle n.i.a.	**3 343**	**3 075**	**3 440**	**4 320**	**4 955**	**5 169**	**4 322**	**4 684**	**4 763**	**5 143**
Frais de franchise et marques commerciales	..	..	..	..	..	..	..	..	..	..
Licences d'utilisation des résultats de la recherche-développement	..	..	..	..	..	..	..	..	..	..
Licences de reproduction et/ou de distribution de logiciels	..	..	..	..	..	..	..	..	..	..
Licences de reproduction et/ou de distribution de produits audiovisuels et connexes	..	..	..	..	..	..	..	..	..	..
Services de télécommunications, d'informatique et d'information	**9 939**	**8 304**	**8 629**	**9 066**	**9 425**	**10 591**	**10 111**	**10 149**	**11 270**	**11 508**
Services de télécommunications	5 726	4 532	4 771	5 169	5 058	5 931	5 336	5 223	6 201	5 738
Services d'informatique	4 117	3 633	3 747	3 798	4 252	4 314	4 411	4 553	4 655	5 284
Logiciels	..	..	..	..	..	..	..	..	..	..
***dont :** Logiciels originaux*	..	..	..	..	..	..	..	..	..	..
Autres services d'informatique	..	..	..	..	..	..	..	..	..	..
Services d'information	96	139	112	99	115	347	363	373	414	486
Services d'agence de presse	2	2	4	3	3	33	27	35	35	40
Autres services d'information	94	137	108	97	112	314	336	339	379	446
Autres services aux entreprises	**26 140**	**21 225**	**22 189**	**24 897**	**26 646**	**27 542**	**23 829**	**24 666**	**27 173**	**30 917**
Services de recherche-développement	4 576	3 616	3 711	3 942	4 546	1 550	1 358	1 480	1 605	1 804
Travail mené de façon systématique pour accroître les connaissances	4 382	3 420	3 360	3 697	4 255	1 478	1 247	1 381	1 551	1 738
Services de recherche-développement, autres	193	196	351	246	292	72	111	99	54	66
Services spécialisés et services de conseil en gestion	4 406	4 535	4 526	4 867	5 687	7 166	6 585	6 592	7 428	8 058
Services juridiques, de comptabilité, de conseil en gestion et de relations publiques	2 741	2 720	2 789	3 018	3 577	4 518	3 931	3 880	4 439	4 812
Services juridiques	89	54	54	48	50	930	606	525	507	532
Comptabilité, vérification des comptes, tenue de livres et conseil en fiscalité	446	478	465	657	1 087	910	730	806	1 059	1 095
Conseil aux entreprises, conseil en gestion et relations publiques	2 205	2 188	2 270	2 313	2 440	2 677	2 595	2 549	2 873	3 186
Services de publicité, études de marché et sondages d'opinion	1 665	1 815	1 738	1 849	2 111	2 648	2 654	2 712	2 988	3 246
Services techniques, liés au commerce et autres services aux entreprises	17 159	13 074	13 952	16 087	16 413	18 827	15 886	16 594	18 141	21 055
Services d'architecture, d'ingénierie, scientifiques et autres services techniques	3 147	2 530	3 012	3 983	3 777	3 239	2 121	3 150	2 952	3 766
Services d'architecture	18	26	65	13	4	67	18	19	18	10
Services d'ingénierie	2 698	2 190	2 551	3 423	3 167	2 015	1 249	1 944	1 724	2 251
Services scientifiques et autres services techniques	431	314	395	547	607	1 157	854	1 188	1 210	1 506
Services de traitement des déchets et dépollution, services agricoles et miniers	168	117	51	115	127	601	613	343	609	491
Services de traitement des déchets et dépollution	40	6	6	10	13	90	95	55	295	83
Services annexes à l'agriculture, à la sylviculture et à la pêche	..	..	..	..	..	..	..	..	..	..
Services annexes aux industries extractives et à l'extraction de pétrole et de gaz	..	..	..	..	..	..	..	..	..	..
Services de location-exploitation	456	460	451	488	424	1 399	1 650	1 524	1 502	1 716
Services liés au commerce	3 798	2 373	2 344	2 470	2 083	4 879	3 771	3 866	3 931	4 891
Autres services aux entreprises n.i.a.	9 590	7 594	8 094	9 032	10 002	8 710	7 731	7 711	9 146	10 190
Services personnels, culturels et relatifs aux loisirs	**182**	**173**	**181**	**249**	**200**	**661**	**471**	**400**	**848**	**712**
Services audiovisuels et connexes	35	41	46	94	25	219	95	71	513	188
Autres services personnels, culturels et relatifs aux loisirs	148	131	135	156	175	441	376	330	335	524
Biens et services des administrations publiques, n.i.a.	**780**	**870**	**820**	**588**	**803**	**2 097**	**1 537**	**1 957**	**2 098**	**2 088**
Ambassades et consulats	8	7	7	6	6	1 071	662	804	656	784
Unités et organes militaires	36	36	86	20	53	336	366	267	795	664
Autres biens et services des administrations publiques, n.i.a.	737	827	727	562	744	690	509	887	647	641
Services non-alloués	**..**	**..**	**..**	**..**	**..**	**..**	**..**	**..**	**..**	**..**
Services liés au tourisme compris dans les voyages et les transports de passagers	**..**	**..**	**..**	**..**	**..**	**..**	**..**	**..**	**..**	**..**
SERVICES COMMERCIAUX	**113 466**	**97 455**	**100 033**	**111 038**	**122 487**	**115 176**	**101 496**	**103 411**	**114 754**	**124 401**
AUTRES SERVICES COMMERCIAUX	**48 585**	**40 413**	**42 476**	**47 873**	**50 817**	**56 164**	**50 421**	**52 075**	**57 729**	**62 331**

.. Non disponible

Note : Voir les métadonnées détaillées sur : *http://metalinks.oecd.org/tis/20200306/903d* et *http://metalinks.oecd.org/tis/20200306/9c1a*.

Source : Eurostat.

Japon

Millions USD

	Exportations					Importations				
	2014	2015	2016	2017	2018	2014	2015	2016	2017	2018
TOTAL DES SERVICES	**163 790**	**162 637**	**175 807**	**186 879**	**193 537**	**192 423**	**178 587**	**186 183**	**193 037**	**200 838**
Services de fabrication fournis sur des intrants physiques détenus par des tiers	**291**	**235**	**762**	**749**	**801**	**4 955**	**4 494**	**5 164**	**5 493**	**5 098**
Services d'entretien et de réparation n.i.a.	**1 994**	**675**	**961**	**897**	**989**	**7 162**	**3 453**	**4 444**	**4 934**	**5 488**
Transports	**39 592**	**35 393**	**31 705**	**34 146**	**28 905**	**45 871**	**41 036**	**38 088**	**40 057**	**38 337**
Transports maritimes	32 688	28 724	24 593	26 866	21 131	34 417	31 802	28 669	30 127	27 824
Passagers	9	9	7	7	8	38	58	107	95	134
Fret	30 387	26 782	22 551	24 789	18 781	23 280	20 960	18 242	19 089	21 386
Autres	2 293	1 933	2 036	2 070	2 342	11 099	10 784	10 321	10 944	6 305
Transports aériens	6 829	6 387	6 870	7 159	7 661	11 308	9 116	9 170	9 798	10 286
Passagers	1 966	2 309	2 697	2 906	3 172	9 226	7 221	7 262	7 489	7 766
Fret	2 180	1 929	1 943	2 231	2 478	1 545	1 369	1 315	1 630	1 786
Autres	2 682	2 148	2 230	2 021	2 011	537	526	594	680	734
Autres modes de transport	..	..	..	..	..	..	..	..	..	..
Passagers	..	..	..	..	..	..	..	..	..	..
Fret	..	..	..	..	..	..	..	..	..	..
Autres	..	..	..	..	..	..	..	..	..	..
Services postaux et de messagerie	..	..	..	..	..	..	..	..	..	..
Classification élargie des autres modes de transport										
Transports spatiaux	..	..	..	..	..	..	..	..	..	..
Transports ferroviaires	..	..	..	..	..	..	..	..	..	..
Passagers	..	..	..	..	..	..	..	..	..	..
Fret	..	..	..	..	..	..	..	..	..	..
Autres	..	..	..	..	..	..	..	..	..	..
Transports routiers	..	..	..	..	..	..	..	..	..	..
Passagers	..	..	..	..	..	..	..	..	..	..
Fret	..	..	..	..	..	..	..	..	..	..
Autres	..	..	..	..	..	..	..	..	..	..
Transports par voies navigables intérieures	..	..	..	..	..	..	..	..	..	..
Passagers	..	..	..	..	..	..	..	..	..	..
Fret	..	..	..	..	..	..	..	..	..	..
Autres	..	..	..	..	..	..	..	..	..	..
Transports par conduites	..	..	..	..	..	..	..	..	..	..
Transmission d'électricité	..	..	..	..	..	..	..	..	..	..
Autres services connexes aux transports	..	..	..	..	..	..	..	..	..	..
Transports - pour tous les modes										
Passagers	1 975	2 318	2 704	2 913	3 180	9 264	7 278	7 368	7 584	7 899
Fret	..	..	..	..	..	..	..	..	..	..
Autres	..	..	..	..	..	..	..	..	..	..
Autres transports sauf services postaux et de messagerie	..	..	..	..	..	..	..	..	..	..
Voyages	**18 854**	**24 982**	**30 679**	**34 054**	**42 096**	**19 273**	**15 976**	**18 485**	**18 189**	**20 216**
Voyages à titre professionnel	2 606	2 524	2 628	2 625	3 466	3 005	2 480	2 894	2 725	3 422
Acquisitions par les travailleurs frontaliers, saisonniers, court terme	..	..	..	..	..	..	..	..	..	..
Autres que les acquisitions par les travailleurs frontaliers, saisonniers, court terme	..	..	..	..	..	..	..	..	..	..
Voyages à titre personnel	16 248	22 458	28 051	31 429	38 630	16 268	13 496	15 591	15 463	16 794
Dépenses liées à la santé	..	..	..	..	..	..	..	..	..	..
Dépenses liées à l'éducation	1 974	2 390	3 016	3 365	3 838	2 259	2 068	2 136	2 022	2 111
Autres	14 275	20 068	25 035	28 064	34 793	14 009	11 428	13 455	13 442	14 683
Construction	**11 310**	**10 704**	**9 369**	**10 389**	**9 245**	**10 463**	**8 201**	**7 456**	**8 224**	**8 166**
Construction réalisée à l'étranger	..	..	..	..	..	..	..	..	..	..
Construction réalisée dans l'économie déclarante	..	..	..	..	..	..	..	..	..	..
Services d'assurance et de pension	**1 559**	**1 579**	**2 098**	**2 220**	**2 451**	**5 128**	**4 793**	**5 730**	**6 332**	**7 142**
Assurance directe	..	..	..	..	..	..	..	..	..	..
Assurance-vie	..	..	..	..	..	..	..	..	..	..
Assurance fret	..	..	..	..	..	..	..	..	..	..
Autres assurances directes	..	..	..	..	..	..	..	..	..	..
Réassurance	..	..	..	..	..	..	..	..	..	..
Services auxiliaires d'assurance	..	..	..	..	..	..	..	..	..	..
Services de pension et de garantie standard	..	..	..	..	..	..	..	..	..	..
Services de pension	..	..	..	..	..	..	..	..	..	..
Services de garantie standard	..	..	..	..	..	..	..	..	..	..

Japon *(suite)*

Millions USD

	Exportations					Importations				
	2014	2015	2016	2017	2018	2014	2015	2016	2017	2018
Services financiers	**7 312**	**10 299**	**11 836**	**10 500**	**11 524**	**5 253**	**5 996**	**6 206**	**7 692**	**8 201**
Services financiers explicitement facturés et autres	..	..	..	..	..	..	..	..	..	..
Services d'intermédiation financière indirectement mesurés (SIFIM)	..	..	..	..	..	..	..	..	..	..
Frais pour usage de propriété intellectuelle n.i.a.	**37 385**	**36 454**	**39 274**	**41 739**	**45 484**	**20 865**	**17 033**	**20 247**	**21 380**	**21 739**
Frais de franchise et marques commerciales	..	..	..	..	..	..	..	..	..	..
Licences d'utilisation des résultats de la recherche-développement	..	..	..	..	..	..	..	..	..	..
Licences de reproduction et/ou de distribution de logiciels	..	..	..	..	..	..	..	..	..	..
Licences de reproduction et/ou de distribution de produits audiovisuels et connexes	..	..	..	..	..	..	..	..	..	..
Services de télécommunications, d'informatique et d'information	**3 188**	**3 252**	**3 859**	**5 067**	**4 584**	**11 569**	**13 369**	**14 339**	**14 337**	**15 795**
Services de télécommunications	1 384	1 001	1 275	1 950	1 261	2 082	1 698	1 948	1 868	1 695
Services d'informatique	1 654	2 088	2 388	2 864	3 056	8 847	11 022	11 632	11 739	13 328
Logiciels	..	..	..	..	..	..	..	..	..	..
***dont :** Logiciels originaux*	..	..	..	..	..	..	..	..	..	..
Autres services d'informatique	..	..	..	..	..	..	..	..	..	..
Services d'information	151	163	195	253	267	641	649	759	730	773
Services d'agence de presse	..	..	..	..	..	..	..	..	..	..
Autres services d'information	..	..	..	..	..	..	..	..	..	..
Autres services aux entreprises	**37 380**	**34 079**	**39 307**	**41 223**	**42 090**	**59 079**	**60 995**	**62 613**	**63 168**	**67 982**
Services de recherche-développement	6 810	5 908	7 064	6 922	7 102	17 594	16 900	18 585	17 373	20 156
Travail mené de façon systématique pour accroître les connaissances	..	..	..	..	..	..	..	..	..	..
Services de recherche-développement, autres	..	..	..	..	..	..	..	..	..	..
Services spécialisés et services de conseil en gestion	4 506	4 168	5 772	7 466	8 590	8 835	9 645	11 385	13 178	13 551
Services juridiques, de comptabilité, de conseil en gestion et de relations publiques	..	..	..	..	..	..	..	..	..	..
Services juridiques	..	..	..	..	..	..	..	..	..	..
Comptabilité, vérification des comptes, tenue de livres et conseil en fiscalité	..	..	..	..	..	..	..	..	..	..
Conseil aux entreprises, conseil en gestion et relations publiques	..	..	..	..	..	..	..	..	..	..
Services de publicité, études de marché et sondages d'opinion	..	..	..	..	..	..	..	..	..	..
Services techniques, liés au commerce et autres services aux entreprises	26 064	24 003	26 471	26 834	26 398	32 651	34 450	32 644	32 617	34 275
Services d'architecture, d'ingénierie, scientifiques et autres services techniques	..	..	..	..	..	..	..	..	..	..
Services d'architecture	..	..	..	..	..	..	..	..	..	..
Services d'ingénierie	..	..	..	..	..	..	..	..	..	..
Services scientifiques et autres services techniques	..	..	..	..	..	..	..	..	..	..
Services de traitement des déchets et dépollution, services agricoles et miniers	..	..	..	..	..	..	..	..	..	..
Services de traitement des déchets et dépollution	..	..	..	..	..	..	..	..	..	..
Services annexes à l'agriculture, à la sylviculture et à la pêche	..	..	..	..	..	..	..	..	..	..
Services annexes aux industries extractives et à l'extraction de pétrole et de gaz	..	..	..	..	..	..	..	..	..	..
Services de location-exploitation	..	..	..	..	..	..	..	..	..	..
Services liés au commerce	..	..	..	..	..	..	..	..	..	..
Autres services aux entreprises n.i.a.	..	..	..	..	..	..	..	..	..	..
Services personnels, culturels et relatifs aux loisirs	**472**	**649**	**810**	**1 043**	**643**	**850**	**1 281**	**1 382**	**1 213**	**673**
Services audiovisuels et connexes	391	539	650	893	349	697	1 009	1 113	923	481
Autres services personnels, culturels et relatifs aux loisirs	81	110	160	150	294	153	273	269	289	193
Biens et services des administrations publiques, n.i.a.	**4 452**	**4 335**	**5 148**	**4 854**	**4 725**	**1 956**	**1 961**	**2 030**	**2 020**	**2 002**
Ambassades et consulats	..	..	..	..	..	..	..	..	..	..
Unités et organes militaires	..	..	..	..	..	..	..	..	..	..
Autres biens et services des administrations publiques, n.i.a.	..	..	..	..	..	..	..	..	..	..
Services non-alloués	..	..	..	..	..	..	..	..	..	..
Services liés au tourisme compris dans les voyages et les transports de passagers	**20 829**	**27 301**	**33 383**	**36 967**	**45 276**	**28 538**	**23 254**	**25 854**	**25 773**	**28 115**
SERVICES COMMERCIAUX	**159 338**	**158 302**	**170 659**	**182 025**	**188 812**	**190 467**	**176 627**	**184 153**	**191 017**	**198 837**
AUTRES SERVICES COMMERCIAUX	**98 606**	**97 016**	**106 552**	**112 180**	**116 021**	**113 206**	**111 668**	**117 972**	**122 345**	**129 698**

.. Non disponible

Note : Voir les métadonnées détaillées sur : *http://metalinks.oecd.org/tis/20200306/903d* et *http://metalinks.oecd.org/tis/20200306/405d*.

Source : Banque du Japon (BOJ).

TABLEAUX PAR PAYS

Corée

Millions USD

	Exportations					Importations				
	2014	2015	2016	2017	2018	2014	2015	2016	2017	2018
TOTAL DES SERVICES	**111 902**	**97 499**	**94 809**	**89 701**	**99 057**	**115 192**	**112 124**	**112 148**	**126 435**	**128 794**
Services de fabrication fournis sur des intrants physiques détenus par des tiers	**3 048**	**2 587**	**2 427**	**2 227**	**2 292**	**8 692**	**8 683**	**8 189**	**9 182**	**9 849**
Services d'entretien et de réparation n.i.a.	**120**	**321**	**332**	**367**	**500**	**178**	**352**	**331**	**466**	**516**
Transports	**38 138**	**34 144**	**27 427**	**24 785**	**27 713**	**31 944**	**29 493**	**28 756**	**30 203**	**32 087**
Transports maritimes	29 358	27 374	20 789	17 930	19 745	25 026	23 124	22 111	22 939	24 622
Passagers	13	17	47	43	43	13	53	64	99	92
Fret	25 950	24 092	17 556	14 459	15 702	13 478	12 459	12 547	15 123	16 530
Autres	3 395	3 265	3 185	3 428	4 001	11 535	10 612	9 500	7 716	8 000
Transports aériens	8 431	6 473	6 320	6 506	7 599	6 155	5 721	6 001	6 549	6 607
Passagers	4 917	3 896	3 990	3 762	4 494	2 930	2 635	2 510	2 662	2 703
Fret	2 902	2 413	2 182	2 631	2 945	408	358	357	427	482
Autres	612	164	148	113	161	2 816	2 728	3 134	3 459	3 422
Autres modes de transport	..	..	..	..	..	..	..	..	..	..
Passagers	..	..	..	..	..	..	..	..	..	..
Fret	..	..	..	..	..	..	..	..	..	..
Autres	..	..	..	..	..	..	..	..	..	..
Services postaux et de messagerie	348	297	318	349	369	763	648	643	716	858
Classification élargie des autres modes de transport										
Transports spatiaux	..	..	..	..	..	..	..	..	..	..
Transports ferroviaires	..	..	..	..	..	..	..	..	..	..
Passagers	..	..	..	..	..	..	..	..	..	..
Fret	..	..	..	..	..	..	..	..	..	..
Autres	..	..	..	..	..	..	..	..	..	..
Transports routiers	..	..	..	..	..	..	..	..	..	..
Passagers	..	..	..	..	..	..	..	..	..	..
Fret	..	..	..	..	..	..	..	..	..	..
Autres	..	..	..	..	..	..	..	..	..	..
Transports par voies navigables intérieures	..	..	..	..	..	..	..	..	..	..
Passagers	..	..	..	..	..	..	..	..	..	..
Fret	..	..	..	..	..	..	..	..	..	..
Autres	..	..	..	..	..	..	..	..	..	..
Transports par conduites	..	..	..	..	..	..	..	..	..	..
Transmission d'électricité	..	..	..	..	..	..	..	..	..	..
Autres services connexes aux transports	..	..	..	..	..	..	..	..	..	..
Transports - pour tous les modes										
Passagers	4 930	3 913	4 038	3 805	4 537	2 944	2 687	2 574	2 762	2 796
Fret	28 852	26 505	19 738	17 089	18 647	13 887	12 818	12 904	15 550	17 012
Autres	4 355	3 726	3 651	3 890	4 530	15 113	13 988	13 277	11 891	12 279
Autres transports sauf services postaux et de messagerie	..	..	..	..	..	..	..	..	..	..
Voyages	**17 460**	**14 798**	**16 886**	**13 368**	**15 319**	**23 192**	**25 270**	**27 243**	**31 691**	**31 973**
Voyages à titre professionnel	..	..	..	..	..	..	..	..	..	..
Acquisitions par les travailleurs frontaliers, saisonniers, court terme	..	..	..	..	..	..	..	..	..	..
Autres que les acquisitions par les travailleurs frontaliers, saisonniers, court terme	..	..	..	..	..	..	..	..	..	..
Voyages à titre personnel	..	..	..	..	..	..	..	..	..	..
Dépenses liées à la santé	..	..	..	..	..	..	..	..	..	..
Dépenses liées à l'éducation	124	123	132	104	113	3 722	3 742	3 555	3 732	3 559
Autres	..	..	..	..	..	..	..	..	..	..
Construction	**19 358**	**12 234**	**11 780**	**10 588**	**12 749**	**4 070**	**2 591**	**2 224**	**2 710**	**3 266**
Construction réalisée à l'étranger	..	..	..	..	..	..	..	..	..	..
Construction réalisée dans l'économie déclarante	..	..	..	..	..	..	..	..	..	..
Services d'assurance et de pension	**802**	**737**	**682**	**1 114**	**854**	**742**	**834**	**965**	**1 220**	**951**
Assurance directe	384	388	284	533	420	180	246	219	102	141
Assurance-vie	..	..	..	..	..	..	..	..	..	..
Assurance fret	..	..	..	..	..	..	..	..	..	..
Autres assurances directes	..	..	..	..	..	..	..	..	..	..
Réassurance	380	316	373	561	417	529	561	727	1 102	797
Services auxiliaires d'assurance	38	32	26	20	16	33	27	19	17	13
Services de pension et de garantie standard	..	..	..	..	..	..	..	..	..	..
Services de pension	..	..	..	..	..	..	..	..	..	..
Services de garantie standard	..	..	..	..	..	..	..	..	..	..

Corée (suite)

Millions USD

	Exportations					Importations				
	2014	2015	2016	2017	2018	2014	2015	2016	2017	2018
Services financiers	**1 431**	**1 639**	**1 782**	**2 241**	**2 861**	**1 765**	**1 715**	**1 720**	**1 944**	**2 015**
Services financiers explicitement facturés et autres	1 129	1 312	1 261	1 482	1 814	1 020	905	833	905	903
Services d'intermédiation financière indirectement mesurés (SIFIM)	302	327	521	759	1 048	745	811	887	1 039	1 113
Frais pour usage de propriété intellectuelle n.i.a.	**5 542**	**6 554**	**6 936**	**7 287**	**7 752**	**10 546**	**10 056**	**9 429**	**9 702**	**9 881**
Frais de franchise et marques commerciales	1 488	1 697	1 639	1 590	1 938	2 346	2 035	2 148	2 296	1 971
Licences d'utilisation des résultats de la recherche-développement	3 041	3 889	4 204	4 614	4 325	7 067	7 099	6 485	5 962	6 218
Licences de reproduction et/ou de distribution de logiciels	530	629	766	721	819	348	165	270	948	910
Licences de reproduction et/ou de distribution de produits audiovisuels et connexes	483	339	327	363	671	786	757	527	495	782
Services de télécommunications, d'informatique et d'information	**2 994**	**3 502**	**3 719**	**4 580**	**5 129**	**2 027**	**2 799**	**2 728**	**3 454**	**3 022**
Services de télécommunications	554	657	605	522	631	789	721	721	720	799
Services d'informatique	1 880	2 341	2 358	2 918	2 814	879	1 678	1 620	2 338	1 801
Logiciels	515	699	664	1 101	1 530	134	596	369	427	297
***dont :** Logiciels originaux*	..	..	..	..	..	..	..	..	..	..
Autres services d'informatique	1 365	1 642	1 694	1 817	1 284	746	1 082	1 252	1 911	1 503
Services d'information	560	504	756	1 139	1 684	359	400	387	396	423
Services d'agence de presse	..	..	..	..	..	..	..	..	..	..
Autres services d'information	..	..	..	..	..	..	..	..	..	..
Autres services aux entreprises	**20 945**	**19 040**	**20 790**	**21 240**	**21 681**	**30 090**	**28 328**	**28 512**	**33 454**	**32 892**
Services de recherche-développement	768	989	818	757	837	2 986	2 940	3 059	3 875	4 399
Travail mené de façon systématique pour accroître les connaissances	..	..	..	..	..	..	..	..	..	..
Services de recherche-développement, autres	..	..	..	..	..	..	..	..	..	..
Services spécialisés et services de conseil en gestion	2 139	2 243	2 242	2 417	2 476	5 748	5 331	5 451	6 837	6 607
Services juridiques, de comptabilité, de conseil en gestion et de relations publiques	1 567	1 589	1 612	1 713	1 731	2 596	2 738	2 624	2 557	2 988
Services juridiques	823	805	790	807	840	1 444	1 379	1 435	1 365	1 425
Comptabilité, vérification des comptes, tenue de livres et conseil en fiscalité	135	133	143	164	160	40	108	47	63	97
Conseil aux entreprises, conseil en gestion et relations publiques	609	652	679	742	731	1 112	1 251	1 142	1 130	1 465
Services de publicité, études de marché et sondages d'opinion	572	654	630	705	745	3 151	2 593	2 828	4 279	3 619
Services techniques, liés au commerce et autres services aux entreprises	18 038	15 807	17 730	18 067	18 368	21 357	20 057	20 001	22 743	21 886
Services d'architecture, d'ingénierie, scientifiques et autres services techniques	2 531	1 479	1 469	1 241	1 158	1 267	1 100	986	596	644
Services d'architecture	..	..	..	..	..	..	..	..	..	..
Services d'ingénierie	..	..	..	..	..	..	..	..	..	..
Services scientifiques et autres services techniques	..	..	..	..	..	..	..	..	..	..
Services de traitement des déchets et dépollution, services agricoles et miniers	325	413	257	262	179	53	72	36	14	10
Services de traitement des déchets et dépollution	..	..	..	..	..	..	..	..	..	..
Services annexes à l'agriculture, à la sylviculture et à la pêche	..	..	..	..	..	..	..	..	..	..
Services annexes aux industries extractives et à l'extraction de pétrole et de gaz	..	..	..	..	..	..	..	..	..	..
Services de location-exploitation	726	693	494	518	589	1 279	1 315	1 183	1 262	1 360
Services liés au commerce	3 594	3 903	3 877	3 590	3 282	2 610	2 990	2 638	2 647	2 943
Autres services aux entreprises n.i.a.	10 863	9 320	11 633	12 455	13 160	16 147	14 580	15 159	18 225	16 928
Services personnels, culturels et relatifs aux loisirs	**922**	**888**	**1 132**	**925**	**1 108**	**905**	**665**	**664**	**728**	**848**
Services audiovisuels et connexes	551	581	825	626	770	471	336	305	349	449
Autres services personnels, culturels et relatifs aux loisirs	370	307	308	299	338	434	328	359	379	399
Biens et services des administrations publiques, n.i.a.	**1 145**	**1 056**	**916**	**981**	**1 100**	**1 043**	**1 339**	**1 386**	**1 682**	**1 495**
Ambassades et consulats	..	..	..	..	..	..	..	..	..	..
Unités et organes militaires	..	..	..	..	..	..	..	..	..	..
Autres biens et services des administrations publiques, n.i.a.	..	..	..	..	..	..	..	..	..	..
Services non-alloués	**..**	**..**	**..**	**..**	**..**	**..**	**..**	**..**	**..**	**..**
Services liés au tourisme compris dans les voyages et les transports de passagers	**..**	**..**	**..**	**..**	**..**	**..**	**..**	**..**	**..**	**..**
SERVICES COMMERCIAUX	**110 757**	**96 443**	**93 893**	**88 720**	**97 957**	**114 149**	**110 785**	**110 761**	**124 753**	**127 300**
AUTRES SERVICES COMMERCIAUX	**51 993**	**44 593**	**46 822**	**47 975**	**52 133**	**50 144**	**46 988**	**46 243**	**53 212**	**52 875**

.. Non disponible

Note : Voir les métadonnées détaillées sur : *http://metalinks.oecd.org/tis/20200306/903d* et*http://metalinks.oecd.org/tis/20200306/b538*.

Source : Banque de Corée (BOK).

Lettonie

Millions USD

	Exportations					Importations				
	2014	2015	2016	2017	2018	2014	2015	2016	2017	2018
TOTAL DES SERVICES	**5 438**	**4 824**	**5 089**	**5 595**	**6 219**	**2 806**	**2 589**	**2 730**	**3 046**	**3 508**
Services de fabrication fournis sur des intrants physiques détenus par des tiers	**41**	**27**	**35**	**26**	**30**	**3**	**2**	**6**	**8**	**8**
Services d'entretien et de réparation n.i.a.	**40**	**36**	**29**	**30**	**24**	**4**	**20**	**27**	**37**	**39**
Transports	**2 465**	**2 138**	**2 109**	**2 335**	**2 500**	**921**	**880**	**832**	**936**	**1 084**
Transports maritimes	523	473	443	472	465	177	149	150	183	198
Passagers	..	..	..	..	..	33	20	22	33	37
Fret	85	85	92	83	33	125	112	108	130	150
Autres	438	387	351	389	433	17	17	20	20	11
Transports aériens	376	428	460	514	627	297	354	329	353	410
Passagers	312	368	403	449	551	131	156	156	154	184
Fret	13	14	10	11	12	69	63	62	71	86
Autres	49	47	49	54	64	98	134	111	127	138
Autres modes de transport	1 550	1 220	1 189	1 315	1 354	441	370	345	380	438
Passagers	31	19	11	14	15	8	9	7	8	14
Fret	1 375	1 104	1 091	1 223	1 247	376	309	298	332	377
Autres	145	97	86	79	92	57	53	41	39	47
Services postaux et de messagerie	17	18	18	34	53	7	7	8	20	38
Classification élargie des autres modes de transport										
Transports spatiaux	..	..	..	..	..	..	..	..	..	..
Transports ferroviaires	551	430	350	328	397	161	140	113	115	141
Passagers	12	7	6	6	6	..	..	..	..	..
Fret	450	366	291	275	336	122	99	85	90	107
Autres	89	58	53	47	56	40	41	28	26	32
Transports routiers	946	754	816	968	933	276	227	230	260	294
Passagers	19	12	6	8	9	8	9	7	8	13
Fret	904	723	790	934	897	249	207	210	239	266
Autres	25	19	21	26	26	17	12	13	14	15
Transports par voies navigables intérieures	..	..	..	..	..	..	..	..	..	..
Passagers	..	..	..	..	..	..	..	..	..	..
Fret	..	..	..	..	..	..	..	..	..	..
Autres	..	..	..	..	..	..	..	..	..	..
Transports par conduites	23	16	10	14	13	4	3	2	3	4
Transmission d'électricité	..	..	..	..	..	..	..	..	..	..
Autres services connexes aux transports	31	20	12	6	11	..	..	..	..	..
Transports - pour tous les modes										
Passagers	342	387	414	462	567	173	185	185	195	235
Fret	..	..	..	..	..	..	..	..	..	..
Autres	..	..	..	..	..	..	..	..	..	..
Autres transports sauf services postaux et de messagerie	..	..	..	..	..	..	..	..	..	..
Voyages	**954**	**895**	**898**	**944**	**1 058**	**716**	**618**	**698**	**724**	**779**
Voyages à titre professionnel	199	186	145	152	175	157	129	143	141	146
Acquisitions par les travailleurs frontaliers, saisonniers, court terme	27	27	27	26	32	19	16	18	16	17
Autres que les acquisitions par les travailleurs frontaliers, saisonniers, court terme	173	161	118	126	143	139	113	124	125	130
Voyages à titre personnel	755	709	753	792	883	559	489	555	583	633
Dépenses liées à la santé	11	6	12	9	12	1	2	3	3	4
Dépenses liées à l'éducation	58	61	93	87	102	56	50	61	71	73
Autres	686	642	648	696	770	502	437	491	508	555
Construction	**211**	**136**	**212**	**296**	**313**	**78**	**46**	**22**	**47**	**70**
Construction réalisée à l'étranger	188	125	201	283	286	39	16	11	24	32
Construction réalisée dans l'économie déclarante	23	11	11	14	26	40	31	11	24	38
Services d'assurance et de pension	**3**	**2**	**3**	**6**	**4**	**16**	**22**	**10**	**5**	**6**
Assurance directe	..	..	..	..	..	1	1	1	..	..
Assurance-vie	..	..	..	..	..	..	..	..	..	..
Assurance fret	..	..	..	..	..	..	..	..	..	..
Autres assurances directes	..	..	..	..	..	..	..	1	..	..
Réassurance	..	..	..	..	..	13	17	2	2	4
Services auxiliaires d'assurance	3	2	3	5	4	3	4	8	2	1
Services de pension et de garantie standard	..	..	..	..	..	..	..	..	..	..
Services de pension	..	..	..	..	..	..	..	..	..	..
Services de garantie standard	..	..	..	..	..	..	..	..	..	..

Lettonie *(suite)*

Millions USD

	Exportations					Importations				
	2014	2015	2016	2017	2018	2014	2015	2016	2017	2018
Services financiers	**552**	**511**	**491**	**414**	**361**	**199**	**180**	**181**	**216**	**184**
Services financiers explicitement facturés et autres	382	366	375	314	286	92	85	93	130	92
Services d'intermédiation financière indirectement mesurés (SIFIM)	170	145	116	99	76	108	93	89	87	92
Frais pour usage de propriété intellectuelle n.i.a.	**5**	**6**	**6**	**9**	**9**	**44**	**33**	**37**	**47**	**64**
Frais de franchise et marques commerciales	..	..	..	..	..	..	..	..	..	..
Licences d'utilisation des résultats de la recherche-développement	..	..	..	..	..	..	..	..	..	..
Licences de reproduction et/ou de distribution de logiciels	..	..	..	..	..	..	..	..	..	..
Licences de reproduction et/ou de distribution de produits audiovisuels et connexes	..	..	..	..	..	..	..	..	..	..
Services de télécommunications, d'informatique et d'information	**386**	**399**	**589**	**703**	**920**	**220**	**214**	**312**	**318**	**436**
Services de télécommunications	125	115	231	220	344	94	89	167	132	202
Services d'informatique	243	261	330	435	522	93	95	112	144	174
Logiciels	..	..	..	..	..	..	..	..	..	..
***dont :** Logiciels originaux*	..	..	..	..	..	..	..	..	..	..
Autres services d'informatique	..	..	..	..	..	..	..	..	..	..
Services d'information	17	23	28	49	54	33	30	33	42	60
Services d'agence de presse	..	..	..	..	..	..	..	..	..	..
Autres services d'information	17	23	28	49	54	33	30	33	42	60
Autres services aux entreprises	**713**	**618**	**656**	**752**	**914**	**564**	**540**	**576**	**673**	**804**
Services de recherche-développement	25	26	31	32	34	5	6	6	6	12
Travail mené de façon systématique pour accroître les connaissances	25	26	31	32	34	5	6	6	6	12
Services de recherche-développement, autres	..	..	..	..	..	..	..	..	..	..
Services spécialisés et services de conseil en gestion	276	242	257	305	354	161	148	155	212	287
Services juridiques, de comptabilité, de conseil en gestion et de relations publiques	84	69	81	106	122	64	60	62	71	78
Services juridiques	7	6	7	5	6	8	7	6	10	11
Comptabilité, vérification des comptes, tenue de livres et conseil en fiscalité	23	19	44	59	63	12	9	9	14	17
Conseil aux entreprises, conseil en gestion et relations publiques	54	46	30	43	53	45	46	48	47	51
Services de publicité, études de marché et sondages d'opinion	192	173	176	200	233	97	88	93	142	209
Services techniques, liés au commerce et autres services aux entreprises	413	351	368	414	525	397	387	416	454	506
Services d'architecture, d'ingénierie, scientifiques et autres services techniques	44	23	21	17	33	27	22	24	20	20
Services d'architecture	44	23	21	17	33	27	22	24	20	20
Services d'ingénierie	..	..	..	..	..	..	..	..	..	..
Services scientifiques et autres services techniques	..	..	..	..	..	..	..	..	..	..
Services de traitement des déchets et dépollution, services agricoles et miniers	3	3	2	5	5	4	3	4	5	5
Services de traitement des déchets et dépollution	..	..	..	..	..	..	..	..	..	..
Services annexes à l'agriculture, à la sylviculture et à la pêche	3	3	2	5	5	4	3	4	5	5
Services annexes aux industries extractives et à l'extraction de pétrole et de gaz	..	..	..	..	..	..	..	..	..	..
Services de location-exploitation	37	32	34	33	27	76	81	75	79	80
Services liés au commerce	39	29	34	61	100	56	54	49	61	80
Autres services aux entreprises n.i.a.	291	264	277	299	359	235	226	263	290	321
Services personnels, culturels et relatifs aux loisirs	**17**	**17**	**18**	**37**	**37**	**20**	**14**	**16**	**20**	**18**
Services audiovisuels et connexes	8	6	6	15	13	4	4	4	14	8
Autres services personnels, culturels et relatifs aux loisirs	11	10	12	23	24	16	9	11	7	9
Biens et services des administrations publiques, n.i.a.	**49**	**40**	**43**	**43**	**52**	**21**	**19**	**14**	**16**	**18**
Ambassades et consulats	37	29	31	33	40	21	19	14	16	18
Unités et organes militaires	..	..	..	..	..	..	..	..	..	..
Autres biens et services des administrations publiques, n.i.a.	12	11	12	10	13	..	..	..	..	..
Services non-alloués	**..**	**..**	**2 p**	**-2 p**	**-1 p**	**..**	**..**	**1 p**	**1 p**	**-3 p**
Services liés au tourisme compris dans les voyages et les transports de passagers	..	..	..	..	..	..	..	..	..	..
SERVICES COMMERCIAUX	**5 389**	**4 785**	**5 046**	**5 552**	**6 168**	**2 785**	**2 570**	**2 716**	**3 030**	**3 490**
AUTRES SERVICES COMMERCIAUX	**1 887**	**1 689**	**1 975**	**2 217**	**2 557**	**1 141**	**1 049**	**1 154**	**1 326**	**1 581**

.. Non disponible ; p Donnée provisoire

Note : Voir les métadonnées détaillées sur : *http://metalinks.oecd.org/tis/20200306/903d* et *http://metalinks.oecd.org/tis/20200306/48f1*.

Source : Eurostat.

Lituanie

Millions USD

	Exportations					Importations				
	2014	2015	2016	2017	2018	2014	2015	2016	2017	2018
TOTAL DES SERVICES	**7 813**	**6 688**	**7 537**	**9 409**	**11 423**	**5 546**	**4 739**	**5 110**	**5 961**	**7 103**
Services de fabrication fournis sur des intrants physiques détenus par des tiers	**305**	**289**	**344**	**355**	**316**	**27**	**19**	**16**	**15**	**9**
Services d'entretien et de réparation n.i.a.	**113**	**120**	**232**	**301**	**351**	**46**	**74**	**119**	**144**	**140**
Transports	**4 764**	**3 909**	**4 282**	**5 490**	**..**	**3 114**	**2 553**	**2 580**	**3 116**	**..**
Transports maritimes	457	313	315	304	476	637	484	431	560	704
Passagers	..	..	..	..	..	0	2	1	2	2
Fret	161	100	120	140	157	556	406	350	446	575
Autres	..	..	194	..	..	81	76	80	113	127
Transports aériens	183	208	264	343	399	236	286	303	324	370
Passagers	98	133	173	239	270	181	171	200	194	205
Fret	6	4	5	6	5	26	21	23	24	25
Autres	79	70	86	98	123	30	93	80	106	140
Autres modes de transport	4 085	3 353	3 674	4 807	5 938	2 196	1 729	1 792	2 163	2 467
Passagers	..	..	..	..	..	7	..	..	..	..
Fret	2 482	2 057	2 278	2 896	3 635	1 216	893	854	943	1 032
Autres	..	..	..	..	..	973	..	..	..	..
Services postaux et de messagerie	39	36	29	36	..	45	55	55	69	..
Classification élargie des autres modes de transport										
Transports spatiaux	..	..	..	..	..	..	..	..	..	..
Transports ferroviaires	507	365	354	388	433	583	422	360	361	390
Passagers	..	..	..	..	..	2	..	..	..	..
Fret	..	..	..	..	..	402	..	..	..	..
Autres	176	117	126	143	155	180	115	110	144	156
Transports routiers	2 643	2 280	2 547	3 292	4 116	1 245	1 014	1 124	1 435	1 620
Passagers	13	10	7	11	15	6	6	4	5	7
Fret	2 144	1 796	2 017	2 614	3 315	777	549	575	688	742
Autres	487	474	523	668	786	463	459	545	743	872
Transports par voies navigables intérieures	..	..	..	..	..	..	..	..	..	..
Passagers	..	..	..	..	..	..	..	..	..	..
Fret	..	..	..	..	..	..	..	..	..	..
Autres	..	..	..	..	..	..	..	..	..	..
Transports par conduites	..	..	..	..	..	13	..	..	..	..
Transmission d'électricité	..	..	..	..	..	24	..	..	..	..
Autres services connexes aux transports	909	681	725	1 076	1 332	330	255	278	327	399
Transports - pour tous les modes										
Passagers	..	..	..	..	..	188	..	..	..	..
Fret	2 650	2 161	2 403	3 042	3 798	1 798	1 321	1 227	1 413	1 633
Autres	..	..	..	..	..	1 128	..	..	..	..
Autres transports sauf services postaux et de messagerie	..	..	..	..	..	1 084	..	..	..	..
Voyages	**1 383**	**1 154**	**1 205**	**1 318**	**1 504**	**1 058**	**951**	**1 010**	**1 109**	**1 399**
Voyages à titre professionnel	327	258	281	247	306	109	156	162	94	240
Acquisitions par les travailleurs frontaliers, saisonniers, court terme	..	..	..	..	..	..	..	..	..	..
Autres que les acquisitions par les travailleurs frontaliers, saisonniers, court terme	327	258	281	247	306	109	156	162	94	240
Voyages à titre personnel	1 056	896	925	1 071	1 198	949	794	847	1 015	1 160
Dépenses liées à la santé	..	..	..	..	..	..	..	..	..	..
Dépenses liées à l'éducation	..	..	..	..	..	..	..	..	..	..
Autres	1 056	896	925	1 071	1 198	949	794	847	1 015	1 160
Construction	**..**	**180**	**208**	**258**	**..**	**39**	**31**	**70**	**70**	**98**
Construction réalisée à l'étranger	162	180	208	258	305	..	..	..	..	..
Construction réalisée dans l'économie déclarante	..	..	..	..	..	39	31	70	70	98
Services d'assurance et de pension	**11**	**1**	**1**	**2**	**3**	**62**	**55**	**49**	**51**	**60**
Assurance directe	..	..	..	..	0	38	45	37	42	42
Assurance-vie	..	..	..	..	..	0	0	0	1	1
Assurance fret	..	..	..	..	..	21	21	18	21	25
Autres assurances directes	..	..	..	..	0	17	23	19	20	17
Réassurance	..	..	..	..	..	15	10	11	8	15
Services auxiliaires d'assurance	..	..	..	2	3	0	0	1	..	..
Services de pension et de garantie standard	..	..	..	..	..	8	0	..	..	..
Services de pension	..	..	..	..	..	8	0	..	..	..
Services de garantie standard	..	..	..	..	..	..	..	..	..	..

Lituanie *(suite)*

Millions USD

	Exportations					Importations				
	2014	2015	2016	2017	2018	2014	2015	2016	2017	2018
Services financiers	**..**	**87**	**107**	**..**	**..**	**..**	**127**	**141**	**..**	**..**
Services financiers explicitement facturés et autres	73	73	102	130	176	19	24	23	27	46
Services d'intermédiation financière indirectement mesurés (SIFIM)	..	14	5	..	..	..	103	118	..	..
Frais pour usage de propriété intellectuelle n.i.a.	**26**	**23**	**28**	**31**	**31**	**48**	**48**	**67**	**68**	**62**
Frais de franchise et marques commerciales	..	21	22	24	23	9	8	14	15	12
Licences d'utilisation des résultats de la recherche-développement	0	..	0	..	..	17	19	19	13	15
Licences de reproduction et/ou de distribution de logiciels	..	1	1	..	1	5	6	15	23	21
Licences de reproduction et/ou de distribution de produits audiovisuels et connexes	1	..	4	6	..	17	15	19	17	15
Services de télécommunications, d'informatique et d'information	**285**	**267**	**330**	**..**	**..**	**269**	**203**	**..**	**313**	**361**
Services de télécommunications	105	85	64	111	92	126	114	112	113	97
Services d'informatique	174	176	260	420	537	134	79	107	188	240
Logiciels	113	141	189	251	312	74	56	70	145	191
***dont :** Logiciels originaux*	..	..	..	..	..	..	..	..	..	..
Autres services d'informatique	61	35	71	170	225	60	23	37	43	49
Services d'information	6	6	6	..	..	9	10	..	12	24
Services d'agence de presse	..	..	..	..	..	0	1	1	2	1
Autres services d'information	..	..	..	..	..	9	9	..	11	23
Autres services aux entreprises	**582**	**562**	**697**	**859**	**..**	**583**	**571**	**712**	**808**	**..**
Services de recherche-développement	25	28	46	47	..	4	5	8	8	..
Travail mené de façon systématique pour accroître les connaissances	..	..	31	26	36	..	..	2	1	2
Services de recherche-développement, autres	25	28	14	20	..	4	5	7	7	..
Services spécialisés et services de conseil en gestion	218	215	253	316	365	164	150	231	227	269
Services juridiques, de comptabilité, de conseil en gestion et de relations publiques	58	66	85	101	130	104	97	139	133	128
Services juridiques	13	15	15	23	27	24	14	9	10	12
Comptabilité, vérification des comptes, tenue de livres et conseil en fiscalité	19	14	17	23	32	14	15	19	15	6
Conseil aux entreprises, conseil en gestion et relations publiques	27	37	54	55	71	66	69	112	109	110
Services de publicité, études de marché et sondages d'opinion	160	149	168	215	235	60	53	92	94	141
Services techniques, liés au commerce et autres services aux entreprises	339	318	399	497	670	414	416	473	573	757
Services d'architecture, d'ingénierie, scientifiques et autres services techniques	25	24	25	41	43	27	25	26	34	26
Services d'architecture	25	24	16	18	9	23	22	12	20	15
Services d'ingénierie	..	..	8	20	30	4	3	11	11	8
Services scientifiques et autres services techniques	..	..	2	3	4	..	0	3	3	3
Services de traitement des déchets et dépollution, services agricoles et miniers	9	6	7	10	9	5	13	7	4	8
Services de traitement des déchets et dépollution	1	1	0	1	1	3	13	..	2	6
Services annexes à l'agriculture, à la sylviculture et à la pêche	8	6	6	8	8	2	0	1	2	2
Services annexes aux industries extractives et à l'extraction de pétrole et de gaz	..	..	..	..	..	0	..	..	..	..
Services de location-exploitation	42	47	50	81	137	88	168	171	220	223
Services liés au commerce	69	65	88	112	161	84	63	106	126	147
Autres services aux entreprises n.i.a.	194	175	229	254	320	210	147	163	189	353
Services personnels, culturels et relatifs aux loisirs	**33**	**29**	**34**	**43**	**55**	**29**	**33**	**31**	**39**	**42**
Services audiovisuels et connexes	6	6	7	11	16	9	12	13	13	18
Autres services personnels, culturels et relatifs aux loisirs	28	24	26	33	40	20	20	18	26	25
Biens et services des administrations publiques, n.i.a.	**62**	**68**	**69**	**63**	**76**	**131**	**74**	**87**	**82**	**90**
Ambassades et consulats	34	35	44	41	49	..	..	69	68	69
Unités et organes militaires	..	..	..	..	..	..	1	..	..	..
Autres biens et services des administrations publiques, n.i.a.	28	33	25	23	27	74	..	18	14	20
Services non-alloués	**..**	**..**	**..**	**..**	**..**	**..**	**..**	**..**	**..**	**..**
Services liés au tourisme compris dans les voyages et les transports de passagers	..	..	..	..	..	..	..	..	..	..
SERVICES COMMERCIAUX	**7 751**	**6 620**	**7 468**	**9 346**	**11 348**	**5 415**	**4 665**	**5 023**	**5 879**	**7 014**
AUTRES SERVICES COMMERCIAUX	**..**	**1 148**	**1 405**	**..**	**..**	**..**	**1 069**	**..**	**..**	**..**

.. Non disponible

Note : Voir les métadonnées détaillées sur : *http://metalinks.oecd.org/tis/20200306/903d* et *http://metalinks.oecd.org/tis/20200306/f4ec.*

Source : Eurostat.

TABLEAUX PAR PAYS

Luxembourg

Millions USD

	Exportations					Importations				
	2014	2015	2016	2017	2018	2014	2015	2016	2017	2018
TOTAL DES SERVICES	**104 187**	**99 567**	**99 519**	**104 191**	**115 247**	**81 867**	**76 118**	**74 524**	**78 943**	**86 967**
Services de fabrication fournis sur des intrants physiques détenus par des tiers	**111**	**119**	**117**	**131**	**142**	**280**	**814**	**1 018**	**1 138**	**1 746**
Services d'entretien et de réparation n.i.a.	**45**	**51**	**95**	**97**	**92**	**182**	**161**	**204**	**178**	**169**
Transports	**5 477**	**4 689**	**4 395**	**5 056**	**5 799**	**5 842**	**3 675**	**3 188**	**3 679**	**4 193**
Transports maritimes	305	253	221	230	312	503	461	448	573	630
Passagers	..	..	..	..	..	..	..	..	..	..
Fret	82	80	84	81	133	405	368	379	461	465
Autres	223	173	137	149	177	98	93	70	112	165
Transports aériens	3 272	2 812	2 523	3 057	3 515	1 255	1 092	1 010	1 196	1 404
Passagers	646	558	492	417	519	31	18	18	20	25
Fret	2 558	2 193	1 976	2 569	2 913	979	837	783	977	1 141
Autres	68	61	55	71	81	245	237	208	197	237
Autres modes de transport	1 843	1 574	1 594	1 711	1 916	3 992	2 047	1 645	1 832	2 070
Passagers	24	23	24	20	32	48	37	39	33	51
Fret	1 383	1 165	1 189	1 250	1 378	3 266	1 619	1 258	1 297	1 507
Autres	438	386	381	441	506	677	390	348	502	512
Services postaux et de messagerie	57	51	56	60	58	90	75	85	79	89
Classification élargie des autres modes de transport										
Transports spatiaux	..	..	..	..	..	242	..	..	112	59
Transports ferroviaires	236	210	210	209	233	253	224	222	213	234
Passagers	23	22	23	19	32	40	30	31	23	39
Fret	129	102	90	89	99	137	120	105	104	104
Autres	85	85	97	99	102	78	74	86	88	91
Transports routiers	1 226	1 026	1 072	1 131	1 252	3 054	1 401	1 074	1 136	1 330
Passagers	..	1	1	1	1	8	7	8	10	12
Fret	1 215	1 017	1 064	1 124	1 244	3 020	1 371	1 049	1 106	1 296
Autres	11	8	7	8	8	25	22	19	20	22
Transports par voies navigables intérieures	24	14	14	18	25	23	17	12	14	18
Passagers	..	..	..	..	..	..	..	..	..	..
Fret	5	1	1	1	2	16	9	6	8	9
Autres	19	14	13	17	22	7	7	7	6	8
Transports par conduites	4	6	3	5	2	36	43	41	33	37
Transmission d'électricité	29	39	31	32	28	60	75	58	49	60
Autres services connexes aux transports	324	280	263	316	374	325	287	237	277	333
Transports - pour tous les modes										
Passagers	670	581	517	437	551	78	54	56	53	76
Fret	..	..	..	..	..	..	..	..	..	..
Autres	..	..	..	..	..	..	..	..	..	..
Autres transports sauf services postaux et de messagerie	..	..	..	..	..	..	..	..	..	..
Voyages	**5 361**	**4 181**	**4 247**	**4 546**	**4 993**	**3 277**	**2 816**	**2 853**	**2 984**	**3 222**
Voyages à titre professionnel	2 521	2 100	2 109	2 114	2 386	236	202	202	212	224
Acquisitions par les travailleurs frontaliers, saisonniers, court terme	2 354	1 955	1 959	1 944	2 200	3	2	2	2	2
Autres que les acquisitions par les travailleurs frontaliers, saisonniers, court terme	167	144	150	171	185	232	200	200	209	221
Voyages à titre personnel	2 839	2 082	2 137	2 432	2 608	3 042	2 614	2 649	2 773	2 998
Dépenses liées à la santé	101	88	98	115	125	96	88	85	94	105
Dépenses liées à l'éducation	45	40	41	44	44	265	232	236	249	274
Autres	2 695	1 954	1 999	2 273	2 440	2 681	2 295	2 328	2 430	2 619
Construction	**480**	**387**	**383**	**371**	**332**	**382**	**299**	**362**	**334**	**325**
Construction réalisée à l'étranger	478	382	377	369	329	170	109	153	136	94
Construction réalisée dans l'économie déclarante	4	4	6	2	2	212	191	209	197	230
Services d'assurance et de pension	**3 635**	**3 175**	**3 217**	**3 224**	**3 464**	**2 038**	**1 649**	**1 573**	**1 461**	**1 582**
Assurance directe	2 183	2 057	2 179	2 435	2 626	56	49	47	55	51
Assurance-vie	1 860	1 810	1 854	2 044	2 184	..	..	..	..	..
Assurance fret	9	9	10	11	13	5	4	6	7	7
Autres assurances directes	313	240	314	380	430	50	43	41	49	44
Réassurance	1 404	1 084	1 001	753	799	675	512	561	406	450
Services auxiliaires d'assurance	49	34	35	36	39	1 306	1 088	966	1 000	1 081
Services de pension et de garantie standard	..	..	..	..	..	1	..	..	..	..
Services de pension	..	..	..	..	..	1	..	..	..	..
Services de garantie standard	..	..	..	..	..	..	..	..	..	..

Luxembourg *(suite)*

Millions USD

	Exportations					Importations				
	2014	2015	2016	2017	2018	2014	2015	2016	2017	2018
Services financiers	**59 206**	**57 787**	**56 698**	**59 930**	**64 765**	**41 821**	**40 980**	**39 567**	**42 051**	**44 680**
Services financiers explicitement facturés et autres	56 950	55 466	53 699	56 848	61 552	41 203	40 388	38 931	41 342	43 914
Services d'intermédiation financière indirectement mesurés (SIFIM)	2 255	2 321	2 999	3 082	3 213	617	593	636	709	765
Frais pour usage de propriété intellectuelle n.i.a.	**2 179**	**2 072**	**2 272**	**2 727**	**2 436**	**5 004**	**3 833**	**4 182**	**4 887**	**5 012**
Frais de franchise et marques commerciales	..	..	..	..	..	..	..	..	..	..
Licences d'utilisation des résultats de la recherche-développement	..	..	..	..	..	..	..	..	..	..
Licences de reproduction et/ou de distribution de logiciels	..	..	..	..	..	..	..	..	..	..
Licences de reproduction et/ou de distribution de produits audiovisuels et connexes	..	..	..	..	..	..	..	..	..	..
Services de télécommunications, d'informatique et d'information	**5 941**	**4 340**	**4 247**	**4 041**	**4 138**	**4 587**	**3 253**	**3 460**	**3 493**	**4 429**
Services de télécommunications	2 868	2 507	2 447	2 326	2 350	1 445	1 263	1 131	1 021	969
Services d'informatique	2 850	1 651	1 619	1 528	1 592	2 956	1 841	2 176	2 324	3 303
Logiciels	..	..	..	..	..	..	..	..	..	..
***dont :** Logiciels originaux*	..	..	..	..	..	..	..	..	..	..
Autres services d'informatique	..	..	..	..	..	..	..	..	..	..
Services d'information	222	182	180	187	196	186	149	154	149	157
Services d'agence de presse	1	1	1	1	1	12	9	8	10	9
Autres services d'information	220	181	179	185	195	174	140	146	139	149
Autres services aux entreprises	**14 759**	**16 694**	**18 710**	**19 992**	**24 312**	**13 084**	**13 695**	**14 512**	**15 747**	**18 314**
Services de recherche-développement	825	1 712	1 982	2 150	2 403	352	1 278	1 601	1 743	2 028
Travail mené de façon systématique pour accroître les connaissances	211	186	199	209	255	65	52	64	69	437
Services de recherche-développement, autres	614	1 526	1 783	1 942	2 148	287	1 226	1 538	1 675	1 591
Services spécialisés et services de conseil en gestion	3 614	4 060	4 970	5 034	6 675	5 783	7 691	9 474	11 045	14 415
Services juridiques, de comptabilité, de conseil en gestion et de relations publiques	2 371	2 691	2 972	2 658	3 742	3 461	4 566	5 790	7 964	10 906
Services juridiques	235	203	222	255	266	141	145	165	195	242
Comptabilité, vérification des comptes, tenue de livres et conseil en fiscalité	690	616	631	619	615	459	406	410	446	464
Conseil aux entreprises, conseil en gestion et relations publiques	1 446	1 872	2 119	1 785	2 861	2 862	4 015	5 214	7 324	10 199
Services de publicité, études de marché et sondages d'opinion	1 243	1 370	1 998	2 376	2 933	2 322	3 125	3 685	3 081	3 509
Services techniques, liés au commerce et autres services aux entreprises	10 319	10 921	11 758	12 808	15 234	6 948	4 726	3 437	2 959	1 871
Services d'architecture, d'ingénierie, scientifiques et autres services techniques	641	475	423	473	497	326	193	208	252	329
Services d'architecture	15	12	12	10	12	11	7	7	10	18
Services d'ingénierie	525	363	304	352	366	216	105	117	153	220
Services scientifiques et autres services techniques	100	99	106	113	119	101	81	84	90	92
Services de traitement des déchets et dépollution, services agricoles et miniers	50	49	52	55	64	28	24	34	45	57
Services de traitement des déchets et dépollution	13	10	11	11	14	21	19	30	38	47
Services annexes à l'agriculture, à la sylviculture et à la pêche	..	..	..	..	..	..	..	..	..	..
Services annexes aux industries extractives et à l'extraction de pétrole et de gaz	..	..	..	..	..	..	..	..	..	..
Services de location-exploitation	285	309	323	360	431	475	470	350	312	306
Services liés au commerce	8 926	9 768	10 669	11 595	13 911	5 693	3 698	2 490	1 960	692
Autres services aux entreprises n.i.a.	418	321	292	326	332	426	341	355	389	488
Services personnels, culturels et relatifs aux loisirs	**6 497**	**5 599**	**4 596**	**3 496**	**4 089**	**5 314**	**4 881**	**3 554**	**2 932**	**3 232**
Services audiovisuels et connexes	4 571	3 939	4 116	3 020	3 547	3 951	3 672	3 401	2 750	3 031
Autres services personnels, culturels et relatifs aux loisirs	1 926	1 659	480	476	542	1 361	1 209	152	183	201
Biens et services des administrations publiques, n.i.a.	**496**	**475**	**545**	**579**	**686**	**60**	**61**	**53**	**58**	**64**
Ambassades et consulats	..	..	..	..	..	23	22	19	20	20
Unités et organes militaires	3	2	1	1	1	24	23	19	16	20
Autres biens et services des administrations publiques, n.i.a.	494	473	543	577	685	13	16	16	23	24
Services non-alloués	**..**	**..**	**3 p**	**-2 p**	**2 p**	**..**	**..**	**2 p**	**1 p**	**4 p**
Services liés au tourisme compris dans les voyages et les transports de passagers	..	..	..	..	..	..	..	..	..	..
SERVICES COMMERCIAUX	**103 691**	**99 092**	**98 974**	**103 612**	**114 562**	**81 808**	**76 057**	**74 471**	**78 886**	**86 903**
AUTRES SERVICES COMMERCIAUX	**92 696**	**90 053**	**90 122**	**93 781**	**103 537**	**72 230**	**68 590**	**67 210**	**70 905**	**77 572**

.. Non disponible ; p Donnée provisoire

Note : Voir les métadonnées détaillées sur : *http://metalinks.oecd.org/tis/20200306/903d* et *http://metalinks.oecd.org/tis/20200306/ed25*.

Source : Eurostat.

Mexique

Millions USD

	Exportations					Importations				
	2014	2015	2016	2017	2018	2014	2015	2016	2017	2018
TOTAL DES SERVICES	**21 182**	**22 903**	**24 213**	**27 643**	**28 767**	**34 475**	**32 680**	**33 179**	**37 511**	**37 691**
Services de fabrication fournis sur des intrants physiques détenus par des tiers	..	..	..	..	..	..	..	..	..	..
Services d'entretien et de réparation n.i.a.	..	..	**10**	**10**	**10**	**165**	**207**	**196**	**265**	**290**
Transports	**867**	**1 428**	**1 598**	**1 904**	**2 186**	**14 677**	**12 814**	**13 204**	**14 835**	**15 410**
Transports maritimes	49	58	54	62	66	8 550	7 469	7 748	8 857	9 237
Passagers	..	..	..	..	..	..	..	..	..	..
Fret	..	..	..	..	..	8 550	7 469	7 748	8 857	9 237
Autres	49	58	54	62	66	..	..	..	..	..
Transports aériens	818	1 370	1 333	1 543	1 713	6 126	5 345	5 445	5 950	6 145
Passagers	399	995	970	1 131	1 276	2 950	2 570	2 520	2 807	2 839
Fret	..	..	..	..	..	2 842	2 399	2 502	2 683	2 793
Autres	419	376	363	413	437	334	376	423	460	513
Autres modes de transport	..	..	211	299	407	..	..	12	27	28
Passagers	..	..	..	..	..	..	..	..	0	4
Fret	..	..	211	298	407	..	..	..	..	..
Autres	..	..	1	0	0	..	..	12	27	24
Services postaux et de messagerie	..	..	..	..	..	..	..	..	..	..
Classification élargie des autres modes de transport										
Transports spatiaux	..	..	..	..	..	..	..	..	..	..
Transports ferroviaires	..	..	..	..	..	..	..	..	..	..
Passagers	..	..	..	..	..	..	..	..	..	..
Fret	..	..	..	..	..	..	..	..	..	..
Autres	..	..	..	..	..	..	..	..	..	..
Transports routiers	..	..	..	..	..	..	..	..	..	..
Passagers	..	..	..	..	..	..	..	..	..	..
Fret	..	..	..	..	..	..	..	..	..	..
Autres	..	..	..	..	..	..	..	..	..	..
Transports par voies navigables intérieures	..	..	..	..	..	..	..	..	..	..
Passagers	..	..	..	..	..	..	..	..	..	..
Fret	..	..	..	..	..	..	..	..	..	..
Autres	..	..	..	..	..	..	..	..	..	..
Transports par conduites	..	..	..	..	..	..	..	..	..	..
Transmission d'électricité	..	..	..	..	..	..	..	..	..	..
Autres services connexes aux transports	..	..	..	..	..	..	..	..	..	..
Transports - pour tous les modes										
Passagers	399	995	970	1 131	1 276	2 950	2 570	2 520	2 807	2 843
Fret	..	..	211	298	407	11 393	9 868	10 249	11 540	12 030
Autres	468	434	418	475	503	334	376	434	488	537
Autres transports sauf services postaux et de messagerie	..	..	..	..	..	..	..	..	..	..
Voyages	**16 208**	**17 734**	**19 650**	**21 336**	**22 526**	**9 606**	**10 098**	**10 303**	**10 840**	**11 230**
Voyages à titre professionnel	1 292	1 445	1 647	1 779	1 685	1 546	1 665	1 692	1 625	2 163
Acquisitions par les travailleurs frontaliers, saisonniers, court terme	66	73	47	50	67	234	262	166	101	164
Autres que les acquisitions par les travailleurs frontaliers, saisonniers, court terme	1 226	1 372	1 600	1 730	1 618	1 312	1 404	1 526	1 524	1 999
Voyages à titre personnel	14 917	16 289	18 003	19 557	20 842	8 060	8 433	8 612	9 215	9 067
Dépenses liées à la santé	279	280	269	315	347	72	61	53	85	72
Dépenses liées à l'éducation	47	66	56	60	128	144	229	170	101	146
Autres	14 591	15 944	17 679	19 182	20 366	7 844	8 143	8 389	9 030	8 849
Construction	..	..	..	..	..	..	..	..	..	..
Construction réalisée à l'étranger	..	..	..	..	..	..	..	..	..	..
Construction réalisée dans l'économie déclarante	..	..	..	..	..	..	..	..	..	..
Services d'assurance et de pension	**3 554**	**3 171**	**2 502**	**3 742**	**3 285**	**4 220**	**4 339**	**3 912**	**4 952**	**4 846**
Assurance directe	..	..	..	..	..	212	180	202	245	213
Assurance-vie	..	..	..	..	..	..	..	..	..	..
Assurance fret	..	..	..	..	..	212	180	202	245	213
Autres assurances directes	..	..	..	..	..	..	..	..	..	..
Réassurance	3 554	3 171	2 502	3 742	3 285	4 008	4 159	3 710	4 708	4 633
Services auxiliaires d'assurance	..	..	..	..	..	..	..	..	..	..
Services de pension et de garantie standard	..	..	..	..	..	..	..	..	..	..
Services de pension	..	..	..	..	..	..	..	..	..	..
Services de garantie standard	..	..	..	..	..	..	..	..	..	..

Mexique *(suite)*

Millions USD

	Exportations					Importations				
	2014	2015	2016	2017	2018	2014	2015	2016	2017	2018
Services financiers	**127**	**138**	**154**	**352**	**453**	**1 430**	**1 348**	**1 809**	**2 171**	**2 249**
Services financiers explicitement facturés et autres	120	132	146	345	443	326	302	634	729	664
Services d'intermédiation financière indirectement mesurés (SIFIM)	7	6	8	7	10	1 104	1 046	1 175	1 442	1 585
Frais pour usage de propriété intellectuelle n.i.a.	**8**	**7**	**7**	**7**	**7**	**240**	**260**	**277**	**292**	**302**
Frais de franchise et marques commerciales	..	..	..	..	..	..	..	..	..	..
Licences d'utilisation des résultats de la recherche-développement	..	..	..	..	..	..	..	..	..	..
Licences de reproduction et/ou de distribution de logiciels	..	..	..	..	..	..	..	..	..	..
Licences de reproduction et/ou de distribution de produits audiovisuels et connexes	..	..	..	..	..	..	..	..	..	..
Services de télécommunications, d'informatique et d'information	**184**	**160**	**107**	**81**	**65**	**147**	**157**	**177**	**176**	**183**
Services de télécommunications	184	160	100	54	50	147	157	126	89	68
Services d'informatique	..	..	7	27	16	..	..	51	87	114
Logiciels	..	..	..	..	..	..	..	..	..	..
dont : *Logiciels originaux*	..	..	..	..	..	..	..	..	..	..
Autres services d'informatique	..	..	..	..	..	..	..	..	..	..
Services d'information	..	..	..	..	..	..	..	..	..	..
Services d'agence de presse	..	..	..	..	..	..	..	..	..	..
Autres services d'information	..	..	..	..	..	..	..	..	..	..
Autres services aux entreprises	**11**	**10**	**25**	**28**	**39**	**3 486**	**2 923**	**3 037**	**3 670**	**2 921**
Services de recherche-développement	5	5	20	23	34	14	15	285	583	586
Travail mené de façon systématique pour accroître les connaissances	..	..	..	..	..	..	..	..	..	..
Services de recherche-développement, autres	..	..	..	..	..	..	..	..	..	..
Services spécialisés et services de conseil en gestion	2	2	2	2	2	110	119	127	134	138
Services juridiques, de comptabilité, de conseil en gestion et de relations publiques	..	..	..	..	..	..	..	..	..	..
Services juridiques	..	..	..	..	..	..	..	..	..	..
Comptabilité, vérification des comptes, tenue de livres et conseil en fiscalité	..	..	..	..	..	..	..	..	..	..
Conseil aux entreprises, conseil en gestion et relations publiques	..	..	..	..	..	..	..	..	..	..
Services de publicité, études de marché et sondages d'opinion	..	..	..	..	..	..	..	..	..	..
Services techniques, liés au commerce et autres services aux entreprises	4	3	3	3	3	3 362	2 790	2 625	2 954	2 197
Services d'architecture, d'ingénierie, scientifiques et autres services techniques	..	..	..	..	..	..	..	..	..	..
Services d'architecture	..	..	..	..	..	..	..	..	..	..
Services d'ingénierie	..	..	..	..	..	..	..	..	..	..
Services scientifiques et autres services techniques	..	..	..	..	..	..	..	..	..	..
Services de traitement des déchets et dépollution, services agricoles et miniers	..	..	..	..	..	..	..	..	..	..
Services de traitement des déchets et dépollution	..	..	..	..	..	..	..	..	..	..
Services annexes à l'agriculture, à la sylviculture et à la pêche	..	..	..	..	..	..	..	..	..	..
Services annexes aux industries extractives et à l'extraction de pétrole et de gaz	..	..	..	..	..	..	..	..	..	..
Services de location-exploitation	..	..	..	..	..	..	..	..	..	..
Services liés au commerce	..	..	..	..	..	..	..	..	..	..
Autres services aux entreprises n.i.a.	..	..	..	..	..	..	..	..	..	..
Services personnels, culturels et relatifs aux loisirs	**80**	**86**	**13**	**4**	**8**	**272**	**292**	**27**	**64**	**6**
Services audiovisuels et connexes	..	..	..	..	..	..	..	..	..	..
Autres services personnels, culturels et relatifs aux loisirs	..	..	..	..	..	..	..	..	..	..
Biens et services des administrations publiques, n.i.a.	**143**	**170**	**147**	**180**	**188**	**232**	**243**	**237**	**246**	**256**
Ambassades et consulats	..	..	..	..	..	..	..	..	..	..
Unités et organes militaires	..	..	..	..	..	..	..	..	..	..
Autres biens et services des administrations publiques, n.i.a.	..	..	..	..	..	..	..	..	..	..
Services non-alloués	**..**	**..**	**..**	**..**	**..**	**..**	**..**	**..**	**..**	**..**
Services liés au tourisme compris dans les voyages et les transports de passagers	**..**	**..**	**..**	**..**	**..**	**..**	**..**	**..**	**..**	**..**
SERVICES COMMERCIAUX	**21 039**	**22 734**	**24 066**	**27 464**	**28 579**	**34 243**	**32 438**	**32 942**	**37 265**	**37 435**
AUTRES SERVICES COMMERCIAUX	**3 964**	**3 572**	**2 808**	**4 213**	**3 856**	**9 795**	**9 318**	**9 239**	**11 325**	**10 506**

.. Non disponible

Note : Voir les métadonnées détaillées sur : *http://metalinks.oecd.org/tis/20200306/903d* et *http://metalinks.oecd.org/tis/20200306/badf*.

Source : Banco de Mexico.

TABLEAUX PAR PAYS

Pays-Bas

Millions USD

	Exportations					Importations				
	2014	2015	2016	2017	2018	2014	2015	2016	2017	2018
TOTAL DES SERVICES	**206 054**	**197 782**	**190 813**	**220 181**	**248 185**	**192 764**	**213 355**	**183 430**	**215 980**	**244 780**
Services de fabrication fournis sur des intrants physiques détenus par des tiers	**6 858**	**6 128**	**5 824**	**6 712**	**7 831**	**3 551**	**3 578**	**4 011**	**5 700**	**6 643**
Services d'entretien et de réparation n.i.a.	**2 524**	**2 285**	**2 201**	**2 536**	**2 872**	**1 838**	**1 631**	**1 862**	**2 099**	**2 362**
Transports	**41 289**	**35 371**	**34 731**	**37 843**	**43 242**	**23 660**	**20 949**	**21 344**	**28 024**	**32 081**
Transports maritimes	13 056	11 325	10 567	10 973	11 970	6 086	5 015	4 634	5 445	5 624
Passagers	131	131	124	132	144	0	..	0	..	..
Fret	9 451	7 873	7 314	7 747	8 598	3 794	3 115	2 875	3 600	3 688
Autres	3 474	3 321	3 129	3 095	3 228	2 292	1 900	1 759	1 845	1 936
Transports aériens	11 291	9 560	9 110	10 148	12 361	5 724	4 793	4 999	6 156	6 573
Passagers	7 255	6 232	5 992	6 490	6 913	2 642	2 287	2 541	3 136	3 285
Fret	2 741	2 147	1 922	2 322	2 582	1 003	752	733	904	1 166
Autres	1 296	1 181	1 195	1 336	2 866	2 079	1 754	1 725	2 116	2 122
Autres modes de transport	15 997	13 529	14 031	15 256	17 312	11 360	10 675	11 184	15 705	18 889
Passagers	93	87	98	110	118	95	86	90	92	101
Fret	11 738	10 103	10 573	11 741	13 625	9 566	8 829	9 154	10 519	12 437
Autres	4 167	3 339	3 360	3 404	3 570	1 699	1 760	1 940	5 093	6 350
Services postaux et de messagerie	945	958	1 024	1 467	1 599	489	467	528	718	995
Classification élargie des autres modes de transport										
Transports spatiaux	..	..	..	..	..	..	..	..	..	..
Transports ferroviaires	282	268	267	..	412	605	488	538	..	414
Passagers	92	87	94	107	115	90	79	84	87	96
Fret	159	168	156	..	275	460	366	422	..	292
Autres	31	14	18	20	23	56	43	32	32	27
Transports routiers	12 338	10 179	10 507	11 530	13 163	9 280	8 554	8 925	11 152	13 951
Passagers	1	..	4	3	4	5	7	6	6	6
Fret	9 379	7 959	8 429	9 560	11 018	8 633	7 985	8 295	9 632	11 532
Autres	2 959	2 219	2 074	1 967	2 141	642	562	624	1 515	2 412
Transports par voies navigables intérieures	1 789	1 684	1 650	1 609	1 908	508	515	465	533	667
Passagers	..	..	..	..	..	..	..	..	..	..
Fret	1 641	1 529	1 462	1 442	1 729	440	453	405	460	577
Autres	148	155	188	167	179	68	63	60	73	91
Transports par conduites	540	433	513	556	584	7	5	3	1	1
Transmission d'électricité	19	15	13	..	19	28	20	29	..	35
Autres services connexes aux transports	1 029	951	1 081	1 251	1 227	934	1 092	1 223	3 473	3 821
Transports - pour tous les modes										
Passagers	7 478	6 449	6 214	6 732	7 175	2 736	2 373	2 631	3 228	3 387
Fret	..	..	..	..	..	..	..	..	..	..
Autres	..	..	..	..	..	..	..	..	..	..
Autres transports sauf services postaux et de messagerie	..	..	..	..	..	..	..	..	..	..
Voyages	**14 713**	**13 856**	**14 924**	**17 092**	**18 869**	**23 066**	**19 810**	**19 894**	**21 923**	**22 822**
Voyages à titre professionnel	4 880	4 415	4 876	5 623	6 256	3 187	2 984	2 865	2 879	3 092
Acquisitions par les travailleurs frontaliers, saisonniers, court terme	1 304	1 122	1 240	1 442	1 536	130	109	108	110	116
Autres que les acquisitions par les travailleurs frontaliers, saisonniers, court terme	3 576	3 293	3 636	4 181	4 720	3 057	2 876	2 757	2 769	2 977
Voyages à titre personnel	9 832	9 441	10 048	11 468	12 613	19 878	16 826	17 029	19 044	19 730
Dépenses liées à la santé	100	84	85	87	91	782	677	660	669	706
Dépenses liées à l'éducation	717	651	685	779	908	622	539	538	570	597
Autres	9 016	8 705	9 279	10 602	11 615	18 475	15 610	15 831	17 805	18 427
Construction	**3 709**	**3 279**	**2 812**	**3 470**	**3 734**	**2 963**	**2 793**	**2 462**	**2 576**	**3 360**
Construction réalisée à l'étranger	3 435	3 102	2 640	3 230	3 315	2 338	2 428	2 012	2 177	2 873
Construction réalisée dans l'économie déclarante	274	177	172	240	419	626	365	449	399	487
Services d'assurance et de pension	**1 213**	**1 092**	**1 193**	**1 300**	**1 537**	**888**	**685**	**478**	**561**	**662**
Assurance directe	745	644	688	725	747	380	294	268	333	338
Assurance-vie	125	122	127	145	151	1	1	1	1	1
Assurance fret	117	97	105	90	87	87	61	60	62	69
Autres assurances directes	504	425	456	490	509	292	232	207	270	269
Réassurance	238	252	337	384	412	468	356	165	136	139
Services auxiliaires d'assurance	97	70	52	62	245	35	32	44	87	180
Services de pension et de garantie standard	133	126	116	130	133	5	4	2	5	5
Services de pension	133	126	116	130	133	5	4	2	5	5
Services de garantie standard	..	..	..	..	..	..	..	..	..	..

Pays-Bas *(suite)*

Millions USD

	Exportations					Importations				
	2014	2015	2016	2017	2018	2014	2015	2016	2017	2018
Services financiers	**6 800**	**6 453**	**6 622**	**7 405**	**7 550**	**10 418**	**9 875**	**9 540**	**9 639**	**10 321**
Services financiers explicitement facturés et autres	3 318	3 768	4 361	5 204	5 718	4 947	4 640	4 516	5 669	6 404
Services d'intermédiation financière indirectement mesurés (SIFIM)	3 483	2 685	2 261	2 201	1 832	5 471	5 235	5 024	3 970	3 917
Frais pour usage de propriété intellectuelle n.i.a.	**46 092**	**42 924**	**43 521**	**49 710**	**57 160**	**56 797**	**51 488**	**50 361**	**57 547**	**64 720**
Frais de franchise et marques commerciales	..	..	..	..	..	..	..	..	..	..
Licences d'utilisation des résultats de la recherche-développement	..	..	..	..	..	..	..	..	..	..
Licences de reproduction et/ou de distribution de logiciels	..	..	..	..	..	..	..	..	..	..
Licences de reproduction et/ou de distribution de produits audiovisuels et connexes	..	..	..	..	..	..	..	..	..	..
Services de télécommunications, d'informatique et d'information	**25 495**	**32 094**	**22 823**	**25 277**	**26 708**	**17 146**	**49 251**	**15 033**	**16 617**	**18 433**
Services de télécommunications	4 614	4 242	4 246	4 216	3 880	3 526	2 744	2 769	2 831	2 914
Services d'informatique	17 971	24 470	14 164	14 634	15 630	12 046	45 466	11 137	12 287	13 771
Logiciels	..	..	..	..	..	..	..	..	..	..
***dont :** Logiciels originaux*	..	..	..	..	..	..	..	..	..	..
Autres services d'informatique	..	..	..	..	..	..	..	..	..	..
Services d'information	2 911	3 381	4 413	6 427	7 198	1 574	1 041	1 127	1 500	1 748
Services d'agence de presse	0	0	0	0	0	22	23	15	15	17
Autres services d'information	2 910	3 381	4 413	6 427	7 198	1 551	1 019	1 113	1 485	1 731
Autres services aux entreprises	**54 361**	**51 444**	**53 042**	**65 241**	**74 572**	**51 403**	**51 036**	**55 395**	**68 463**	**79 716**
Services de recherche-développement	5 843	5 200	4 707	4 455	8 106	5 217	4 629	5 078	4 731	7 768
Travail mené de façon systématique pour accroître les connaissances	5 693	5 095	4 595	4 332	7 967	5 161	4 563	4 955	4 612	7 644
Services de recherche-développement, autres	150	106	112	123	139	56	66	123	119	124
Services spécialisés et services de conseil en gestion	13 167	13 329	15 099	21 902	24 857	19 225	20 238	25 621	35 141	40 338
Services juridiques, de comptabilité, de conseil en gestion et de relations publiques	10 184	9 271	11 002	17 482	20 416	13 175	12 930	15 302	23 078	27 055
Services juridiques	1 584	1 493	1 790	2 073	2 048	1 478	1 460	1 972	2 202	2 489
Comptabilité, vérification des comptes, tenue de livres et conseil en fiscalité	1 955	1 617	1 907	2 147	2 437	1 647	1 610	2 115	2 277	2 782
Conseil aux entreprises, conseil en gestion et relations publiques	6 645	6 162	7 305	13 262	15 931	10 051	9 861	11 214	18 600	21 785
Services de publicité, études de marché et sondages d'opinion	2 983	4 058	4 097	4 420	4 441	6 049	7 308	10 319	12 063	13 283
Services techniques, liés au commerce et autres services aux entreprises	35 352	32 915	33 236	38 884	41 609	26 961	26 169	24 696	28 591	31 610
Services d'architecture, d'ingénierie, scientifiques et autres services techniques	9 053	7 428	7 588	8 556	8 767	6 540	5 433	5 691	6 574	6 972
Services d'architecture	..	97	102	..	..	..	40	42	..	..
Services d'ingénierie	1 767	1 334	1 423	1 125	1 236	791	743	732	588	658
Services scientifiques et autres services techniques	..	5 996	6 063	..	..	..	4 650	4 917	..	..
Services de traitement des déchets et dépollution, services agricoles et miniers	7 206	7 594	5 052	4 600	4 826	3 343	2 767	2 220	2 094	2 254
Services de traitement des déchets et dépollution	357	350	491	426	447	301	342	269	268	282
Services annexes à l'agriculture, à la sylviculture et à la pêche	..	..	..	..	..	..	..	..	..	..
Services annexes aux industries extractives et à l'extraction de pétrole et de gaz	..	..	..	..	..	..	..	..	..	..
Services de location-exploitation	3 421	3 004	2 842	3 341	3 578	1 965	3 528	2 609	2 698	2 981
Services liés au commerce	3 074	2 635	2 817	4 896	5 166	7 528	8 006	7 380	10 347	11 325
Autres services aux entreprises n.i.a.	12 598	12 255	14 938	17 491	19 272	7 585	6 435	6 797	6 878	8 078
Services personnels, culturels et relatifs aux loisirs	**869**	**928**	**1 081**	**1 761**	**2 141**	**714**	**1 979**	**2 770**	**2 631**	**3 349**
Services audiovisuels et connexes	703	725	757	1 400	1 705	534	1 789	2 580	2 349	2 982
Autres services personnels, culturels et relatifs aux loisirs	166	203	324	361	436	180	190	190	282	366
Biens et services des administrations publiques, n.i.a.	**2 131**	**1 929**	**2 041**	**1 834**	**1 969**	**320**	**279**	**281**	**201**	**313**
Ambassades et consulats	331	276	277	288	309	..	..	..	..	..
Unités et organes militaires	..	..	..	..	..	..	..	..	..	..
Autres biens et services des administrations publiques, n.i.a.	1 801	1 653	1 763	1 546	1 661	..	..	..	..	..
Services non-alloués	**..**	**..**	**..**	**..**	**..**	**..**	**..**	**..**	**..**	**..**
Services liés au tourisme compris dans les voyages et les transports de passagers	..	..	..	..	..	..	..	..	..	..
SERVICES COMMERCIAUX	**203 923**	**195 852**	**188 773**	**218 347**	**246 216**	**192 444**	**213 076**	**183 149**	**215 779**	**244 468**
AUTRES SERVICES COMMERCIAUX	**138 539**	**138 212**	**131 093**	**154 164**	**173 402**	**140 330**	**167 107**	**136 038**	**158 034**	**180 561**

.. Non disponible

Note : Des données historiques sont disponibles dans Échanges de services - EBOPS 2002 (*http://dx.doi.org/10.1787/data-00274-fr*).

Voir les métadonnées détaillées sur : *http://metalinks.oecd.org/tis/20200306/903d* et *http://metalinks.oecd.org/tis/20200306/8d34*.

Source : Eurostat.

Nouvelle-Zélande

Millions USD

	Exportations					Importations				
	2014	2015	2016	2017	2018	2014	2015	2016	2017	2018
TOTAL DES SERVICES	**14 621**	**14 776**	**15 581**	**16 606**	**17 259**	**13 189**	**11 772**	**12 016**	**13 103**	**13 940**
Services de fabrication fournis sur des intrants physiques détenus par des tiers	..	..	..	..	..	..	..	..	..	..
Services d'entretien et de réparation n.i.a.	**.. c**	**.. c**	**191**	**219**	**235**	**135**	**192**	**212**	**249**	**300**
Transports	**2 110**	**1 865**	**1 918**	**2 124**	**2 261**	**3 285**	**2 808**	**2 733**	**3 072**	**3 319**
Transports maritimes	430	363	386	393	411	1 625	1 407	1 254	1 334	1 437
Passagers	..	..	..	..	..	..	..	..	..	..
Fret	..	..	..	..	..	..	..	..	..	..
Autres	..	..	..	..	..	..	..	..	..	..
Transports aériens	1 632	1 457	1 486	1 686	1 794	1 579	1 332	1 413	1 674	1 811
Passagers	..	..	..	..	..	..	..	..	..	..
Fret	..	..	..	..	..	..	..	..	..	..
Autres	..	..	..	..	..	..	..	..	..	..
Autres modes de transport	..	..	..	..	..	..	..	..	..	..
Passagers	..	..	..	..	..	..	..	..	..	..
Fret	..	..	..	..	..	..	..	..	..	..
Autres	..	..	..	..	..	..	..	..	..	..
Services postaux et de messagerie	49	45	45	45	57	81	68	65	65	71
Classification élargie des autres modes de transport										
Transports spatiaux	..	..	..	..	..	..	..	..	..	..
Transports ferroviaires	..	..	..	..	..	..	..	..	..	..
Passagers	..	..	..	..	..	..	..	..	..	..
Fret	..	..	..	..	..	..	..	..	..	..
Autres	..	..	..	..	..	..	..	..	..	..
Transports routiers	..	..	..	..	..	..	..	..	..	..
Passagers	..	..	..	..	..	..	..	..	..	..
Fret	..	..	..	..	..	..	..	..	..	..
Autres	..	..	..	..	..	..	..	..	..	..
Transports par voies navigables intérieures	..	..	..	..	..	..	..	..	..	..
Passagers	..	..	..	..	..	..	..	..	..	..
Fret	..	..	..	..	..	..	..	..	..	..
Autres	..	..	..	..	..	..	..	..	..	..
Transports par conduites	..	..	..	..	..	..	..	..	..	..
Transmission d'électricité	..	..	..	..	..	..	..	..	..	..
Autres services connexes aux transports	..	..	..	..	..	..	..	..	..	..
Transports - pour tous les modes										
Passagers	1 271 e	1 090 e	1 160 e	1 162 e	1 237	1 000 e	859 e	803 e	976	1 070
Fret	..	..	..	..	..	..	..	..	..	..
Autres	..	..	..	..	..	..	..	..	..	..
Autres transports sauf services postaux et de messagerie	..	..	..	..	..	..	..	..	..	..
Voyages	**8 602**	**9 359**	**9 820**	**10 594**	**11 004**	**4 106**	**3 735**	**3 953**	**4 439**	**4 612**
Voyages à titre professionnel	645	841	659	739	835	760	667	661	679	707
Acquisitions par les travailleurs frontaliers, saisonniers, court terme	..	..	..	..	..	..	..	..	..	..
Autres que les acquisitions par les travailleurs frontaliers, saisonniers, court terme	..	..	..	..	..	..	..	..	..	..
Voyages à titre personnel	7 957	8 518	9 162	9 855	10 169	3 347	3 068	3 292	3 760	3 905
Dépenses liées à la santé	10	8	8	9	8	0	0	0	0	0
Dépenses liées à l'éducation	2 428	2 516	2 737	2 961	3 217	116	111	86	107	105
Autres	5 519	5 994	6 417	6 886	6 943	3 230	2 957	3 206	3 653	3 801
Construction	**.. c**	**.. c**	**23**	**27**	**17**	**60**	**30**	**38**	**40**	**36**
Construction réalisée à l'étranger	..	..	..	..	..	..	..	..	..	..
Construction réalisée dans l'économie déclarante	..	..	..	..	..	..	..	..	..	..
Services d'assurance et de pension	**116**	**120**	**123**	**168**	**167**	**709**	**716**	**766**	**882**	**1 023**
Assurance directe	..	..	..	..	..	..	..	..	..	..
Assurance-vie	..	..	..	..	..	..	..	..	..	..
Assurance fret	..	..	..	..	..	..	..	..	..	..
Autres assurances directes	..	..	..	..	..	..	..	..	..	..
Réassurance	..	..	..	..	..	..	..	..	..	..
Services auxiliaires d'assurance	..	..	..	..	..	..	..	..	..	..
Services de pension et de garantie standard	..	..	..	..	..	..	..	..	..	..
Services de pension	..	..	..	..	..	..	..	..	..	..
Services de garantie standard	..	..	..	..	..	..	..	..	..	..

Nouvelle-Zélande (*suite*)

Millions USD

	Exportations					Importations				
	2014	2015	2016	2017	2018	2014	2015	2016	2017	2018
Services financiers	**463**	**472**	**526**	**563**	**605**	**350**	**354**	**345**	**365**	**369**
Services financiers explicitement facturés et autres	..	..	..	..	..	..	..	..	..	..
Services d'intermédiation financière indirectement mesurés (SIFIM)	..	..	..	..	..	..	..	..	..	..
Frais pour usage de propriété intellectuelle n.i.a.	**322**	**308**	**333**	**397**	**433**	**942**	**833**	**863**	**917**	**891**
Frais de franchise et marques commerciales	..	..	..	..	..	..	..	..	..	..
Licences d'utilisation des résultats de la recherche-développement	..	..	..	..	..	..	..	..	..	..
Licences de reproduction et/ou de distribution de logiciels	..	..	..	..	..	..	..	..	..	..
Licences de reproduction et/ou de distribution de produits audiovisuels et connexes	..	..	..	..	..	..	..	..	..	..
Services de télécommunications, d'informatique et d'information	**607**	**600**	**620**	**599**	**614**	**680**	**670**	**746**	**762**	**868**
Services de télécommunications	..	..	..	..	..	..	..	..	..	..
Services d'informatique	..	..	..	..	..	..	..	..	..	..
Logiciels	..	..	..	..	..	..	..	..	..	..
***dont :** Logiciels originaux*	..	..	..	..	..	..	..	..	..	..
Autres services d'informatique	..	..	..	..	..	..	..	..	..	..
Services d'information	..	..	..	..	..	..	..	..	..	..
Services d'agence de presse	..	..	..	..	..	..	..	..	..	..
Autres services d'information	..	..	..	..	..	..	..	..	..	..
Autres services aux entreprises	**1 420**	**1 262**	**1 311**	**1 430**	**1 477**	**2 630**	**2 209**	**2 159**	**2 157**	**2 278**
Services de recherche-développement	93	75	102	102	107	33	29	36	50	64
Travail mené de façon systématique pour accroître les connaissances	..	..	..	..	..	..	..	..	..	..
Services de recherche-développement, autres	..	..	..	..	..	..	..	..	..	..
Services spécialisés et services de conseil en gestion	343	315	306	316	327	587	584	620	719	841
Services juridiques, de comptabilité, de conseil en gestion et de relations publiques	242	220	222	229	250	311	274	283	316	359
Services juridiques	..	..	..	..	..	..	..	..	..	..
Comptabilité, vérification des comptes, tenue de livres et conseil en fiscalité	..	..	..	..	..	..	..	..	..	..
Conseil aux entreprises, conseil en gestion et relations publiques	..	..	..	..	..	..	..	..	..	..
Services de publicité, études de marché et sondages d'opinion	100	96	84	86	77	275	310	337	403	482
Services techniques, liés au commerce et autres services aux entreprises	985	871	903	1 013	1 044	2 010	1 596	1 502	1 388	1 373
Services d'architecture, d'ingénierie, scientifiques et autres services techniques	158	140	136	132	123	274	196	191	149	170
Services d'architecture	..	..	..	..	..	..	..	..	..	..
Services d'ingénierie	..	..	..	..	..	..	..	..	..	..
Services scientifiques et autres services techniques	..	..	..	..	..	..	..	..	..	..
Services de traitement des déchets et dépollution, services agricoles et miniers	9	10	5	.. c	.. c	101	.. c	24	13	19
Services de traitement des déchets et dépollution	..	..	..	..	..	..	..	..	..	..
Services annexes à l'agriculture, à la sylviculture et à la pêche	..	..	..	..	..	..	..	..	..	..
Services annexes aux industries extractives et à l'extraction de pétrole et de gaz	..	..	..	..	..	..	..	..	..	..
Services de location-exploitation	.. c	.. c	6	.. c	.. c	312	271	274	217	212
Services liés au commerce	.. c	.. c	155	166	188	227	.. c	196	181	179
Autres services aux entreprises n.i.a.	647	556	602	684	705	1 097	864	818	830	792
Services personnels, culturels et relatifs aux loisirs	**501**	**444**	**547**	**321**	**281**	**116**	**72**	**64**	**75**	**92**
Services audiovisuels et connexes	..	..	..	..	..	..	..	..	..	..
Autres services personnels, culturels et relatifs aux loisirs	..	..	..	..	..	..	..	..	..	..
Biens et services des administrations publiques, n.i.a.	**194**	**165**	**169**	**166**	**165**	**177**	**155**	**136**	**145**	**152**
Ambassades et consulats	..	..	..	..	..	..	..	..	..	..
Unités et organes militaires	..	..	..	..	..	..	..	..	..	..
Autres biens et services des administrations publiques, n.i.a.	..	..	..	..	..	..	..	..	..	..
Services non-alloués	**..**	**..**	**..**	**..**	**..**	**..**	**..**	**..**	**..**	**..**
Services liés au tourisme compris dans les voyages et les transports de passagers	**..**	**..**	**..**	**..**	**..**	**..**	**..**	**..**	**..**	**..**
SERVICES COMMERCIAUX	**14 427**	**14 612**	**15 412**	**16 440**	**17 094**	**13 012**	**11 617**	**11 880**	**12 958**	**13 788**
AUTRES SERVICES COMMERCIAUX	**..**	**..**	**3 483**	**3 504**	**3 594**	**5 486**	**4 883**	**4 980**	**5 197**	**5 557**

.. Non disponible ; c Donnée confidentielle ; e Valeur estimée

Note : Voir les métadonnées détaillées sur : *http://metalinks.oecd.org/tis/20200306/903d* et *http://metalinks.oecd.org/tis/20200306/174d*.

Source : Statistics New Zealand.

TABLEAUX PAR PAYS

Norvège

Millions USD

	Exportations					Importations				
	2014	2015	2016	2017	2018	2014	2015	2016	2017	2018
TOTAL DES SERVICES	**50 826**	**42 802**	**41 903**	**40 998**	**44 988**	**54 842**	**45 573**	**46 338**	**47 363**	**50 207**
Services de fabrication fournis sur des intrants physiques détenus par des tiers	..	..	..	..	..	..	..	..	..	..
Services d'entretien et de réparation n.i.a.	..	..	..	..	..	..	..	..	..	..
Transports	..	..	..	..	..	..	..	..	..	..
Transports maritimes	..	..	..	..	..	..	..	..	..	..
Passagers	..	..	..	..	..	..	..	..	..	..
Fret	..	..	..	..	..	..	..	..	..	..
Autres	..	..	..	..	..	..	..	..	..	..
Transports aériens	..	..	..	..	..	..	..	..	..	..
Passagers	..	..	..	..	..	..	..	..	..	..
Fret	..	..	..	..	..	..	..	..	..	..
Autres	..	..	..	..	..	..	..	..	..	..
Autres modes de transport	..	..	..	..	..	..	..	..	..	..
Passagers	..	..	..	..	..	..	..	..	..	..
Fret	..	..	..	..	..	..	..	..	..	..
Autres	..	..	..	..	..	..	..	..	..	..
Services postaux et de messagerie	..	..	..	..	..	..	..	..	..	..
Classification élargie des autres modes de transport										
Transports spatiaux	..	..	..	..	..	..	..	..	..	..
Transports ferroviaires	..	..	..	..	..	..	..	..	..	..
Passagers	..	..	..	..	..	..	..	..	..	..
Fret	..	..	..	..	..	..	..	..	..	..
Autres	..	..	..	..	..	..	..	..	..	..
Transports routiers	..	..	..	..	..	..	..	..	..	..
Passagers	..	..	..	..	..	..	..	..	..	..
Fret	..	..	..	..	..	..	..	..	..	..
Autres	..	..	..	..	..	..	..	..	..	..
Transports par voies navigables intérieures	..	..	..	..	..	..	..	..	..	..
Passagers	..	..	..	..	..	..	..	..	..	..
Fret	..	..	..	..	..	..	..	..	..	..
Autres	..	..	..	..	..	..	..	..	..	..
Transports par conduites	..	..	..	..	..	..	..	..	..	..
Transmission d'électricité	..	..	..	..	..	..	..	..	..	..
Autres services connexes aux transports	..	..	..	..	..	..	..	..	..	..
Transports - pour tous les modes										
Passagers	..	..	..	..	..	..	..	..	..	..
Fret	..	..	..	..	..	..	..	..	..	..
Autres	..	..	..	..	..	..	..	..	..	..
Autres transports sauf services postaux et de messagerie	..	..	..	..	..	..	..	..	..	..
Voyages	**5 575**	**4 873**	**5 204**	**5 558**	**5 843**	**18 435**	**15 292**	**15 037**	**16 212**	**17 341**
Voyages à titre professionnel	..	..	..	..	..	..	..	..	..	..
Acquisitions par les travailleurs frontaliers, saisonniers, court terme	..	..	..	..	..	..	..	..	..	..
Autres que les acquisitions par les travailleurs frontaliers, saisonniers, court terme	..	..	..	..	..	..	..	..	..	..
Voyages à titre personnel	..	..	..	..	..	..	..	..	..	..
Dépenses liées à la santé	..	..	..	..	..	..	..	..	..	..
Dépenses liées à l'éducation	..	..	..	..	..	..	..	..	..	..
Autres	..	..	..	..	..	..	..	..	..	..
Construction	..	..	..	..	..	..	..	..	..	..
Construction réalisée à l'étranger	..	..	..	..	..	..	..	..	..	..
Construction réalisée dans l'économie déclarante	..	..	..	..	..	..	..	..	..	..
Services d'assurance et de pension	..	..	..	..	..	..	..	..	..	..
Assurance directe	..	..	..	..	..	..	..	..	..	..
Assurance-vie	..	..	..	..	..	..	..	..	..	..
Assurance fret	..	..	..	..	..	..	..	..	..	..
Autres assurances directes	..	..	..	..	..	..	..	..	..	..
Réassurance	..	..	..	..	..	..	..	..	..	..
Services auxiliaires d'assurance	..	..	..	..	..	..	..	..	..	..
Services de pension et de garantie standard	..	..	..	..	..	..	..	..	..	..
Services de pension	..	..	..	..	..	..	..	..	..	..
Services de garantie standard	..	..	..	..	..	..	..	..	..	..

Norvège *(suite)*

Millions USD

	Exportations					Importations				
	2014	2015	2016	2017	2018	2014	2015	2016	2017	2018
Services financiers	..	..	..	..	..	..	..	..	..	..
Services financiers explicitement facturés et autres	..	..	..	..	..	..	..	..	..	..
Services d'intermédiation financière indirectement mesurés (SIFIM)	..	..	..	..	..	..	..	..	..	..
Frais pour usage de propriété intellectuelle n.i.a.	..	..	..	..	..	..	..	..	..	..
Frais de franchise et marques commerciales	..	..	..	..	..	..	..	..	..	..
Licences d'utilisation des résultats de la recherche-développement	..	..	..	..	..	..	..	..	..	..
Licences de reproduction et/ou de distribution de logiciels	..	..	..	..	..	..	..	..	..	..
Licences de reproduction et/ou de distribution de produits audiovisuels et connexes	..	..	..	..	..	..	..	..	..	..
Services de télécommunications, d'informatique et d'information	..	..	..	..	..	..	..	..	..	..
Services de télécommunications	..	..	..	..	..	..	..	..	..	..
Services d'informatique	..	..	..	..	..	..	..	..	..	..
Logiciels	..	..	..	..	..	..	..	..	..	..
***dont :** Logiciels originaux*	..	..	..	..	..	..	..	..	..	..
Autres services d'informatique	..	..	..	..	..	..	..	..	..	..
Services d'information	..	..	..	..	..	..	..	..	..	..
Services d'agence de presse	..	..	..	..	..	..	..	..	..	..
Autres services d'information	..	..	..	..	..	..	..	..	..	..
Autres services aux entreprises	..	..	..	..	..	..	..	..	..	..
Services de recherche-développement	..	..	..	..	..	..	..	..	..	..
Travail mené de façon systématique pour accroître les connaissances	..	..	..	..	..	..	..	..	..	..
Services de recherche-développement, autres	..	..	..	..	..	..	..	..	..	..
Services spécialisés et services de conseil en gestion	..	..	..	..	..	..	..	..	..	..
Services juridiques, de comptabilité, de conseil en gestion et de relations publiques	..	..	..	..	..	..	..	..	..	..
Services juridiques	..	..	..	..	..	..	..	..	..	..
Comptabilité, vérification des comptes, tenue de livres et conseil en fiscalité	..	..	..	..	..	..	..	..	..	..
Conseil aux entreprises, conseil en gestion et relations publiques	..	..	..	..	..	..	..	..	..	..
Services de publicité, études de marché et sondages d'opinion	..	..	..	..	..	..	..	..	..	..
Services techniques, liés au commerce et autres services aux entreprises	..	..	..	..	..	..	..	..	..	..
Services d'architecture, d'ingénierie, scientifiques et autres services techniques	..	..	..	..	..	..	..	..	..	..
Services d'architecture	..	..	..	..	..	..	..	..	..	..
Services d'ingénierie	..	..	..	..	..	..	..	..	..	..
Services scientifiques et autres services techniques	..	..	..	..	..	..	..	..	..	..
Services de traitement des déchets et dépollution, services agricoles et miniers	..	..	..	..	..	..	..	..	..	..
Services de traitement des déchets et dépollution	..	..	..	..	..	..	..	..	..	..
Services annexes à l'agriculture, à la sylviculture et à la pêche	..	..	..	..	..	..	..	..	..	..
Services annexes aux industries extractives et à l'extraction de pétrole et de gaz	..	..	..	..	..	..	..	..	..	..
Services de location-exploitation	..	..	..	..	..	..	..	..	..	..
Services liés au commerce	..	..	..	..	..	..	..	..	..	..
Autres services aux entreprises n.i.a.	..	..	..	..	..	..	..	..	..	..
Services personnels, culturels et relatifs aux loisirs	..	..	..	..	..	..	..	..	..	..
Services audiovisuels et connexes	..	..	..	..	..	..	..	..	..	..
Autres services personnels, culturels et relatifs aux loisirs	..	..	..	..	..	..	..	..	..	..
Biens et services des administrations publiques, n.i.a.	..	..	..	..	..	..	..	..	..	..
Ambassades et consulats	..	..	..	..	..	..	..	..	..	..
Unités et organes militaires	..	..	..	..	..	..	..	..	..	..
Autres biens et services des administrations publiques, n.i.a.	..	..	..	..	..	..	..	..	..	..
Services non-alloués	..	..	..	..	..	..	..	..	..	..
Services liés au tourisme compris dans les voyages et les transports de passagers	..	..	..	..	..	..	..	..	..	..
SERVICES COMMERCIAUX	..	..	..	..	..	..	..	..	..	..
AUTRES SERVICES COMMERCIAUX	..	..	..	..	..	..	..	..	..	..

.. Non disponible

Note : Des données historiques sont disponibles dans Échanges de services - EBOPS 2002 (*http://dx.doi.org/10.1787/data-00274-fr*).

Voir les métadonnées détaillées sur : *http://metalinks.oecd.org/tis/20200306/903d* et *http://metalinks.oecd.org/tis/20200306/2271*.

Source : Eurostat.

Pologne

Millions USD

	Exportations					Importations				
	2014	2015	2016	2017	2018	2014	2015	2016	2017	2018
TOTAL DES SERVICES	**48 740**	**45 129**	**49 722**	**58 402**	**69 384**	**36 718**	**33 029**	**34 265**	**38 190**	**43 836**
Services de fabrication fournis sur des intrants physiques détenus par des tiers	**3 893**	**3 455**	**3 729**	**4 216**	**4 771**	**313**	**397**	**359**	**380**	**426**
Services d'entretien et de réparation n.i.a.	**1 157**	**1 159**	**1 322**	**1 737**	**1 970**	**1 073**	**785**	**829**	**947**	**1 148**
Transports	**13 292**	**12 190**	**13 502**	**15 774**	**19 301**	**7 880**	**7 064**	**7 544**	**8 742**	**10 206**
Transports maritimes	560	457	464	528	561	1 338	1 186	1 193	1 416	1 578
Passagers	14	9	8	11	12	6	8	8	11	16
Fret	417	357	365	409	437	1 126	1 029	1 055	1 247	1 416
Autres	129	92	91	108	113	206	150	130	158	147
Transports aériens	1 471	1 256	1 569	1 920	2 395	1 325	1 204	1 463	1 592	1 918
Passagers	985	814	1 003	1 224	1 633	643	561	601	653	847
Fret	121	112	214	272	283	312	292	329	371	326
Autres	365	329	352	424	479	370	352	532	569	745
Autres modes de transport	11 159	10 352	11 313	13 158	16 059	5 093	4 522	4 726	5 509	6 416
Passagers	75	56	61	71	61	24	16	22	23	26
Fret	8 793	8 071	8 636	9 800	11 799	3 945	3 509	3 674	4 307	5 027
Autres	2 291	2 225	2 616	3 287	4 200	1 125	997	1 029	1 178	1 363
Services postaux et de messagerie	103	125	155	169	285	124	152	163	225	293
Classification élargie des autres modes de transport										
Transports spatiaux	..	..	..	..	..	..	..	..	..	..
Transports ferroviaires	433	359	369	451	522	451	400	405	472	508
Passagers	20	13	18	20	19	14	10	16	13	15
Fret	390	331	340	416	491	417	374	373	441	476
Autres	22	15	12	14	13	19	17	16	18	16
Transports routiers	8 221	7 531	8 161	9 309	11 196	3 697	3 293	3 503	4 053	4 722
Passagers	54	43	43	50	42	9	7	6	10	11
Fret	7 904	7 265	7 876	8 985	10 833	3 478	3 094	3 276	3 807	4 438
Autres	263	223	242	273	321	210	192	221	236	273
Transports par voies navigables intérieures	35	22	22	24	48	31	24	18	18	33
Passagers	0	0	0	0	1	1	..	1	0	0
Fret	33	22	21	21	47	29	23	15	15	31
Autres	1	0	1	3	1	2	1	2	2	2
Transports par conduites	422	374	341	295	314	1	5	5	8	12
Transmission d'électricité	44	80	58	82	115	19	12	5	36	71
Autres services connexes aux transports	2 004	1 987	2 362	2 997	3 865	894	787	790	922	1 071
Transports - pour tous les modes										
Passagers	1 074	880	1 072	1 306	1 706	673	585	631	688	889
Fret	..	..	..	..	..	..	..	..	..	..
Autres	..	..	..	..	..	..	..	..	..	..
Autres transports sauf services postaux et de messagerie	..	..	..	..	..	..	..	..	..	..
Voyages	**11 824**	**10 467**	**10 961**	**12 694**	**14 067**	**8 855**	**7 936**	**7 967**	**8 802**	**9 746**
Voyages à titre professionnel	2 215	2 314	2 741	3 624	4 198	1 887	1 629	1 741	1 912	2 032
Acquisitions par les travailleurs frontaliers, saisonniers, court terme	676	806	1 198	1 894	2 278	1 210	980	1 075	1 152	1 181
Autres que les acquisitions par les travailleurs frontaliers, saisonniers, court terme	1 539	1 509	1 543	1 730	1 920	677	649	666	760	851
Voyages à titre personnel	9 609	8 152	8 220	9 070	9 869	6 968	6 307	6 226	6 890	7 714
Dépenses liées à la santé	159	119	112	127	141	32	35	31	37	39
Dépenses liées à l'éducation	277	231	243	265	286	102	86	85	84	85
Autres	9 172	7 803	7 866	8 678	9 442	6 835	6 187	6 110	6 769	7 589
Construction	**1 737**	**1 539**	**1 739**	**1 983**	**2 260**	**803**	**1 054**	**512**	**476**	**512**
Construction réalisée à l'étranger	1 604	1 422	1 574	1 747	2 049	120	164	107	116	180
Construction réalisée dans l'économie déclarante	133	117	164	236	211	683	890	406	360	332
Services d'assurance et de pension	**257**	**422**	**461**	**462**	**420**	**860**	**735**	**811**	**677**	**748**
Assurance directe	5	5	3	2	10	109	139	163	177	211
Assurance-vie	2	4	2	1	1	1	0	2	2	2
Assurance fret	0	1	2	0	1	8	10	8	10	13
Autres assurances directes	3	..	0	1	9	99	129	153	165	196
Réassurance	91	150	135	131	81	609	481	480	369	351
Services auxiliaires d'assurance	157	266	324	329	329	137	112	165	129	184
Services de pension et de garantie standard	3	1	..	..	..	5	3	3	3	3
Services de pension	3	1	..	..	..	5	3	3	3	3
Services de garantie standard	..	..	..	..	..	..	..	..	..	..

Pologne *(suite)*

Millions USD

	Exportations					Importations				
	2014	2015	2016	2017	2018	2014	2015	2016	2017	2018
Services financiers	**787**	**685**	**692**	**917**	**994**	**1 178**	**995**	**986**	**950**	**1 048**
Services financiers explicitement facturés et autres	545	489	562	769	828	651	537	581	569	696
Services d'intermédiation financière indirectement mesurés (SIFIM)	242	197	130	148	165	527	458	405	381	351
Frais pour usage de propriété intellectuelle n.i.a.	**346**	**417**	**446**	**572**	**616**	**2 958**	**2 436**	**2 695**	**3 144**	**3 651**
Frais de franchise et marques commerciales	..	..	..	..	..	..	..	..	..	..
Licences d'utilisation des résultats de la recherche-développement	..	..	..	..	..	..	..	..	..	..
Licences de reproduction et/ou de distribution de logiciels	..	..	..	..	..	..	..	..	..	..
Licences de reproduction et/ou de distribution de produits audiovisuels et connexes	..	..	..	..	..	..	..	..	..	..
Services de télécommunications, d'informatique et d'information	**4 240**	**4 400**	**5 328**	**6 358**	**8 013**	**3 009**	**2 761**	**3 138**	**3 636**	**4 369**
Services de télécommunications	436	337	484	545	844	528	480	486	716	762
Services d'informatique	3 502	3 745	4 443	5 370	6 733	2 310	2 101	2 397	2 625	3 306
Logiciels	..	..	..	..	..	..	..	..	..	..
***dont :** Logiciels originaux*	..	..	..	..	..	..	..	..	..	..
Autres services d'informatique	..	..	..	..	..	..	..	..	..	..
Services d'information	302	319	402	443	436	172	180	255	296	301
Services d'agence de presse	23	25	44	59	12	38	38	61	74	43
Autres services d'information	280	293	358	384	424	133	142	194	222	258
Autres services aux entreprises	**10 779**	**9 938**	**10 843**	**12 943**	**15 969**	**8 848**	**8 028**	**8 534**	**9 503**	**11 219**
Services de recherche-développement	1 081	1 045	1 065	1 343	1 697	313	275	313	285	319
Travail mené de façon systématique pour accroître les connaissances	633	637	619	815	1 053	156	137	141	137	161
Services de recherche-développement, autres	448	409	446	528	643	157	138	172	148	159
Services spécialisés et services de conseil en gestion	5 580	5 143	5 865	6 868	8 603	5 071	4 593	4 929	5 403	6 345
Services juridiques, de comptabilité, de conseil en gestion et de relations publiques	3 471	3 227	3 828	4 640	5 827	4 103	3 679	3 851	4 092	4 692
Services juridiques	255	225	240	269	327	151	135	120	114	133
Comptabilité, vérification des comptes, tenue de livres et conseil en fiscalité	1 222	1 245	1 522	1 914	2 480	265	237	272	282	330
Conseil aux entreprises, conseil en gestion et relations publiques	1 993	1 757	2 065	2 457	3 021	3 687	3 306	3 459	3 695	4 229
Services de publicité, études de marché et sondages d'opinion	2 109	1 916	2 037	2 228	2 775	968	914	1 077	1 312	1 653
Services techniques, liés au commerce et autres services aux entreprises	4 118	3 750	3 913	4 732	5 670	3 464	3 161	3 292	3 815	4 554
Services d'architecture, d'ingénierie, scientifiques et autres services techniques	1 255	1 109	1 302	1 475	1 982	1 032	1 012	949	1 012	1 222
Services d'architecture	41	31	33	40	51	33	28	29	21	43
Services d'ingénierie	1 035	864	978	1 121	1 448	709	725	621	672	832
Services scientifiques et autres services techniques	180	214	291	314	482	290	259	299	319	347
Services de traitement des déchets et dépollution, services agricoles et miniers	291	234	199	253	206	223	91	93	69	50
Services de traitement des déchets et dépollution	40	60	37	72	53	24	15	18	27	27
Services annexes à l'agriculture, à la sylviculture et à la pêche	..	..	..	..	..	..	..	..	..	..
Services annexes aux industries extractives et à l'extraction de pétrole et de gaz	..	..	..	..	..	..	..	..	..	..
Services de location-exploitation	169	162	168	254	252	587	500	522	599	775
Services liés au commerce	948	887	858	1 014	1 147	958	925	1 031	1 276	1 493
Autres services aux entreprises n.i.a.	1 454	1 359	1 386	1 737	2 083	664	634	697	858	1 014
Services personnels, culturels et relatifs aux loisirs	**426**	**457**	**698**	**746**	**882**	**810**	**725**	**781**	**813**	**638**
Services audiovisuels et connexes	145	121	129	145	174	466	454	472	479	281
Autres services personnels, culturels et relatifs aux loisirs	281	336	568	602	709	344	271	309	335	357
Biens et services des administrations publiques, n.i.a.	..	..	..	..	..	..	..	..	..	..
Ambassades et consulats	..	..	..	..	..	..	..	..	..	..
Unités et organes militaires	..	..	..	..	..	..	..	..	..	..
Autres biens et services des administrations publiques, n.i.a.	..	..	..	..	..	..	..	..	..	..
Services non-alloués	..	..	..	..	..	..	..	..	..	..
Services liés au tourisme compris dans les voyages et les transports de passagers	..	..	..	..	..	..	..	..	..	..
SERVICES COMMERCIAUX	..	..	..	..	..	..	..	..	..	..
AUTRES SERVICES COMMERCIAUX	**18 571**	**17 858**	**20 206**	**23 981**	**29 154**	**18 465**	**16 735**	**17 457**	**19 201**	**22 185**

.. Non disponible

Note : Voir les métadonnées détaillées sur : *http://metalinks.oecd.org/tis/20200306/903d* et *http://metalinks.oecd.org/tis/20200306/0820.*

Source : Eurostat.

Portugal

Millions USD

	Exportations					Importations				
	2014	2015	2016	2017	2018	2014	2015	2016	2017	2018
TOTAL DES SERVICES	**30 588**	**27 629**	**29 381**	**34 829**	**38 864**	**15 939**	**14 025**	**14 811**	**16 571**	**19 001**
Services de fabrication fournis sur des intrants physiques détenus par des tiers	**504**	**355**	**402**	**473**	**329**	**41**	**23**	**29**	**23**	**13**
Services d'entretien et de réparation n.i.a.	**458**	**460**	**511**	**680**	**835**	**398**	**353**	**383**	**512**	**524**
Transports	**7 487**	**6 314**	**6 341**	**7 510**	**8 398**	**4 334**	**3 632**	**3 520**	**4 175**	**4 801**
Transports maritimes	908	745	680	809	836	1 475	1 210	1 103	1 322	1 607
Passagers	..	26	19	20	12	..	..	..	..	..
Fret	568	466	414	495	498	1 339	1 078	991	1 207	1 476
Autres	340	253	247	294	326	138	132	112	115	131
Transports aériens	4 985	4 134	4 099	4 912	5 469	2 477	2 054	1 996	2 317	2 591
Passagers	3 893	3 078	3 074	3 762	4 231	1 047	866	759	895	1 031
Fret	171	146	127	179	188	329	254	238	304	382
Autres	921	911	898	973	1 051	1 101	934	999	1 118	1 178
Autres modes de transport	1 478	1 305	1 447	1 630	1 892	312	267	320	384	427
Passagers	24	27	39	39	50	17	14	12	9	9
Fret	1 392	1 203	1 321	1 497	1 727	207	173	190	206	226
Autres	64	75	87	94	116	86	80	117	168	192
Services postaux et de messagerie	117	130	114	159	202	72	101	102	152	177
Classification élargie des autres modes de transport										
Transports spatiaux	..	..	..	..	..	..	..	..	..	..
Transports ferroviaires	39	42	50	47	63	19	16	16	14	13
Passagers	..	..	..	..	..	..	..	..	..	..
Fret	..	..	..	..	..	..	..	..	..	..
Autres	..	..	..	..	..	..	..	..	..	..
Transports routiers	1 397	1 250	1 386	1 573	1 820	216	182	227	296	333
Passagers	..	..	..	..	..	..	..	..	..	..
Fret	..	..	..	..	..	..	..	..	..	..
Autres	..	..	..	..	..	..	..	..	..	..
Transports par voies navigables intérieures	43	4	8	8	9	..	..	..	..	..
Passagers	..	..	..	..	..	..	..	..	..	..
Fret	..	..	..	..	..	..	..	..	..	..
Autres	..	..	..	..	..	..	..	..	..	..
Transports par conduites	1	9	3	1	..	76	71	76	74	80
Transmission d'électricité	..	..	..	..	..	..	..	..	..	..
Autres services connexes aux transports	..	..	..	..	..	..	..	..	..	..
Transports - pour tous les modes										
Passagers	3 917	3 130	3 132	3 821	4 292	1 065	881	772	905	1 040
Fret	2 131	1 816	1 862	2 169	2 414	1 873	1 505	1 418	1 717	2 083
Autres	1 440	1 369	1 346	1 518	1 693	1 396	1 247	1 330	1 553	1 679
Autres transports sauf services postaux et de messagerie	..	..	..	..	..	..	..	..	..	..
Voyages	**13 644**	**12 871**	**14 171**	**17 523**	**19 878**	**4 149**	**3 695**	**3 943**	**4 611**	**5 504**
Voyages à titre professionnel	..	..	..	..	..	..	..	..	..	..
Acquisitions par les travailleurs frontaliers, saisonniers, court terme	..	..	..	..	..	..	..	..	..	..
Autres que les acquisitions par les travailleurs frontaliers, saisonniers, court terme	..	..	..	..	..	..	..	..	..	..
Voyages à titre personnel	..	..	..	..	..	..	..	..	..	..
Dépenses liées à la santé	..	..	..	..	..	..	..	..	..	..
Dépenses liées à l'éducation	..	..	..	..	..	..	..	..	..	..
Autres	..	..	..	..	..	..	..	..	..	..
Construction	**724**	**622**	**801**	**876**	**825**	**137**	**111**	**137**	**144**	**149**
Construction réalisée à l'étranger	687	580	701	743	685	93	75	106	85	81
Construction réalisée dans l'économie déclarante	37	42	100	133	142	44	36	32	60	69
Services d'assurance et de pension	**121**	**140**	**138**	**152**	**178**	**450**	**388**	**406**	**445**	**498**
Assurance directe	24	53	47	56	59	177	152	149	183	216
Assurance-vie	..	..	..	..	..	..	..	..	2	..
Assurance fret	1	2	3	1	1	157	133	126	153	184
Autres assurances directes	21	51	42	55	58	21	19	23	28	31
Réassurance	40	28	28	29	39	180	149	155	145	161
Services auxiliaires d'assurance	..	..	..	..	..	..	..	..	..	..
Services de pension et de garantie standard	..	..	..	..	..	..	..	..	..	..
Services de pension	..	..	..	..	..	..	..	..	..	..
Services de garantie standard	..	..	..	..	..	..	..	..	..	..

Portugal *(suite)*

Millions USD

	Exportations					Importations				
	2014	2015	2016	2017	2018	2014	2015	2016	2017	2018
Services financiers	**443**	**368**	**362**	**390**	**462**	**675**	**585**	**532**	**500**	**557**
Services financiers explicitement facturés et autres	321	266	261	292	358	337	325	250	224	276
Services d'intermédiation financière indirectement mesurés (SIFIM)	122	102	100	98	105	338	260	282	276	282
Frais pour usage de propriété intellectuelle n.i.a.	**70**	**81**	**95**	**143**	**117**	**661**	**700**	**815**	**891**	**850**
Frais de franchise et marques commerciales	32	36	14	87	41	403	436	512	597	560
Licences d'utilisation des résultats de la recherche-développement	..	..	..	..	..	..	..	..	..	..
Licences de reproduction et/ou de distribution de logiciels	4	3	3	3	5	69	74	100	69	78
Licences de reproduction et/ou de distribution de produits audiovisuels et connexes	36	42	77	53	71	188	191	204	225	211
Services de télécommunications, d'informatique et d'information	**1 527**	**1 342**	**1 469**	**1 640**	**1 993**	**1 364**	**1 022**	**1 065**	**1 058**	**1 197**
Services de télécommunications	673	487	488	419	499	609	424	412	390	365
Services d'informatique	831	840	954	1 186	1 460	727	569	617	627	787
Logiciels	..	..	..	..	..	..	..	..	..	..
dont : *Logiciels originaux*	..	..	..	..	..	..	..	..	..	..
Autres services d'informatique	..	..	..	..	..	..	..	..	..	..
Services d'information	24	17	28	35	33	28	29	37	41	45
Services d'agence de presse	9	8	7	8	11	3	3	3	3	6
Autres services d'information	15	9	21	27	21	25	26	33	37	38
Autres services aux entreprises	**5 109**	**4 695**	**4 712**	**4 955**	**5 374**	**3 334**	**3 130**	**3 598**	**3 881**	**4 517**
Services de recherche-développement	158	144	173	185	216	195	164	200	187	261
Travail mené de façon systématique pour accroître les connaissances	131	119	145	156	188	178	150	172	156	237
Services de recherche-développement, autres	27	26	28	29	28	17	14	29	32	25
Services spécialisés et services de conseil en gestion	1 162	947	1 001	1 137	1 120	720	745	753	930	968
Services juridiques, de comptabilité, de conseil en gestion et de relations publiques	762	632	656	753	739	410	473	440	566	537
Services juridiques	228	192	205	223	198	77	83	66	64	65
Comptabilité, vérification des comptes, tenue de livres et conseil en fiscalité	170	161	145	151	161	49	73	54	74	61
Conseil aux entreprises, conseil en gestion et relations publiques	364	281	308	378	380	284	315	320	427	411
Services de publicité, études de marché et sondages d'opinion	399	315	345	385	381	311	273	313	364	431
Services techniques, liés au commerce et autres services aux entreprises	3 789	3 603	3 538	3 633	4 038	2 417	2 222	2 645	2 764	3 289
Services d'architecture, d'ingénierie, scientifiques et autres services techniques	958	825	790	847	812	604	537	551	682	830
Services d'architecture	70	54	68	70	58	43	27	37	20	27
Services d'ingénierie	305	317	321	331	309	106	83	71	72	122
Services scientifiques et autres services techniques	584	454	400	447	445	454	427	444	588	681
Services de traitement des déchets et dépollution, services agricoles et miniers	33	27	42	36	41	41	38	29	33	47
Services de traitement des déchets et dépollution	5	6	21	21	22	1	2	4	3	4
Services annexes à l'agriculture, à la sylviculture et à la pêche	..	..	..	..	..	..	..	..	..	..
Services annexes aux industries extractives et à l'extraction de pétrole et de gaz	..	..	..	..	..	..	..	..	..	..
Services de location-exploitation	145	131	115	134	169	299	278	365	447	514
Services liés au commerce	364	329	361	396	394	337	292	395	502	597
Autres services aux entreprises n.i.a.	2 290	2 291	2 231	2 220	2 622	1 140	1 077	1 303	1 100	1 301
Services personnels, culturels et relatifs aux loisirs	**291**	**226**	**245**	**326**	**309**	**305**	**268**	**305**	**247**	**295**
Services audiovisuels et connexes	109	83	77	106	91	167	149	179	123	161
Autres services personnels, culturels et relatifs aux loisirs	182	143	167	220	217	138	120	126	124	135
Biens et services des administrations publiques, n.i.a.	**207**	**154**	**136**	**163**	**164**	**90**	**118**	**76**	**82**	**94**
Ambassades et consulats	161	114	92	116	110	88	114	71	71	89
Unités et organes militaires	5	4	2	1	1	3	2	1	1	2
Autres biens et services des administrations publiques, n.i.a.	41	36	42	46	52	1	1	4	10	5
Services non-alloués	**..**	**..**	**2 p**	**3 p**	**2 p**	**..**	**..**	**-2 p**	**3 p**	**..**
Services liés au tourisme compris dans les voyages et les transports de passagers	..	..	..	..	..	..	..	..	..	..
SERVICES COMMERCIAUX	**30 381**	**27 475**	**29 244**	**34 665**	**38 700**	**15 849**	**13 908**	**14 735**	**16 489**	**18 906**
AUTRES SERVICES COMMERCIAUX	**8 285**	**7 474**	**7 822**	**8 481**	**9 258**	**6 926**	**6 203**	**6 859**	**7 167**	**8 063**

.. Non disponible ; p Donnée provisoire

Note : Voir les métadonnées détaillées sur : *http://metalinks.oecd.org/tis/20200306/903d* et *http://metalinks.oecd.org/tis/20200306/e90c*.

Source : Eurostat.

République slovaque

Millions USD

	Exportations					Importations				
	2014	2015	2016	2017	2018	2014	2015	2016	2017	2018
TOTAL DES SERVICES	**9 050**	**8 123**	**9 237**	**10 524**	**12 050**	**8 906**	**7 981**	**8 813**	**9 530**	**10 959**
Services de fabrication fournis sur des intrants physiques détenus par des tiers	**300**	**223**	**272**	**337**	**522**	**106**	**66**	**91**	**87**	**87**
Services d'entretien et de réparation n.i.a.	**222**	**230**	**223**	**210**	**254**	**203**	**197**	**203**	**203**	**241**
Transports	**2 724**	**2 331**	**2 708**	**2 971**	**3 378**	**2 312**	**2 025**	**2 238**	**2 507**	**3 067**
Transports maritimes	59	28	25	35	37	225	219	215	246	312
Passagers	..	..	..	..	..	..	..	..	..	..
Fret	59	28	25	35	37	223	218	215	246	312
Autres	..	..	..	..	..	1	1	0	0	0
Transports aériens	80	73	87	106	209	223	195	251	274	360
Passagers	29	40	51	61	89	145	124	174	182	195
Fret	23	13	14	19	90	78	72	76	91	123
Autres	28	20	22	26	31	0	0	1	1	42
Autres modes de transport	2 538	2 174	2 544	2 768	3 054	1 833	1 576	1 742	1 953	2 358
Passagers	16	12	10	26	38	8	16	7	11	14
Fret	2 511	2 148	2 521	2 708	2 967	1 776	1 526	1 698	1 898	2 282
Autres	11	14	13	34	48	48	34	37	44	61
Services postaux et de messagerie	48	56	52	63	79	31	34	31	35	37
Classification élargie des autres modes de transport										
Transports spatiaux	..	..	..	..	..	..	..	..	..	..
Transports ferroviaires	344	299	346	391	452	402	418	443	522	613
Passagers	3	3	1	1	1	7	5	4	6	8
Fret	340	295	345	390	450	391	413	438	511	600
Autres	1	1	0	1	0	4	1	1	5	5
Transports routiers	1 283	932	1 336	1 450	1 686	1 386	1 111	1 260	1 372	1 684
Passagers	13	8	7	23	35	2	11	2	5	5
Fret	1 267	917	1 323	1 416	1 642	1 368	1 089	1 240	1 340	1 643
Autres	3	7	6	11	9	17	10	18	28	36
Transports par voies navigables intérieures	9	8	15	11	13	3	3	9	6	9
Passagers	1	2	2	1	2	0	..	..	0	1
Fret	6	5	11	8	9	3	2	8	5	8
Autres	2	2	2	2	3	0	0	0	1	0
Transports par conduites	843	802	801	817	822	..	..	..	..	..
Transmission d'électricité	55	128	41	77	44	14	22	12	42	32
Autres services connexes aux transports	4	4	5	21	37	27	23	18	11	21
Transports - pour tous les modes										
Passagers	45	52	61	87	127	154	140	180	193	210
Fret	..	..	..	..	..	..	..	..	..	..
Autres	..	..	..	..	..	..	..	..	..	..
Autres transports sauf services postaux et de messagerie	..	..	..	..	..	..	..	..	..	..
Voyages	**2 508**	**2 431**	**2 746**	**2 916**	**3 199**	**2 427**	**2 126**	**2 237**	**2 395**	**2 627**
Voyages à titre professionnel	371	343	383	448	418	332	286	305	320	379
Acquisitions par les travailleurs frontaliers, saisonniers, court terme	45	31	36	38	28	56	29	31	33	32
Autres que les acquisitions par les travailleurs frontaliers, saisonniers, court terme	326	313	347	409	391	276	256	274	287	348
Voyages à titre personnel	2 137	2 087	2 364	2 469	2 781	2 095	1 841	1 933	2 075	2 248
Dépenses liées à la santé	32	27	30	31	32	13	9	10	10	11
Dépenses liées à l'éducation	11	10	13	13	16	62	52	54	55	64
Autres	2 095	2 050	2 321	2 425	2 733	2 020	1 780	1 869	2 009	2 173
Construction	**206**	**154**	**117**	**117**	**128**	**221**	**176**	**138**	**137**	**182**
Construction réalisée à l'étranger	202	151	111	113	124	50	84	43	26	26
Construction réalisée dans l'économie déclarante	5	3	6	4	4	171	92	96	111	156
Services d'assurance et de pension	**56**	**57**	**40**	**59**	**64**	**117**	**196**	**137**	**144**	**142**
Assurance directe	41	43	27	38	39	54	68	55	54	45
Assurance-vie	3	6	4	5	5	39	45	34	34	28
Assurance fret	..	..	3	8	9	1	6	3	4	4
Autres assurances directes	38	37	20	26	25	15	16	18	16	12
Réassurance	7	4	4	13	8	42	87	53	69	57
Services auxiliaires d'assurance	8	9	8	6	13	20	39	26	19	37
Services de pension et de garantie standard	1	1	1	2	4	1	2	2	3	4
Services de pension	..	..	..	..	0	..	0	0	0	0
Services de garantie standard	1	1	1	2	4	1	2	2	3	3

République slovaque (suite)

Millions USD

	Exportations					Importations				
	2014	2015	2016	2017	2018	2014	2015	2016	2017	2018
Services financiers	**182**	**212**	**168**	**151**	**173**	**170**	**197**	**145**	**202**	**247**
Services financiers explicitement facturés et autres	102	122	112	103	113	90	96	82	129	123
Services d'intermédiation financière indirectement mesurés (SIFIM)	80	90	56	48	60	80	101	62	73	124
Frais pour usage de propriété intellectuelle n.i.a.	**29**	**26**	**31**	**27**	**56**	**679**	**523**	**687**	**705**	**751**
Frais de franchise et marques commerciales	..	..	..	..	..	..	..	..	..	..
Licences d'utilisation des résultats de la recherche-développement	..	..	..	..	..	..	..	..	..	..
Licences de reproduction et/ou de distribution de logiciels	..	..	..	..	..	..	..	..	..	..
Licences de reproduction et/ou de distribution de produits audiovisuels et connexes	..	..	..	..	..	..	..	..	..	..
Services de télécommunications, d'informatique et d'information	**961**	**853**	**1 203**	**1 543**	**1 770**	**810**	**778**	**865**	**986**	**1 126**
Services de télécommunications	373	298	318	337	395	201	183	233	243	236
Services d'informatique	513	507	824	1 079	1 280	511	467	487	579	696
Logiciels	..	..	..	..	..	..	..	..	..	..
***dont :** Logiciels originaux*	..	..	..	..	..	..	..	..	..	..
Autres services d'informatique	..	..	..	..	..	..	..	..	..	..
Services d'information	76	48	61	127	95	98	128	145	164	194
Services d'agence de presse	24	11	19	78	52	61	101	111	130	168
Autres services d'information	52	37	42	49	43	37	27	34	35	26
Autres services aux entreprises	**1 833**	**1 543**	**1 654**	**2 113**	**2 418**	**1 801**	**1 637**	**2 002**	**2 078**	**2 389**
Services de recherche-développement	68	46	62	102	112	136	90	123	133	168
Travail mené de façon systématique pour accroître les connaissances	8	10	12	19	16	55	37	68	65	91
Services de recherche-développement, autres	60	36	49	82	96	81	53	55	68	76
Services spécialisés et services de conseil en gestion	1 141	1 028	984	1 379	1 568	843	827	876	923	945
Services juridiques, de comptabilité, de conseil en gestion et de relations publiques	931	902	862	1 177	1 337	702	704	726	796	799
Services juridiques	438	315	236	334	320	220	166	180	252	229
Comptabilité, vérification des comptes, tenue de livres et conseil en fiscalité	385	376	299	395	578	146	172	117	125	146
Conseil aux entreprises, conseil en gestion et relations publiques	109	211	327	448	439	336	365	430	420	423
Services de publicité, études de marché et sondages d'opinion	209	126	123	202	231	141	123	149	127	147
Services techniques, liés au commerce et autres services aux entreprises	624	469	608	633	738	822	720	1 003	1 022	1 277
Services d'architecture, d'ingénierie, scientifiques et autres services techniques	292	221	277	169	169	399	270	258	122	175
Services d'architecture	4	3	2	2	2	2	2	2	3	2
Services d'ingénierie	223	161	198	92	101	314	206	211	70	93
Services scientifiques et autres services techniques	65	57	76	76	65	83	62	46	49	80
Services de traitement des déchets et dépollution, services agricoles et miniers	32	16	15	17	23	9	9	6	5	4
Services de traitement des déchets et dépollution	32	16	15	17	23	9	9	6	5	4
Services annexes à l'agriculture, à la sylviculture et à la pêche	..	..	..	..	..	..	..	..	..	..
Services annexes aux industries extractives et à l'extraction de pétrole et de gaz	..	..	..	..	..	..	..	..	..	..
Services de location-exploitation	15	11	22	31	89	85	85	113	120	135
Services liés au commerce	80	82	123	156	190	133	120	399	486	558
Autres services aux entreprises n.i.a.	206	139	172	261	268	197	236	228	289	404
Services personnels, culturels et relatifs aux loisirs	**26**	**29**	**36**	**40**	**40**	**56**	**51**	**55**	**69**	**80**
Services audiovisuels et connexes	0	1	0	4	1	12	10	2	16	17
Autres services personnels, culturels et relatifs aux loisirs	26	28	36	36	39	44	41	53	53	64
Biens et services des administrations publiques, n.i.a.	**4**	**35**	**39**	**39**	**48**	**5**	**10**	**15**	**17**	**19**
Ambassades et consulats	4	9	13	15	20	5	10	15	17	19
Unités et organes militaires	..	..	..	..	..	..	..	..	..	..
Autres biens et services des administrations publiques, n.i.a.	..	26	26	23	28	..	..	..	..	..
Services non-alloués	**..**	**..**	**..**	**..**	**..**	**..**	**..**	**..**	**..**	**..**
Services liés au tourisme compris dans les voyages et les transports de passagers	**..**	**..**	**..**	**..**	**..**	**..**	**..**	**..**	**..**	**..**
SERVICES COMMERCIAUX	**9 046**	**8 088**	**9 197**	**10 485**	**12 002**	**8 901**	**7 971**	**8 797**	**9 513**	**10 939**
AUTRES SERVICES COMMERCIAUX	**3 293**	**2 874**	**3 248**	**4 051**	**4 649**	**3 853**	**3 557**	**4 028**	**4 320**	**4 918**

.. Non disponible

Note : Des données historiques sont disponibles dans Échanges de services - EBOPS 2002 (*http://dx.doi.org/10.1787/data-00274-fr*).

Voir les métadonnées détaillées sur : *http://metalinks.oecd.org/tis/20200306/903d* et *http://metalinks.oecd.org/tis/20200306/9493*.

Source : Eurostat.

Slovénie

Millions USD

	Exportations					Importations				
	2014	2015	2016	2017	2018	2014	2015	2016	2017	2018
TOTAL DES SERVICES	**7 562**	**6 588**	**7 191**	**8 213**	**9 400**	**5 632**	**4 776**	**5 061**	**5 688**	**6 238**
Services de fabrication fournis sur des intrants physiques détenus par des tiers	**177**	**120**	**130**	**119**	**142**	**37**	**28**	**23**	**58**	**31**
Services d'entretien et de réparation n.i.a.	**76**	**71**	**75**	**93**	**125**	**59**	**66**	**68**	**68**	**90**
Transports	**2 029**	**1 835**	**2 034**	**2 339**	**2 756**	**1 080**	**938**	**1 015**	**1 133**	**1 188**
Transports maritimes	368	331	362	406	445	260	223	189	230	244
Passagers	1	1	0	1	2	1	1	0	0	13
Fret	116	105	116	118	127	223	186	145	187	192
Autres	251	225	246	287	316	36	36	43	43	40
Transports aériens	273	252	276	258	283	198	178	206	175	165
Passagers	176	167	181	149	168	147	129	155	109	78
Fret	29	19	21	27	28	29	21	25	33	43
Autres	69	67	74	81	87	21	28	26	33	44
Autres modes de transport	1 373	1 240	1 378	1 661	2 012	604	521	603	710	756
Passagers	32	27	18	35	26	9	10	23	26	31
Fret	1 262	1 146	1 280	1 525	1 870	483	399	423	526	552
Autres	79	67	79	101	116	111	112	157	158	173
Services postaux et de messagerie	15	11	19	15	16	19	17	18	18	23
Classification élargie des autres modes de transport										
Transports spatiaux	..	..	..	..	..	..	0	..	..	1
Transports ferroviaires	311	267	277	314	336	141	105	97	116	129
Passagers	4	3	3	6	4	3	2	2	2	2
Fret	288	251	259	293	314	129	95	87	105	115
Autres	19	13	15	16	18	9	9	9	9	12
Transports routiers	918	834	976	1 192	1 511	329	300	348	416	491
Passagers	28	24	16	29	23	7	8	21	24	29
Fret	842	775	919	1 111	1 426	230	207	222	271	324
Autres	49	35	41	52	62	92	85	105	121	139
Transports par voies navigables intérieures	..	..	..	..	..	..	..	..	..	..
Passagers	..	..	..	..	..	..	..	..	..	..
Fret	..	..	..	..	..	..	..	..	..	..
Autres	..	..	..	..	..	..	..	..	..	..
Transports par conduites	12	10	11	12	8	19	15	13	14	17
Transmission d'électricité	121	111	91	109	122	105	82	101	135	96
Autres services connexes aux transports	11	19	23	33	37	10	18	43	29	22
Transports - pour tous les modes										
Passagers	209	195	200	185	196	158	139	178	135	121
Fret	1 406	1 270	1 417	1 670	2 025	735	606	593	745	787
Autres	413	369	418	484	535	188	193	244	253	280
Autres transports sauf services postaux et de messagerie	398	358	399	469	519	169	176	227	234	257
Voyages	**2 840**	**2 398**	**2 512**	**2 843**	**3 192**	**1 485**	**1 230**	**1 301**	**1 490**	**1 640**
Voyages à titre professionnel	145	168	190	222	268	259	238	229	235	310
Acquisitions par les travailleurs frontaliers, saisonniers, court terme	9	10	12	13	15	18	17	16	17	22
Autres que les acquisitions par les travailleurs frontaliers, saisonniers, court terme	136	157	178	209	253	241	221	213	219	288
Voyages à titre personnel	2 695	2 230	2 322	2 621	2 924	1 226	993	1 072	1 255	1 330
Dépenses liées à la santé	41	40	45	53	64	3	1	5	3	2
Dépenses liées à l'éducation	51	49	55	64	77	8	6	15	6	4
Autres	2 603	2 142	2 222	2 505	2 784	1 215	986	1 052	1 246	1 324
Construction	**368**	**316**	**414**	**475**	**587**	**311**	**133**	**116**	**142**	**209**
Construction réalisée à l'étranger	358	306	411	471	582	82	65	85	116	171
Construction réalisée dans l'économie déclarante	10	10	3	4	5	229	68	31	25	38
Services d'assurance et de pension	**106**	**105**	**103**	**115**	**135**	**128**	**111**	**113**	**116**	**125**
Assurance directe	2	2	3	10	12	12	12	13	13	15
Assurance-vie	0	0	0	0	0	5	4	4	4	3
Assurance fret	..	..	..	0	0	1	1	1	1	1
Autres assurances directes	2	1	2	10	11	6	7	8	8	10
Réassurance	79	80	77	83	94	72	56	55	58	60
Services auxiliaires d'assurance	25	23	23	22	28	44	43	45	46	50
Services de pension et de garantie standard	0	0	0	0	0	0	0	0	0	0
Services de pension	0	0	0	0	0	0	..	0	..	..
Services de garantie standard	..	..	..	..	..	..	0	0	0	0

Slovénie (suite)

Millions USD

	Exportations					Importations				
	2014	2015	2016	2017	2018	2014	2015	2016	2017	2018
Services financiers	**72**	**52**	**52**	**53**	**73**	**150**	**143**	**169**	**152**	**144**
Services financiers explicitement facturés et autres	39	29	28	32	55	38	34	50	38	42
Services d'intermédiation financière indirectement mesurés (SIFIM)	33	23	23	20	19	111	109	119	115	102
Frais pour usage de propriété intellectuelle n.i.a.	**71**	**58**	**78**	**63**	**73**	**242**	**221**	**225**	**246**	**269**
Frais de franchise et marques commerciales	..	..	..	..	..	..	..	..	..	..
Licences d'utilisation des résultats de la recherche-développement	..	..	..	..	..	..	..	..	..	..
Licences de reproduction et/ou de distribution de logiciels	..	..	..	..	..	..	..	..	..	..
Licences de reproduction et/ou de distribution de produits audiovisuels et connexes	..	..	..	..	..	..	..	..	..	..
Services de télécommunications, d'informatique et d'information	**607**	**575**	**610**	**613**	**637**	**651**	**610**	**584**	**608**	**641**
Services de télécommunications	416	374	371	353	336	409	391	369	374	346
Services d'informatique	140	149	178	194	243	146	126	140	149	180
Logiciels	..	..	..	..	..	..	..	..	..	..
dont : Logiciels originaux	..	..	..	..	..	..	..	..	..	..
Autres services d'informatique	..	..	..	..	..	..	..	..	..	..
Services d'information	51	53	62	66	58	96	94	74	85	115
Services d'agence de presse	0	0	..	0	0	1	1	1	1	1
Autres services d'information	51	53	62	66	58	95	93	74	84	114
Autres services aux entreprises	**1 114**	**956**	**1 073**	**1 407**	**1 583**	**1 331**	**1 136**	**1 269**	**1 493**	**1 702**
Services de recherche-développement	150	146	162	175	260	60	54	55	72	77
Travail mené de façon systématique pour accroître les connaissances	41	32	36	42	51	16	15	16	29	29
Services de recherche-développement, autres	110	115	126	133	209	44	39	39	43	49
Services spécialisés et services de conseil en gestion	331	293	338	364	374	636	503	515	570	652
Services juridiques, de comptabilité, de conseil en gestion et de relations publiques	90	84	96	108	115	210	148	143	167	193
Services juridiques	13	16	16	15	18	20	14	20	21	21
Comptabilité, vérification des comptes, tenue de livres et conseil en fiscalité	20	20	23	18	16	47	20	19	19	21
Conseil aux entreprises, conseil en gestion et relations publiques	57	49	58	75	81	144	115	105	128	151
Services de publicité, études de marché et sondages d'opinion	241	209	241	256	259	426	355	372	403	459
Services techniques, liés au commerce et autres services aux entreprises	633	517	573	868	949	636	578	698	851	973
Services d'architecture, d'ingénierie, scientifiques et autres services techniques	106	95	107	120	150	108	89	101	92	154
Services d'architecture	6	1	1	2	3	1	1	1	1	1
Services d'ingénierie	65	60	63	65	61	25	23	56	53	69
Services scientifiques et autres services techniques	36	34	43	53	86	82	65	44	38	84
Services de traitement des déchets et dépollution, services agricoles et miniers	2	0	..	0	4	12	10	11	12	13
Services de traitement des déchets et dépollution	2	0	..	0	3	12	10	11	11	13
Services annexes à l'agriculture, à la sylviculture et à la pêche	..	..	..	..	..	..	..	..	..	..
Services annexes aux industries extractives et à l'extraction de pétrole et de gaz	..	..	..	..	..	..	..	..	..	..
Services de location-exploitation	29	26	28	29	29	49	50	56	61	77
Services liés au commerce	69	44	64	111	91	95	84	86	157	137
Autres services aux entreprises n.i.a.	427	352	375	609	676	373	346	443	529	591
Services personnels, culturels et relatifs aux loisirs	**84**	**82**	**94**	**80**	**87**	**90**	**93**	**101**	**103**	**94**
Services audiovisuels et connexes	26	30	35	30	25	17	20	22	20	21
Autres services personnels, culturels et relatifs aux loisirs	58	51	59	50	62	73	73	79	83	73
Biens et services des administrations publiques, n.i.a.	**19**	**21**	**16**	**14**	**11**	**67**	**66**	**79**	**80**	**106**
Ambassades et consulats	3	2	2	3	3	39	43	35	37	46
Unités et organes militaires	12	14	9	5	3	28	23	44	43	59
Autres biens et services des administrations publiques, n.i.a.	5	5	5	6	5	0	0	0	0	0
Services non-alloués	..	..	..	..	..	..	..	..	..	..
Services liés au tourisme compris dans les voyages et les transports de passagers	..	..	..	..	..	..	..	..	..	..
SERVICES COMMERCIAUX	**7 542**	**6 567**	**7 175**	**8 200**	**9 389**	**5 565**	**4 710**	**4 982**	**5 608**	**6 133**
AUTRES SERVICES COMMERCIAUX	**2 421**	**2 144**	**2 424**	**2 805**	**3 175**	**2 903**	**2 446**	**2 575**	**2 859**	**3 183**

.. Non disponible

Note : Voir les métadonnées détaillées sur : *http://metalinks.oecd.org/tis/20200306/903d* et *http://metalinks.oecd.org/tis/20200306/fa81*.

Source : Eurostat.

TABLEAUX PAR PAYS

Espagne

Millions USD

	Exportations					Importations				
	2014	2015	2016	2017	2018	2014	2015	2016	2017	2018
TOTAL DES SERVICES	**137 451**	**121 462**	**130 436**	**143 646**	**155 707**	**66 798**	**62 193**	**65 510**	**71 854**	**82 585**
Services de fabrication fournis sur des intrants physiques détenus par des tiers	..	..	..	..	..	..	..	..	..	..
Services d'entretien et de réparation n.i.a.	..	..	..	..	..	..	..	..	..	..
Transports	**15 316**	**13 935**	**14 360**	**16 406**	**17 548**	**11 048**	**10 140**	**9 814**	**11 260**	**12 180**
Transports maritimes	..	..	..	..	..	..	..	..	..	..
Passagers	..	..	..	..	..	..	..	..	..	..
Fret	..	..	..	..	..	..	..	..	..	..
Autres	..	..	..	..	..	..	..	..	..	..
Transports aériens	..	..	..	..	..	..	..	..	..	..
Passagers	..	..	..	..	..	..	..	..	..	..
Fret	..	..	..	..	..	..	..	..	..	..
Autres	..	..	..	..	..	..	..	..	..	..
Autres modes de transport	..	..	..	..	..	..	..	..	..	..
Passagers	..	..	..	..	..	..	..	..	..	..
Fret	..	..	..	..	..	..	..	..	..	..
Autres	..	..	..	..	..	..	..	..	..	..
Services postaux et de messagerie	..	..	..	..	..	..	..	..	..	..
Classification élargie des autres modes de transport										
Transports spatiaux	..	..	..	..	..	..	..	..	..	..
Transports ferroviaires	..	..	..	..	..	..	..	..	..	..
Passagers	..	..	..	..	..	..	..	..	..	..
Fret	..	..	..	..	..	..	..	..	..	..
Autres	..	..	..	..	..	..	..	..	..	..
Transports routiers	..	..	..	..	..	..	..	..	..	..
Passagers	..	..	..	..	..	..	..	..	..	..
Fret	..	..	..	..	..	..	..	..	..	..
Autres	..	..	..	..	..	..	..	..	..	..
Transports par voies navigables intérieures	..	..	..	..	..	..	..	..	..	..
Passagers	..	..	..	..	..	..	..	..	..	..
Fret	..	..	..	..	..	..	..	..	..	..
Autres	..	..	..	..	..	..	..	..	..	..
Transports par conduites	..	..	..	..	..	..	..	..	..	..
Transmission d'électricité	..	..	..	..	..	..	..	..	..	..
Autres services connexes aux transports	..	..	..	..	..	..	..	..	..	..
Transports - pour tous les modes										
Passagers	..	..	..	..	..	..	..	..	..	..
Fret	..	..	..	..	..	..	..	..	..	..
Autres	..	..	..	..	..	..	..	..	..	..
Autres transports sauf services postaux et de messagerie	..	..	..	..	..	..	..	..	..	..
Voyages	**71 488**	**62 450**	**66 757**	**75 143**	**81 473**	**18 006**	**17 439**	**18 802**	**22 100**	**26 785**
Voyages à titre professionnel	4 476	4 335	4 151	4 301	4 478	..	..	..	..	..
Acquisitions par les travailleurs frontaliers, saisonniers, court terme	..	..	..	..	..	..	..	..	..	..
Autres que les acquisitions par les travailleurs frontaliers, saisonniers, court terme	..	..	..	..	..	..	..	..	..	..
Voyages à titre personnel	67 012	58 115	62 606	70 842	76 995	..	..	..	..	..
Dépenses liées à la santé	..	..	..	..	..	..	..	..	..	..
Dépenses liées à l'éducation	..	..	..	..	..	..	..	..	..	..
Autres	..	..	..	..	..	..	..	..	..	..
Construction	**1 987**	**1 425**	**1 587**	**1 377**	**1 466**	**186**	**135**	**123**	**109**	**118**
Construction réalisée à l'étranger	..	..	..	..	..	..	..	..	..	..
Construction réalisée dans l'économie déclarante	..	..	..	..	..	..	..	..	..	..
Services d'assurance et de pension	**1 892**	**1 224**	**1 343**	**1 631**	**1 419**	**2 574**	**1 911**	**2 023**	**2 355**	**2 275**
Assurance directe	..	..	..	..	..	..	..	..	..	..
Assurance-vie	..	..	..	..	..	..	..	..	..	..
Assurance fret	..	..	..	..	..	..	..	..	..	..
Autres assurances directes	..	..	..	..	..	..	..	..	..	..
Réassurance	..	..	..	..	..	..	..	..	..	..
Services auxiliaires d'assurance	..	..	..	..	..	..	..	..	..	..
Services de pension et de garantie standard	..	..	..	..	..	..	..	..	..	..
Services de pension	..	..	..	..	..	..	..	..	..	..
Services de garantie standard	..	..	..	..	..	..	..	..	..	..

Espagne *(suite)*

Millions USD

	Exportations					Importations				
	2014	2015	2016	2017	2018	2014	2015	2016	2017	2018
Services financiers	**3 806**	**3 403**	**3 337**	**3 763**	**3 832**	**4 134**	**4 076**	**3 762**	**3 612**	**3 417**
Services financiers explicitement facturés et autres	..	..	..	..	..	..	..	..	..	..
Services d'intermédiation financière indirectement mesurés (SIFIM)	..	..	..	..	..	..	..	..	..	..
Frais pour usage de propriété intellectuelle n.i.a.	**1 440**	**1 615**	**1 925**	**2 354**	**2 536**	**4 474**	**4 522**	**4 989**	**5 051**	**6 648**
Frais de franchise et marques commerciales	..	..	..	..	..	..	..	..	..	..
Licences d'utilisation des résultats de la recherche-développement	..	..	..	..	..	..	..	..	..	..
Licences de reproduction et/ou de distribution de logiciels	..	..	..	..	..	..	..	..	..	..
Licences de reproduction et/ou de distribution de produits audiovisuels et connexes	..	..	..	..	..	..	..	..	..	..
Services de télécommunications, d'informatique et d'information	**12 597**	**10 845**	**11 722**	**12 550**	**14 401**	**6 691**	**6 373**	**6 617**	**6 828**	**7 829**
Services de télécommunications	2 592	2 330	2 294	2 223	2 139	2 737	2 453	2 342	2 336	2 278
Services d'informatique	9 515	8 034	8 869	9 851	11 768	3 451	3 456	3 801	3 957	4 938
Logiciels	..	..	..	..	..	..	..	..	..	..
***dont :** Logiciels originaux*	..	..	..	..	..	..	..	..	..	..
Autres services d'informatique	..	..	..	..	..	..	..	..	..	..
Services d'information	..	..	558	474	493	502	464	475	536	614
Services d'agence de presse	..	..	..	..	..	..	..	..	..	..
Autres services d'information	..	..	..	..	..	..	..	..	..	..
Autres services aux entreprises	**22 884**	**21 112**	**23 626**	**24 153**	**25 515**	**16 765**	**15 074**	**16 549**	**17 692**	**20 281**
Services de recherche-développement	1 759	1 360	1 493	1 630	1 769	1 031	697	708	871	1 093
Travail mené de façon systématique pour accroître les connaissances	1 368	914	1 045	1 068	1 261	906	559	507	694	876
Services de recherche-développement, autres	391	446	448	561	509	126	138	201	177	217
Services spécialisés et services de conseil en gestion	5 957	5 682	5 959	6 898	8 548	5 169	4 924	5 019	5 379	6 411
Services juridiques, de comptabilité, de conseil en gestion et de relations publiques	3 451	3 168	3 244	3 829	5 020	2 984	2 552	2 452	2 533	2 919
Services juridiques	..	..	..	..	..	..	..	..	..	..
Comptabilité, vérification des comptes, tenue de livres et conseil en fiscalité	..	..	..	..	..	..	..	..	..	..
Conseil aux entreprises, conseil en gestion et relations publiques	..	..	..	..	..	..	..	..	..	..
Services de publicité, études de marché et sondages d'opinion	2 505	2 514	2 715	3 070	3 528	2 187	2 372	2 566	2 845	3 492
Services techniques, liés au commerce et autres services aux entreprises	15 169	14 072	16 175	15 624	15 197	10 564	9 453	10 823	11 443	12 778
Services d'architecture, d'ingénierie, scientifiques et autres services techniques	..	..	..	..	..	..	..	..	..	..
Services d'architecture	..	..	..	..	..	..	..	..	..	..
Services d'ingénierie	..	..	..	..	..	..	..	..	..	..
Services scientifiques et autres services techniques	..	..	..	..	..	..	..	..	..	..
Services de traitement des déchets et dépollution, services agricoles et miniers	..	..	..	..	..	..	..	..	..	..
Services de traitement des déchets et dépollution	..	..	..	..	..	..	..	..	..	..
Services annexes à l'agriculture, à la sylviculture et à la pêche	..	..	..	..	..	..	..	..	..	..
Services annexes aux industries extractives et à l'extraction de pétrole et de gaz	..	..	..	..	..	..	..	..	..	..
Services de location-exploitation	529	599	624	662	636	1 128	817	829	876	937
Services liés au commerce	2 188	1 627	1 404	1 547	1 319	1 474	1 275	1 202	2 199	2 402
Autres services aux entreprises n.i.a.	5 977	5 756	6 615	8 418	8 794	6 149	5 917	7 346	7 097	8 074
Services personnels, culturels et relatifs aux loisirs	**..**	**..**	**..**	**..**	**..**	**..**	**..**	**..**	**..**	**..**
Services audiovisuels et connexes	..	..	..	..	..	..	..	..	..	..
Autres services personnels, culturels et relatifs aux loisirs	..	..	..	..	..	..	..	..	..	..
Biens et services des administrations publiques, n.i.a.	**..**	**..**	**..**	**..**	**..**	**..**	**..**	**..**	**..**	**..**
Ambassades et consulats	..	..	..	..	..	..	..	..	..	..
Unités et organes militaires	..	..	..	..	..	..	..	..	..	..
Autres biens et services des administrations publiques, n.i.a.	..	..	..	..	..	..	..	..	..	..
Services non-alloués	**..**	**..**	**-3 p**	**..**	**-1 p**	**..**	**..**	**-1 p**	**1 p**	**-1 p**
Services liés au tourisme compris dans les voyages et les transports de passagers	**..**	**..**	**..**	**..**	**..**	**..**	**..**	**..**	**..**	**..**
SERVICES COMMERCIAUX	**..**	**..**	**..**	**..**	**..**	**..**	**..**	**..**	**..**	**..**
AUTRES SERVICES COMMERCIAUX	**..**	**..**	**..**	**..**	**..**	**..**	**..**	**..**	**..**	**..**

.. Non disponible ; p Donnée provisoire

Note : Voir les métadonnées détaillées sur : *http://metalinks.oecd.org/tis/20200306/903d* et *http://metalinks.oecd.org/tis/20200306/2a75*.

Source : Eurostat.

TABLEAUX PAR PAYS

Suède

Millions USD

	Exportations					Importations				
	2014	2015	2016	2017	2018	2014	2015	2016	2017	2018
TOTAL DES SERVICES	**76 899**	**72 689**	**72 796**	**74 363**	**74 529**	**69 172**	**61 651**	**61 774**	**69 991**	**72 779**
Services de fabrication fournis sur des intrants physiques détenus par des tiers	**157**	**293**	**758**	**1 038**	**1 250**	**544**	**613**	**762**	**805**	**855**
Services d'entretien et de réparation n.i.a.	**416**	**411**	**432**	**417**	**391**	**277**	**259**	**411**	**462**	**410**
Transports	**12 589**	**11 834**	**10 208**	**10 712**	**10 420**	**13 478**	**11 245**	**10 293**	**11 020**	**11 428**
Transports maritimes	3 811	3 699	3 112	3 503	3 197	3 678	2 837	2 440	2 666	2 641
Passagers	134	155	188	213	205	48	32	36	34	25
Fret	3 629	3 532	2 912	3 274	2 936	3 407	2 714	2 337	2 534	2 494
Autres	47	12	12	16	56	224	92	67	98	121
Transports aériens	3 481	3 327	3 188	3 338	3 537	3 432	2 792	3 003	3 203	3 089
Passagers	2 056	1 733	1 889	1 942	2 079	2 436	1 995	2 230	2 331	2 198
Fret	626	622	573	543	600	464	387	366	408	380
Autres	799	972	726	853	858	532	409	407	465	511
Autres modes de transport	4 930	4 397	3 525	3 515	3 336	5 927	5 235	4 620	4 896	5 441
Passagers	90	41	29	26	35	74	48	69	60	61
Fret	3 443	3 153	2 416	2 351	2 491	4 896	4 290	3 729	4 106	4 574
Autres	1 397	1 203	1 080	1 138	810	957	897	822	730	806
Services postaux et de messagerie	368	411	384	357	349	442	381	231	255	257
Classification élargie des autres modes de transport										
Transports spatiaux	..	..	25	37	42	..	0	4	3	4
Transports ferroviaires	250	188	192	245	222	503	337	341	384	363
Passagers	14	11	10	6	5	37	29	54	46	43
Fret	223	165	163	210	194	276	189	179	205	207
Autres	14	13	20	29	22	189	119	108	133	113
Transports routiers	4 544	4 092	3 179	3 052	2 816	5 315	4 817	4 140	4 318	4 886
Passagers	77	31	19	20	30	36	19	15	14	18
Fret	3 084	2 871	2 124	1 960	2 040	4 512	4 021	3 416	3 731	4 183
Autres	1 383	1 190	1 035	1 071	746	767	777	709	573	686
Transports par voies navigables intérieures	1	2	..	0	0	2	4	1	24	7
Passagers	..	..	..	..	..	0	1	..	..	..
Fret	1	2	..	..	..	2	3	..	3	3
Autres	0	..	..	0	0	0	0	1	21	4
Transports par conduites	2	1	1	1	1	1	0	3	3	3
Transmission d'électricité	134	114	127	180	256	105	76	131	165	178
Autres services connexes aux transports	..	..	..	..	..	..	..	..	..	..
Transports - pour tous les modes										
Passagers	2 280	1 929	2 105	2 180	2 319	2 557	2 075	2 335	2 425	2 284
Fret	7 699	7 307	5 901	6 168	6 026	8 767	7 391	6 431	7 048	7 448
Autres	2 610	2 599	2 202	2 364	2 074	2 154	1 779	1 527	1 547	1 696
Autres transports sauf services postaux et de messagerie	2 243	2 188	1 819	2 007	1 725	1 713	1 398	1 296	1 292	1 439
Voyages	**11 844**	**11 317**	**12 747**	**14 106**	**14 949**	**15 806**	**14 416**	**14 887**	**16 983**	**18 058**
Voyages à titre professionnel	4 735	4 524	5 096	5 639	5 976	5 364	4 892	5 052	5 764	6 128
Acquisitions par les travailleurs frontaliers, saisonniers, court terme	..	..	..	..	..	..	..	..	..	..
Autres que les acquisitions par les travailleurs frontaliers, saisonniers, court terme	4 735	4 524	5 096	5 639	5 976	5 364	4 892	5 052	5 764	6 128
Voyages à titre personnel	7 109	6 793	7 651	8 467	8 973	10 442	9 523	9 835	11 220	11 929
Dépenses liées à la santé	102	92	104	117	131	121	106	163	143	150
Dépenses liées à l'éducation	40	43	44	54	48	140	120	116	137	140
Autres	6 967	6 658	7 503	8 296	8 793	10 181	9 297	9 556	10 939	11 640
Construction	**809**	**706**	**1 127**	**851**	**577**	**2 398**	**1 854**	**1 599**	**1 783**	**1 843**
Construction réalisée à l'étranger	447	363	498	439	283	384	295	310	292	476
Construction réalisée dans l'économie déclarante	361	343	630	412	293	2 014	1 559	1 290	1 492	1 366
Services d'assurance et de pension	**612**	**627**	**583**	**718**	**679**	**399**	**362**	**438**	**633**	**641**
Assurance directe	157	159	179	224	211	170	146	173	217	212
Assurance-vie	22	19	19	19	19	12	12	11	10	10
Assurance fret	44	38	35	40	41	135	108	108	124	141
Autres assurances directes	91	102	126	165	151	22	26	55	82	61
Réassurance	122	111	116	145	183	104	88	73	168	146
Services auxiliaires d'assurance	237	239	201	241	191	115	123	188	233	274
Services de pension et de garantie standard	97	119	87	109	94	10	5	4	15	9
Services de pension	3	..	0	..	..	1	0	1	1	1
Services de garantie standard	94	119	87	109	94	9	4	2	14	9

Suède *(suite)*

Millions USD

	Exportations					Importations				
	2014	2015	2016	2017	2018	2014	2015	2016	2017	2018
Services financiers	**4 767**	**4 663**	**4 652**	**3 737**	**3 720**	**1 864**	**1 959**	**1 904**	**2 297**	**2 284**
Services financiers explicitement facturés et autres	2 781	2 707	2 999	2 502	2 785	1 375	1 316	1 333	1 922	1 997
Services d'intermédiation financière indirectement mesurés (SIFIM)	1 986	1 957	1 654	1 235	935	489	643	572	376	288
Frais pour usage de propriété intellectuelle n.i.a.	**9 176**	**8 833**	**7 652**	**7 699**	**7 438**	**3 906**	**4 181**	**3 347**	**5 108**	**4 862**
Frais de franchise et marques commerciales	526	443	..	..	..	132	120	18	26	4
Licences d'utilisation des résultats de la recherche-développement	8 650	8 390	7 652	7 699	7 438	3 774	4 062	3 329	5 082	4 858
Licences de reproduction et/ou de distribution de logiciels	..	..	..	..	..	..	..	..	..	..
Licences de reproduction et/ou de distribution de produits audiovisuels et connexes	..	..	..	..	..	..	..	..	..	..
Services de télécommunications, d'informatique et d'information	**16 667**	**15 762**	**14 062**	**14 331**	**15 154**	**7 594**	**6 856**	**6 678**	**7 681**	**7 814**
Services de télécommunications	1 859	1 622	1 561	1 778	1 963	2 061	1 737	1 464	1 386	1 848
Services d'informatique	14 207	13 811	12 237	12 197	12 956	5 158	4 809	4 775	5 757	5 487
Logiciels	..	..	..	..	..	..	..	..	..	..
***dont :** Logiciels originaux*	..	..	..	..	..	..	..	..	..	..
Autres services d'informatique	..	..	..	..	..	..	..	..	..	..
Services d'information	602	329	263	356	235	375	310	440	539	478
Services d'agence de presse	30	17	13	18	12	11	9	13	16	14
Autres services d'information	572	312	250	339	223	364	300	427	522	464
Autres services aux entreprises	**18 981**	**17 435**	**19 770**	**18 986**	**18 065**	**22 144**	**19 180**	**20 757**	**22 280**	**23 670**
Services de recherche-développement	2 351	3 368	4 336	4 855	5 082	6 764	6 073	6 322	5 767	7 050
Travail mené de façon systématique pour accroître les connaissances	966	1 695	3 367	3 592	3 864	6 256	5 659	5 895	5 249	6 532
Services de recherche-développement, autres	1 385	1 673	969	1 263	1 218	507	414	427	519	518
Services spécialisés et services de conseil en gestion	3 395	3 035	3 864	5 987	5 482	4 513	3 934	4 762	8 223	8 312
Services juridiques, de comptabilité, de conseil en gestion et de relations publiques	2 172	1 797	2 312	4 095	3 727	2 322	2 345	2 685	4 988	5 239
Services juridiques	316	292	376	356	273	318	250	307	280	318
Comptabilité, vérification des comptes, tenue de livres et conseil en fiscalité	678	507	419	587	651	330	429	413	497	526
Conseil aux entreprises, conseil en gestion et relations publiques	1 178	998	1 517	3 152	2 803	1 675	1 666	1 965	4 212	4 395
Services de publicité, études de marché et sondages d'opinion	1 223	1 238	1 552	1 893	1 755	2 190	1 589	2 077	3 234	3 073
Services techniques, liés au commerce et autres services aux entreprises	13 235	11 033	11 570	8 145	7 500	10 868	9 174	9 673	8 290	8 307
Services d'architecture, d'ingénierie, scientifiques et autres services techniques	2 300	2 328	2 524	2 329	1 896	805	690	682	1 041	1 036
Services d'architecture	54	35	31	26	26	72	51	57	107	77
Services d'ingénierie	2 099	2 226	2 374	2 219	1 732	710	610	592	844	863
Services scientifiques et autres services techniques	148	67	119	84	139	23	28	33	90	96
Services de traitement des déchets et dépollution, services agricoles et miniers	279	224	221	117	127	85	198	166	99	215
Services de traitement des déchets et dépollution	226	..	..	..	..	37	..	..	..	..
Services annexes à l'agriculture, à la sylviculture et à la pêche	40	..	..	..	..	12	..	..	..	..
Services annexes aux industries extractives et à l'extraction de pétrole et de gaz	12	..	..	..	..	36	..	..	..	..
Services de location-exploitation	1 074	824	1 012	697	790	940	889	1 104	731	876
Services liés au commerce	791	615	1 045	903	1 168	1 681	1 462	1 949	2 015	2 117
Autres services aux entreprises n.i.a.	8 791	7 042	6 768	4 099	3 519	7 357	5 935	5 771	4 403	4 064
Services personnels, culturels et relatifs aux loisirs	**490**	**445**	**435**	**1 384**	**1 482**	**563**	**535**	**470**	**729**	**695**
Services audiovisuels et connexes	276	292	270	1 211	1 329	190	219	146	398	364
Autres services personnels, culturels et relatifs aux loisirs	214	153	165	173	153	373	317	325	330	331
Biens et services des administrations publiques, n.i.a.	**390**	**363**	**371**	**383**	**406**	**200**	**193**	**228**	**210**	**220**
Ambassades et consulats	323	310	323	337	341	196	190	193	194	205
Unités et organes militaires	..	..	..	..	..	..	..	..	..	..
Autres biens et services des administrations publiques, n.i.a.	33	29	27	27	33	3	3	35	15	15
Services non-alloués	..	..	**0 p**	**0 p**	**0 p**	..	..	**0 p**	**0 p**	**0 p**
Services liés au tourisme compris dans les voyages et les transports de passagers	..	..	..	..	..	..	..	..	..	..
SERVICES COMMERCIAUX	**76 510**	**72 326**	**72 425**	**73 980**	**74 124**	**68 973**	**61 459**	**61 546**	**69 781**	**72 559**
AUTRES SERVICES COMMERCIAUX	**51 503**	**48 471**	**48 280**	**47 707**	**47 114**	**38 868**	**34 927**	**35 193**	**40 512**	**41 809**

.. Non disponible ; p Donnée provisoire

Note : Voir les métadonnées détaillées sur : *http://metalinks.oecd.org/tis/20200306/903d* et *http://metalinks.oecd.org/tis/20200306/65f6*.

Source : Eurostat.

Suisse

Millions USD

	Exportations					Importations				
	2014	2015	2016	2017	2018	2014	2015	2016	2017	2018
TOTAL DES SERVICES	**120 980**	**113 757**	**118 850**	**122 004**	**126 786**	**99 100**	**94 269**	**98 522**	**105 678**	**106 054**
Services de fabrication fournis sur des intrants physiques détenus par des tiers	..	..	..	..	..	..	..	..	..	..
Services d'entretien et de réparation n.i.a.	..	..	..	..	..	..	..	..	..	..
Transports	**13 830**	**10 968**	**11 505**	**12 628**	**13 119**	**12 479**	**8 683**	**9 751**	**10 395**	**11 061**
Transports maritimes	..	..	..	..	..	..	..	..	..	..
Passagers	..	..	..	..	..	..	..	..	..	..
Fret	..	..	..	..	..	..	..	..	..	..
Autres	..	..	..	..	..	..	..	..	..	..
Transports aériens	..	..	..	..	..	..	..	..	..	..
Passagers	..	..	..	..	..	..	..	..	..	..
Fret	..	..	..	..	..	..	..	..	..	..
Autres	..	..	..	..	..	..	..	..	..	..
Autres modes de transport	..	..	..	..	..	..	..	..	..	..
Passagers	..	..	..	..	..	..	..	..	..	..
Fret	..	..	..	..	..	..	..	..	..	..
Autres	..	..	..	..	..	..	..	..	..	..
Services postaux et de messagerie	..	..	..	..	..	..	..	..	..	..
Classification élargie des autres modes de transport										
Transports spatiaux	..	..	..	..	..	..	..	..	..	..
Transports ferroviaires	..	..	..	..	..	..	..	..	..	..
Passagers	..	..	..	..	..	..	..	..	..	..
Fret	..	..	..	..	..	..	..	..	..	..
Autres	..	..	..	..	..	..	..	..	..	..
Transports routiers	..	..	..	..	..	..	..	..	..	..
Passagers	..	..	..	..	..	..	..	..	..	..
Fret	..	..	..	..	..	..	..	..	..	..
Autres	..	..	..	..	..	..	..	..	..	..
Transports par voies navigables intérieures	..	..	..	..	..	..	..	..	..	..
Passagers	..	..	..	..	..	..	..	..	..	..
Fret	..	..	..	..	..	..	..	..	..	..
Autres	..	..	..	..	..	..	..	..	..	..
Transports par conduites	..	..	..	..	..	..	..	..	..	..
Transmission d'électricité	..	..	..	..	..	..	..	..	..	..
Autres services connexes aux transports	..	..	..	..	..	..	..	..	..	..
Transports - pour tous les modes										
Passagers	..	..	..	..	..	..	..	..	..	..
Fret	..	..	..	..	..	..	..	..	..	..
Autres	..	..	..	..	..	..	..	..	..	..
Autres transports sauf services postaux et de messagerie	..	..	..	..	..	..	..	..	..	..
Voyages	**17 801**	**16 369**	**15 990**	**16 481**	**16 971**	**16 858**	**16 288**	**16 465**	**17 843**	**18 355**
Voyages à titre professionnel	..	..	..	..	..	..	..	..	..	..
Acquisitions par les travailleurs frontaliers, saisonniers, court terme	..	..	..	..	..	..	..	..	..	..
Autres que les acquisitions par les travailleurs frontaliers, saisonniers, court terme	..	..	..	..	..	..	..	..	..	..
Voyages à titre personnel	..	..	..	..	..	..	..	..	..	..
Dépenses liées à la santé	..	..	..	..	..	..	..	..	..	..
Dépenses liées à l'éducation	..	..	..	..	..	..	..	..	..	..
Autres	..	..	..	..	..	..	..	..	..	..
Construction	..	..	..	..	..	..	..	..	..	..
Construction réalisée à l'étranger	..	..	..	..	..	..	..	..	..	..
Construction réalisée dans l'économie déclarante	..	..	..	..	..	..	..	..	..	..
Services d'assurance et de pension	**7 118**	**6 703**	**7 764**	**8 321**	**7 441**	**1 482**	**1 684**	**1 575**	**1 727**	**1 784**
Assurance directe	..	..	..	..	..	..	..	..	..	..
Assurance-vie	..	..	..	..	..	..	..	..	..	..
Assurance fret	..	..	..	..	..	..	..	..	..	..
Autres assurances directes	..	..	..	..	..	..	..	..	..	..
Réassurance	..	..	..	..	..	..	..	..	..	..
Services auxiliaires d'assurance	..	..	..	..	..	..	..	..	..	..
Services de pension et de garantie standard	..	..	..	..	..	..	..	..	..	..
Services de pension	..	..	..	..	..	..	..	..	..	..
Services de garantie standard	..	..	..	..	..	..	..	..	..	..

Suisse (*suite*)

Millions USD

	Exportations					Importations				
	2014	2015	2016	2017	2018	2014	2015	2016	2017	2018
Services financiers	**21 900**	**20 675**	**19 724**	**20 255**	**21 577**	**3 700**	**3 535**	**3 576**	**3 738**	**3 869**
Services financiers explicitement facturés et autres	..	..	..	..	..	..	..	..	..	..
Services d'intermédiation financière indirectement mesurés (SIFIM)	..	..	..	..	..	..	..	..	..	..
Frais pour usage de propriété intellectuelle n.i.a.	**18 709**	**17 455**	**22 085**	**22 991**	**25 796**	**14 086**	**13 046**	**12 247**	**12 641**	**13 664**
Frais de franchise et marques commerciales	..	..	..	..	..	..	..	..	..	..
Licences d'utilisation des résultats de la recherche-développement	..	..	..	..	..	..	..	..	..	..
Licences de reproduction et/ou de distribution de logiciels	..	..	..	..	..	..	..	..	..	..
Licences de reproduction et/ou de distribution de produits audiovisuels et connexes	..	..	..	..	..	..	..	..	..	..
Services de télécommunications, d'informatique et d'information	**14 074**	**13 828**	**14 076**	**13 327**	**12 807**	**14 277**	**14 299**	**15 960**	**17 129**	**15 384**
Services de télécommunications	..	..	..	..	..	..	..	..	..	..
Services d'informatique	..	..	..	..	..	..	..	..	..	..
Logiciels	..	..	..	..	..	..	..	..	..	..
***dont :** Logiciels originaux*	..	..	..	..	..	..	..	..	..	..
Autres services d'informatique	..	..	..	..	..	..	..	..	..	..
Services d'information	..	..	..	..	..	..	..	..	..	..
Services d'agence de presse	..	..	..	..	..	..	..	..	..	..
Autres services d'information	..	..	..	..	..	..	..	..	..	..
Autres services aux entreprises	**18 841**	**19 668**	**19 889**	**19 705**	**19 362**	**32 834**	**33 304**	**34 395**	**38 390**	**37 465**
Services de recherche-développement	3 938	4 074	3 747	3 176	4 388	9 974	9 364	10 652	13 711	14 058
Travail mené de façon systématique pour accroître les connaissances	..	..	..	..	..	..	..	..	..	..
Services de recherche-développement, autres	..	..	..	..	..	..	..	..	..	..
Services spécialisés et services de conseil en gestion	6 193	5 780	6 217	6 890	7 155	15 819	15 147	15 029	14 712	15 341
Services juridiques, de comptabilité, de conseil en gestion et de relations publiques	..	..	..	..	..	..	..	..	..	..
Services juridiques	..	..	..	..	..	..	..	..	..	..
Comptabilité, vérification des comptes, tenue de livres et conseil en fiscalité	..	..	..	..	..	..	..	..	..	..
Conseil aux entreprises, conseil en gestion et relations publiques	..	..	..	..	..	..	..	..	..	..
Services de publicité, études de marché et sondages d'opinion	..	..	..	..	..	..	..	..	..	..
Services techniques, liés au commerce et autres services aux entreprises	8 710	9 815	9 925	9 639	7 819	7 042	8 793	8 714	9 967	8 066
Services d'architecture, d'ingénierie, scientifiques et autres services techniques	..	..	..	..	..	..	..	..	..	..
Services d'architecture	..	..	..	..	..	..	..	..	..	..
Services d'ingénierie	..	..	..	..	..	..	..	..	..	..
Services scientifiques et autres services techniques	..	..	..	..	..	..	..	..	..	..
Services de traitement des déchets et dépollution, services agricoles et miniers	..	..	..	..	..	..	..	..	..	..
Services de traitement des déchets et dépollution	..	..	..	..	..	..	..	..	..	..
Services annexes à l'agriculture, à la sylviculture et à la pêche	..	..	..	..	..	..	..	..	..	..
Services annexes aux industries extractives et à l'extraction de pétrole et de gaz	..	..	..	..	..	..	..	..	..	..
Services de location-exploitation	..	..	..	..	..	..	..	..	..	..
Services liés au commerce	..	..	..	..	..	..	..	..	..	..
Autres services aux entreprises n.i.a.	..	..	..	..	..	..	..	..	..	..
Services personnels, culturels et relatifs aux loisirs	**..**	**..**	**..**	**..**	**..**	**..**	**..**	**..**	**..**	**..**
Services audiovisuels et connexes	..	..	..	..	..	..	..	..	..	..
Autres services personnels, culturels et relatifs aux loisirs	..	..	..	..	..	..	..	..	..	..
Biens et services des administrations publiques, n.i.a.	**..**	**..**	**..**	**..**	**..**	**..**	**..**	**..**	**..**	**..**
Ambassades et consulats	..	..	..	..	..	..	..	..	..	..
Unités et organes militaires	..	..	..	..	..	..	..	..	..	..
Autres biens et services des administrations publiques, n.i.a.	..	..	..	..	..	..	..	..	..	..
Services non-alloués	**8 708**	**8 091**	**7 818**	**8 298**	**9 714**	**3 385**	**3 431**	**4 553**	**3 814**	**4 474**
Services liés au tourisme compris dans les voyages et les transports de passagers	**..**	**..**	**..**	**..**	**..**	**..**	**..**	**..**	**..**	**..**
SERVICES COMMERCIAUX	**..**	**..**	**..**	**..**	**..**	**..**	**..**	**..**	**..**	**..**
AUTRES SERVICES COMMERCIAUX	**..**	**..**	**..**	**..**	**..**	**..**	**..**	**..**	**..**	**..**

.. Non disponible

Note : Des données historiques sont disponibles dans Échanges de services - EBOPS 2002 (*http://dx.doi.org/10.1787/data-00274-fr*).

Voir les métadonnées détaillées sur : *http://metalinks.oecd.org/tis/20200306/903d* et *http://metalinks.oecd.org/tis/20200306/9e57*.

Source : Eurostat.

Turquie

Millions USD

	Exportations					Importations				
	2014	2015	2016	2017	2018	2014	2015	2016	2017	2018
TOTAL DES SERVICES	**51 923**	**47 162**	**37 804**	**43 988**	**48 306 p**	**25 258**	**22 867**	**22 544**	**24 052**	**23 319 p**
Services de fabrication fournis sur des intrants physiques détenus par des tiers	**134**	**124**	**100**	**96**	**95 p**	**60**	**57**	**103**	**56**	**45 p**
Services d'entretien et de réparation n.i.a.	**38**	**27**	**106**	**272**	**284 p**	**292**	**343**	**421**	**568**	**695 p**
Transports	**15 686**	**14 644**	**13 113**	**15 112**	**16 924 p**	**10 229**	**8 444**	**8 078**	**9 716**	**9 437 p**
Transports maritimes	1 708	1 554	1 458	1 811	..	5 628	3 890	3 551	4 801	..
Passagers	..	..	..	122	..	..	..	..	82	..
Fret	1 451	1 304	1 201	1 417	..	5 628	3 890	3 551	4 471	..
Autres	257	250	257	272	..	0	0	0	249	..
Transports aériens	11 701	11 425	10 087	11 289	..	4 079	4 086	4 078	4 347	..
Passagers	9 300	9 003	8 047	9 262	..	402	317	242	259	..
Fret	396	696	702	599	..	679	587	752	1 007	..
Autres	2 005	1 725	1 337	1 429	..	2 997	3 182	3 084	3 082	..
Autres modes de transport	2 195	1 576	1 470	1 915	..	473	417	394	502	..
Passagers	..	..	..	7	..	..	..	..	17	..
Fret	2 195	1 576	1 470	1 532	..	473	417	394	428	..
Autres	..	..	..	377	..	..	..	..	57	..
Services postaux et de messagerie	82	88	98	97	..	49	52	56	66	..
Classification élargie des autres modes de transport										
Transports spatiaux	..	..	..	..	..	..	..	..	..	..
Transports ferroviaires	..	..	..	..	..	..	..	..	..	..
Passagers	..	..	..	..	..	..	..	..	..	..
Fret	..	..	..	..	..	..	..	..	..	..
Autres	..	..	..	..	..	..	..	..	..	..
Transports routiers	..	..	..	..	..	..	..	..	..	..
Passagers	..	..	..	..	..	..	..	..	..	..
Fret	..	..	..	..	..	..	..	..	..	..
Autres	..	..	..	..	..	..	..	..	..	..
Transports par voies navigables intérieures	..	..	..	..	..	..	..	..	..	..
Passagers	..	..	..	..	..	..	..	..	..	..
Fret	..	..	..	..	..	..	..	..	..	..
Autres	..	..	..	..	..	..	..	..	..	..
Transports par conduites	..	..	..	..	..	..	..	..	..	..
Transmission d'électricité	..	..	..	..	..	..	..	..	..	..
Autres services connexes aux transports	..	..	..	..	..	..	..	..	..	..
Transports - pour tous les modes										
Passagers	9 300	9 003	8 047	9 390	..	402	317	242	358	..
Fret	..	..	..	..	..	..	..	..	..	..
Autres	..	..	..	..	..	..	..	..	..	..
Autres transports sauf services postaux et de messagerie	..	..	..	..	..	..	..	..	..	..
Voyages	**29 542**	**26 685**	**18 744**	**22 474**	**25 394 p**	**5 070**	**5 382**	**4 783**	**4 822**	**4 596 p**
Voyages à titre professionnel	3 523	3 056	2 146	2 574	..	1 987	2 071	1 841	1 856	..
Acquisitions par les travailleurs frontaliers, saisonniers, court terme	..	..	..	..	..	..	..	..	..	..
Autres que les acquisitions par les travailleurs frontaliers, saisonniers, court terme	3 523	3 056	2 146	2 574	..	1 987	2 071	1 841	1 856	..
Voyages à titre personnel	26 019	23 629	16 597	19 900	..	3 083	3 311	2 942	2 966	..
Dépenses liées à la santé	1 102	907	637	764	..	19	24	21	21	..
Dépenses liées à l'éducation	308	258	181	217	..	315	382	339	342	..
Autres	24 608	22 464	15 779	18 920	..	2 748	2 906	2 582	2 603	..
Construction	**1 282**	**785**	**925**	**797**	**614 p**	**199**	**409**	**414**	**364**	**242 p**
Construction réalisée à l'étranger	1 282	785	925	797	..	199	409	414	326	..
Construction réalisée dans l'économie déclarante	..	..	..	0	..	..	..	..	38	..
Services d'assurance et de pension	**1 165**	**1 069**	**1 160**	**1 281**	**1 248 p**	**1 796**	**1 507**	**1 677**	**2 046**	**1 734 p**
Assurance directe	817	720	751	877	..	866	566	619	850	..
Assurance-vie	..	..	..	..	..	..	..	..	..	..
Assurance fret	791	701	735	862	..	866	566	619	850	..
Autres assurances directes	..	..	..	..	..	..	..	..	..	..
Réassurance	44	38	40	35	..	885	857	1 030	1 170	..
Services auxiliaires d'assurance	269	286	323	340	..	45	85	28	26	..
Services de pension et de garantie standard	36	25	46	28	..	0	0	0	0	..
Services de pension	..	..	..	..	..	..	..	..	..	..
Services de garantie standard	..	..	..	..	..	..	..	..	..	..

Turquie *(suite)*

Millions USD

	Exportations					Importations				
	2014	2015	2016	2017	2018	2014	2015	2016	2017	2018
Services financiers	**823**	**661**	**675**	**630**	**644 p**	**1 904**	**1 783**	**1 610**	**1 192**	**1 347 p**
Services financiers explicitement facturés et autres	823	661	675	630	644 p	1 904	1 783	1 610	1 192	1 347 p
Services d'intermédiation financière indirectement mesurés (SIFIM)	..	..	..	..	..	..	..	..	..	..
Frais pour usage de propriété intellectuelle n.i.a.	**0**	**0**	**0**	**10**	**29 p**	**675**	**683**	**762**	**767**	**726 p**
Frais de franchise et marques commerciales	..	..	..	..	..	..	..	..	..	..
Licences d'utilisation des résultats de la recherche-développement	..	..	..	..	..	..	..	..	..	..
Licences de reproduction et/ou de distribution de logiciels	..	..	..	..	..	..	..	..	..	..
Licences de reproduction et/ou de distribution de produits audiovisuels et connexes	..	..	..	..	..	..	..	..	..	..
Services de télécommunications, d'informatique et d'information	**291**	**213**	**159**	**254**	**225 p**	**202**	**205**	**208**	**388**	**406 p**
Services de télécommunications	271	197	145	138	..	165	145	151	162	..
Services d'informatique	0	0	0	85	..	1	4	3	72	..
Logiciels	..	..	..	..	..	..	..	..	..	..
***dont :** Logiciels originaux*	..	..	..	..	..	..	..	..	..	..
Autres services d'informatique	..	..	..	..	..	..	..	..	..	..
Services d'information	20	17	14	31	..	35	57	54	154	..
Services d'agence de presse	20	17	14	31	..	35	57	54	154	..
Autres services d'information	..	..	..	..	..	..	..	..	..	..
Autres services aux entreprises	**343**	**251**	**623**	**882**	**930 p**	**2 359**	**1 766**	**2 342**	**2 505**	**2 449 p**
Services de recherche-développement	..	..	..	7	1 p	..	..	..	10	14 p
Travail mené de façon systématique pour accroître les connaissances	..	..	..	..	..	..	..	..	..	..
Services de recherche-développement, autres	..	..	..	..	..	..	..	..	..	..
Services spécialisés et services de conseil en gestion	47	40	38	36	37 p	350	196	273	312	545 p
Services juridiques, de comptabilité, de conseil en gestion et de relations publiques	47	40	38	36	..	350	196	273	312	..
Services juridiques	47	40	38	36	..	350	196	273	312	..
Comptabilité, vérification des comptes, tenue de livres et conseil en fiscalité	..	..	..	..	..	..	..	..	..	..
Conseil aux entreprises, conseil en gestion et relations publiques	..	..	..	..	..	..	..	..	..	..
Services de publicité, études de marché et sondages d'opinion	..	..	..	..	..	..	..	..	..	..
Services techniques, liés au commerce et autres services aux entreprises	296	211	584	831	889 p	2 009	1 570	2 069	2 184	1 889 p
Services d'architecture, d'ingénierie, scientifiques et autres services techniques	..	..	..	..	..	..	..	..	..	..
Services d'architecture	..	..	..	..	..	..	..	..	..	..
Services d'ingénierie	..	..	..	..	..	..	..	..	..	..
Services scientifiques et autres services techniques	..	..	..	..	..	..	..	..	..	..
Services de traitement des déchets et dépollution, services agricoles et miniers	..	..	..	..	..	..	..	..	..	..
Services de traitement des déchets et dépollution	..	..	..	..	..	..	..	..	..	..
Services annexes à l'agriculture, à la sylviculture et à la pêche	..	..	..	..	..	..	..	..	..	..
Services annexes aux industries extractives et à l'extraction de pétrole et de gaz	..	..	..	..	..	..	..	..	..	..
Services de location-exploitation	..	..	..	..	..	..	..	..	..	..
Services liés au commerce	..	..	..	..	..	..	..	..	..	..
Autres services aux entreprises n.i.a.	..	..	..	..	..	..	..	..	..	..
Services personnels, culturels et relatifs aux loisirs	**1 795**	**1 878**	**1 585**	**1 498**	**1 252 p**	**441**	**381**	**358**	**212**	**163 p**
Services audiovisuels et connexes	..	..	..	2	..	..	..	..	19	..
Autres services personnels, culturels et relatifs aux loisirs	1 795	1 878	1 585	1 496	..	441	381	358	194	..
Biens et services des administrations publiques, n.i.a.	**824**	**827**	**615**	**612**	**666 p**	**2 033**	**1 907**	**1 788**	**1 388**	**1 480 p**
Ambassades et consulats	..	..	..	..	..	..	..	..	..	..
Unités et organes militaires	..	..	..	..	..	..	..	..	..	..
Autres biens et services des administrations publiques, n.i.a.	..	..	..	..	..	..	..	..	..	..
Services non-alloués	**..**	**..**	**11 189 p**	**-10 p**	**0 p**	**..**	**..**	**..**	**..**	**..**
Services liés au tourisme compris dans les voyages et les transports de passagers	..	..	..	..	..	..	..	..	..	..
SERVICES COMMERCIAUX	**51 099**	**46 336**	**37 189**	**43 376**	**47 640 p**	**23 225**	**20 960**	**20 756**	**22 664**	**21 839 p**
AUTRES SERVICES COMMERCIAUX	**5 699**	**4 856**	**5 127**	**5 351**	**4 942 p**	**7 575**	**6 734**	**7 371**	**7 474**	**7 067 p**

.. Non disponible ; p Donnée provisoire

Note : Voir les métadonnées détaillées sur : *http://metalinks.oecd.org/tis/20200306/903d* et *http://metalinks.oecd.org/tis/20200306/1e06*.

Source : Eurostat.

Royaume-Uni

Millions USD

	Exportations					Importations				
	2014	2015	2016	2017	2018	2014	2015	2016	2017	2018
TOTAL DES SERVICES	**373 811**	**372 914**	**363 981**	**375 313**	**396 780**	**221 776**	**233 521**	**226 456**	**232 755**	**257 169**
Services de fabrication fournis sur des intrants physiques détenus par des tiers	..	..	..	..	..	..	..	..	..	..
Services d'entretien et de réparation n.i.a.	..	..	..	..	..	..	..	..	..	..
Transports	**41 451**	**39 464**	**36 513**	**37 780**	**39 327**	**33 735**	**33 883**	**30 281**	**28 795**	**34 328**
Transports maritimes	..	..	..	..	..	..	..	..	..	..
Passagers	..	..	..	..	..	..	..	..	..	..
Fret	..	..	..	..	..	..	..	..	..	..
Autres	..	..	..	..	..	..	..	..	..	..
Transports aériens	..	..	..	..	..	..	..	..	..	..
Passagers	..	..	..	..	..	..	..	..	..	..
Fret	..	..	..	..	..	..	..	..	..	..
Autres	..	..	..	..	..	..	..	..	..	..
Autres modes de transport	..	..	..	..	..	..	..	..	..	..
Passagers	..	..	..	..	..	..	..	..	..	..
Fret	..	..	..	..	..	..	..	..	..	..
Autres	..	..	..	..	..	..	..	..	..	..
Services postaux et de messagerie	..	..	..	..	..	..	..	..	..	..
Classification élargie des autres modes de transport										
Transports spatiaux	..	..	..	..	..	..	..	..	..	..
Transports ferroviaires	..	..	..	..	..	..	..	..	..	..
Passagers	..	..	..	..	..	..	..	..	..	..
Fret	..	..	..	..	..	..	..	..	..	..
Autres	..	..	..	..	..	..	..	..	..	..
Transports routiers	..	..	..	..	..	..	..	..	..	..
Passagers	..	..	..	..	..	..	..	..	..	..
Fret	..	..	..	..	..	..	..	..	..	..
Autres	..	..	..	..	..	..	..	..	..	..
Transports par voies navigables intérieures	..	..	..	..	..	..	..	..	..	..
Passagers	..	..	..	..	..	..	..	..	..	..
Fret	..	..	..	..	..	..	..	..	..	..
Autres	..	..	..	..	..	..	..	..	..	..
Transports par conduites	..	..	..	..	..	..	..	..	..	..
Transmission d'électricité	..	..	..	..	..	..	..	..	..	..
Autres services connexes aux transports	..	..	..	..	..	..	..	..	..	..
Transports - pour tous les modes										
Passagers	..	..	..	..	..	..	..	..	..	..
Fret	..	..	..	..	..	..	..	..	..	..
Autres	..	..	..	..	..	..	..	..	..	..
Autres transports sauf services postaux et de messagerie	..	..	..	..	..	..	..	..	..	..
Voyages	**50 402**	**50 812**	**47 887**	**47 539**	**48 602**	**71 056**	**67 933**	**67 237**	**64 997**	**69 028**
Voyages à titre professionnel	..	..	..	..	..	..	..	..	..	..
Acquisitions par les travailleurs frontaliers, saisonniers, court terme	..	..	..	..	..	..	..	..	..	..
Autres que les acquisitions par les travailleurs frontaliers, saisonniers, court terme	..	..	..	..	..	..	..	..	..	..
Voyages à titre personnel	..	..	..	..	..	..	..	..	..	..
Dépenses liées à la santé	..	..	..	..	..	..	..	..	..	..
Dépenses liées à l'éducation	..	..	..	..	..	..	..	..	..	..
Autres	..	..	..	..	..	..	..	..	..	..
Construction	**3 367**	**2 865**	**3 039**	**2 351**	**2 860**	**3 261**	**1 844**	**1 888**	**2 185**	**2 834**
Construction réalisée à l'étranger	..	..	..	..	..	..	..	..	..	..
Construction réalisée dans l'économie déclarante	..	..	..	..	..	..	..	..	..	..
Services d'assurance et de pension	**36 146**	**25 590**	**25 323**	**23 412**	**26 180**	**3 985**	**5 500**	**3 289**	**2 807**	**2 910**
Assurance directe	..	..	..	..	..	..	..	..	..	..
Assurance-vie	..	..	..	..	..	..	..	..	..	..
Assurance fret	..	..	..	..	..	..	..	..	..	..
Autres assurances directes	..	..	..	..	..	..	..	..	..	..
Réassurance	..	..	..	..	..	..	..	..	..	..
Services auxiliaires d'assurance	..	..	..	..	..	..	..	..	..	..
Services de pension et de garantie standard	..	..	..	..	..	..	..	..	..	..
Services de pension	..	..	..	..	..	..	..	..	..	..
Services de garantie standard	..	..	..	..	..	..	..	..	..	..

Royaume-Uni *(suite)*

Millions USD

	Exportations					Importations				
	2014	2015	2016	2017	2018	2014	2015	2016	2017	2018
Services financiers	**82 542**	**79 686**	**76 373**	**76 518**	**83 444**	**19 402**	**19 942**	**18 923**	**18 443**	**22 459**
Services financiers explicitement facturés et autres	..	..	..	..	..	..	..	..	..	..
Services d'intermédiation financière indirectement mesurés (SIFIM)	..	..	..	..	..	..	..	..	..	..
Frais pour usage de propriété intellectuelle n.i.a.	**19 063**	**20 709**	**19 173**	**22 803**	**21 730**	**10 628**	**12 930**	**11 834**	**12 266**	**13 556**
Frais de franchise et marques commerciales	..	..	..	..	..	..	..	..	..	..
Licences d'utilisation des résultats de la recherche-développement	..	..	..	..	..	..	..	..	..	..
Licences de reproduction et/ou de distribution de logiciels	..	..	..	..	..	..	..	..	..	..
Licences de reproduction et/ou de distribution de produits audiovisuels et connexes	..	..	..	..	..	..	..	..	..	..
Services de télécommunications, d'informatique et d'information	**27 476**	**28 544**	**28 540**	**27 400**	**29 675**	**16 565**	**15 197**	**14 092**	**14 147**	**16 006**
Services de télécommunications	..	..	..	..	..	..	..	..	..	..
Services d'informatique	..	..	..	..	..	..	..	..	..	..
Logiciels	..	..	..	..	..	..	..	..	..	..
***dont :** Logiciels originaux*	..	..	..	..	..	..	..	..	..	..
Autres services d'informatique	..	..	..	..	..	..	..	..	..	..
Services d'information	..	..	..	..	..	..	..	..	..	..
Services d'agence de presse	..	..	..	..	..	..	..	..	..	..
Autres services d'information	..	..	..	..	..	..	..	..	..	..
Autres services aux entreprises	**100 336**	**108 842**	**111 854**	**121 571**	**127 479**	**49 145**	**64 566**	**67 974**	**76 821**	**83 416**
Services de recherche-développement	..	..	..	..	..	..	..	..	..	..
Travail mené de façon systématique pour accroître les connaissances	..	..	..	..	..	..	..	..	..	..
Services de recherche-développement, autres	..	..	..	..	..	..	..	..	..	..
Services spécialisés et services de conseil en gestion	..	..	..	..	..	..	..	..	..	..
Services juridiques, de comptabilité, de conseil en gestion et de relations publiques	..	..	..	..	..	..	..	..	..	..
Services juridiques	..	..	..	..	..	..	..	..	..	..
Comptabilité, vérification des comptes, tenue de livres et conseil en fiscalité	..	..	..	..	..	..	..	..	..	..
Conseil aux entreprises, conseil en gestion et relations publiques	..	..	..	..	..	..	..	..	..	..
Services de publicité, études de marché et sondages d'opinion	..	..	..	..	..	..	..	..	..	..
Services techniques, liés au commerce et autres services aux entreprises	..	..	..	..	..	..	..	..	..	..
Services d'architecture, d'ingénierie, scientifiques et autres services techniques	..	..	..	..	..	..	..	..	..	..
Services d'architecture	..	..	..	..	..	..	..	..	..	..
Services d'ingénierie	..	..	..	..	..	..	..	..	..	..
Services scientifiques et autres services techniques	..	..	..	..	..	..	..	..	..	..
Services de traitement des déchets et dépollution, services agricoles et miniers	..	..	..	..	..	..	..	..	..	..
Services de traitement des déchets et dépollution	..	..	..	..	..	..	..	..	..	..
Services annexes à l'agriculture, à la sylviculture et à la pêche	..	..	..	..	..	..	..	..	..	..
Services annexes aux industries extractives et à l'extraction de pétrole et de gaz	..	..	..	..	..	..	..	..	..	..
Services de location-exploitation	..	..	..	..	..	..	..	..	..	..
Services liés au commerce	..	..	..	..	..	..	..	..	..	..
Autres services aux entreprises n.i.a.	..	..	..	..	..	..	..	..	..	..
Services personnels, culturels et relatifs aux loisirs	**4 760**	**5 297**	**5 302**	**5 467**	**7 065**	**4 815**	**5 106**	**4 953**	**5 115**	**5 683**
Services audiovisuels et connexes	..	..	..	..	..	..	..	..	..	..
Autres services personnels, culturels et relatifs aux loisirs	..	..	..	..	..	..	..	..	..	..
Biens et services des administrations publiques, n.i.a.	**3 913**	**3 963**	**3 559**	**3 631**	**3 806**	**6 485**	**4 476**	**4 273**	**5 043**	**4 912**
Ambassades et consulats	..	..	..	..	..	..	..	..	..	..
Unités et organes militaires	..	..	..	..	..	..	..	..	..	..
Autres biens et services des administrations publiques, n.i.a.	..	..	..	..	..	..	..	..	..	..
Services non-alloués	**..**	**..**	**..**	**..**	**..**	**..**	**..**	**..**	**..**	**..**
Services liés au tourisme compris dans les voyages et les transports de passagers	**..**	**..**	**..**	**..**	**..**	**..**	**..**	**..**	**..**	**..**
SERVICES COMMERCIAUX	**369 898**	**368 951**	**360 422**	**371 682**	**392 974**	**215 291**	**229 045**	**222 183**	**227 712**	**252 257**
AUTRES SERVICES COMMERCIAUX	**273 689**	**271 532**	**269 604**	**279 523**	**298 433**	**107 801**	**125 084**	**122 953**	**131 783**	**146 863**

.. Non disponible

Note : Voir les métadonnées détaillées sur : *http://metalinks.oecd.org/tis/20200306/903d* et *http://metalinks.oecd.org/tis/20200306/3e15*.

Source : Eurostat.

TABLEAUX PAR PAYS

États-Unis

Millions USD

	Exportations					Importations				
	2014	2015	2016	2017	2018	2014	2015	2016	2017	2018
TOTAL DES SERVICES	**741 094**	**755 310**	**758 446**	**798 957**	**826 980**	**480 761**	**491 966**	**511 627**	**543 880**	**567 322**
Services de fabrication fournis sur des intrants physiques détenus par des tiers	..	..	..	..	..	..	..	..	..	..
Services d'entretien et de réparation n.i.a.	**21 149**	**23 384**	**25 132**	**26 880**	**30 968**	**7 520**	**9 013**	**8 764**	**8 400**	**8 718**
Transports	**90 729**	**87 725**	**84 749**	**88 836**	**92 852**	**94 188**	**97 006**	**96 982**	**101 756**	**108 202**
Transports maritimes	18 161	18 044	18 078	18 707	19 514	36 254	37 295	35 097	37 058	39 014
Passagers	..	..	..	..	..	..	..	..	..	..
Fret	4 325	3 816	3 691	3 819	3 904	34 013	35 005	32 709	34 387	36 180
Autres	13 836	14 228	14 386	14 888	15 610	2 241	2 290	2 388	2 670	2 834
Transports aériens	68 053	65 215	62 119	65 505	68 188	53 697	55 851	58 086	60 821	65 329
Passagers	44 071	42 247	39 341	40 889	41 465	34 890	35 494	37 410	38 892	42 043
Fret	14 261	12 906	12 473	13 673	15 333	7 197	7 895	6 951	7 869	8 983
Autres	9 721	10 062	10 305	10 943	11 390	11 610	12 462	13 724	14 060	14 303
Autres modes de transport	4 515	4 466	4 552	4 625	5 149	4 237	3 860	3 799	3 877	3 860
Passagers	..	..	..	..	..	..	..	..	..	..
Fret	..	..	..	..	..	..	..	..	..	..
Autres	..	..	..	..	..	..	..	..	..	..
Services postaux et de messagerie	..	..	..	..	..	..	..	..	..	..
Classification élargie des autres modes de transport										
Transports spatiaux	..	..	..	..	..	..	..	..	..	..
Transports ferroviaires	..	..	..	..	..	..	..	..	..	..
Passagers	..	..	..	..	..	..	..	..	..	..
Fret	..	..	..	..	..	..	..	..	..	..
Autres	..	..	..	..	..	..	..	..	..	..
Transports routiers	..	..	..	..	..	..	..	..	..	..
Passagers	..	..	..	..	..	..	..	..	..	..
Fret	..	..	..	..	..	..	..	..	..	..
Autres	..	..	..	..	..	..	..	..	..	..
Transports par voies navigables intérieures	..	..	..	..	..	..	..	..	..	..
Passagers	..	..	..	..	..	..	..	..	..	..
Fret	..	..	..	..	..	..	..	..	..	..
Autres	..	..	..	..	..	..	..	..	..	..
Transports par conduites	..	..	..	..	..	..	..	..	..	..
Transmission d'électricité	..	..	..	..	..	..	..	..	..	..
Autres services connexes aux transports	..	..	..	..	..	..	..	..	..	..
Transports - pour tous les modes										
Passagers	..	..	..	..	..	..	..	..	..	..
Fret	..	..	..	..	..	..	..	..	..	..
Autres	..	..	..	..	..	..	..	..	..	..
Autres transports sauf services postaux et de messagerie	..	..	..	..	..	..	..	..	..	..
Voyages	**191 918**	**206 936**	**206 650**	**210 655**	**214 680**	**105 668**	**114 548**	**123 549**	**134 868**	**144 463**
Voyages à titre professionnel	43 716	43 344	40 794	39 294	38 814	17 299	16 127	16 048	16 641	16 411
Acquisitions par les travailleurs frontaliers, saisonniers, court terme	7 738	8 016	8 238	8 161	8 401	1 249	1 321	1 364	1 396	1 444
Autres que les acquisitions par les travailleurs frontaliers, saisonniers, court terme	35 978	35 327	32 557	31 133	30 413	16 050	14 806	14 683	15 244	14 967
Voyages à titre personnel	148 203	163 593	165 855	171 361	175 866	88 368	98 421	107 502	118 227	128 052
Dépenses liées à la santé	3 468	3 597	3 751	3 925	4 097	1 624	1 828	2 057	2 316	2 606
Dépenses liées à l'éducation	30 958	35 381	39 038	42 395	44 715	6 964	7 145	7 607	8 118	8 661
Autres	113 777	124 614	123 066	125 041	127 054	79 780	89 449	97 837	107 793	116 785
Construction	**1 882**	**2 526**	**1 417**	**1 777**	**2 583**	**2 219**	**2 879**	**1 643**	**1 735**	**2 672**
Construction réalisée à l'étranger	1 882	2 526	1 417	1 777	2 583	1 053	1 714	708	1 113	1 954
Construction réalisée dans l'économie déclarante	0	0	..	..	..	1 165	1 165	935	622	718
Services d'assurance et de pension	**17 333**	**16 248**	**16 819**	**18 015**	**17 466**	**51 011**	**47 420**	**50 144**	**50 599**	**42 485**
Assurance directe	3 969	2 768	1 825	1 839	1 887	4 791	4 018	3 997	3 778	3 453
Assurance-vie	..	..	..	..	..	..	..	..	..	..
Assurance fret	..	..	..	..	..	..	..	..	..	..
Autres assurances directes	..	..	..	..	..	..	..	..	..	..
Réassurance	11 474	11 942	13 619	14 466	14 308	44 683	41 781	44 230	45 111	37 241
Services auxiliaires d'assurance	1 890	1 538	1 375	1 710	1 270	1 536	1 621	1 916	1 711	1 792
Services de pension et de garantie standard	..	..	..	..	..	..	..	..	..	..
Services de pension	..	..	..	..	..	..	..	..	..	..
Services de garantie standard	..	..	..	..	..	..	..	..	..	..

États-Unis *(suite)*

Millions USD

	Exportations					Importations				
	2014	2015	2016	2017	2018	2014	2015	2016	2017	2018
Services financiers	**106 949**	**102 435**	**99 074**	**109 203**	**112 015**	**24 883**	**25 769**	**25 710**	**28 957**	**31 298**
Services financiers explicitement facturés et autres	..	..	..	..	..	..	..	..	..	..
Services d'intermédiation financière indirectement mesurés (SIFIM)	..	..	..	..	..	..	..	..	..	..
Frais pour usage de propriété intellectuelle n.i.a.	**129 716**	**124 769**	**124 387**	**126 523**	**128 748**	**41 983**	**40 608**	**46 987**	**53 440**	**56 117**
Frais de franchise et marques commerciales	22 549	20 937	20 540	22 636	23 997	3 893	3 803	3 685	4 564	4 170
Licences d'utilisation des résultats de la recherche-développement	48 181	45 585	46 529	45 506	45 287	23 765	21 302	23 229	24 934	25 069
Licences de reproduction et/ou de distribution de logiciels	39 177	36 791	36 912	36 423	37 642	6 714	6 795	7 596	9 969	10 333
Licences de reproduction et/ou de distribution de produits audiovisuels et connexes	19 810	21 456	20 407	21 959	21 822	7 612	8 707	12 477	13 973	16 545
Services de télécommunications, d'informatique et d'information	**34 691**	**36 578**	**38 245**	**42 001**	**43 196**	**36 502**	**36 704**	**37 418**	**39 628**	**41 190**
Services de télécommunications	13 539	12 587	11 781	10 828	9 354	6 757	6 281	5 535	5 329	5 747
Services d'informatique	13 991	16 707	19 304	22 864	24 455	27 285	27 940	29 551	31 764	32 864
Logiciels	..	..	..	..	..	..	..	..	..	..
***dont :** Logiciels originaux*	..	..	..	..	..	..	..	..	..	..
Autres services d'informatique	..	..	..	..	..	..	..	..	..	..
Services d'information	7 160	7 285	7 160	8 309	9 386	2 461	2 483	2 332	2 536	2 579
Services d'agence de presse	..	..	..	..	..	..	..	..	..	..
Autres services d'information	..	..	..	..	..	..	..	..	..	..
Autres services aux entreprises	**123 742**	**131 383**	**139 939**	**152 336**	**160 760**	**90 372**	**94 145**	**96 321**	**99 677**	**106 385**
Services de recherche-développement	32 731	34 743	38 300	42 232	42 555	30 869	32 256	34 083	35 231	34 618
Travail mené de façon systématique pour accroître les connaissances	..	..	..	..	..	..	..	..	..	..
Services de recherche-développement, autres	..	..	..	..	..	..	..	..	..	..
Services spécialisés et services de conseil en gestion	60 945	67 098	74 524	78 940	86 828	38 969	40 083	41 901	42 156	47 612
Services juridiques, de comptabilité, de conseil en gestion et de relations publiques	49 939	54 247	60 523	64 152	70 803	35 052	36 094	37 485	38 433	43 948
Services juridiques	9 115	9 079	9 248	10 046	10 347	2 110	2 146	2 560	2 575	3 398
Comptabilité, vérification des comptes, tenue de livres et conseil en fiscalité	1 395	1 482	1 602	1 836	1 992	2 668	2 924	2 929	2 764	2 927
Conseil aux entreprises, conseil en gestion et relations publiques	39 429	43 686	49 673	52 270	58 464	30 274	31 024	31 996	33 094	37 623
Services de publicité, études de marché et sondages d'opinion	11 007	12 851	14 001	14 788	16 024	3 917	3 990	4 416	3 723	3 664
Services techniques, liés au commerce et autres services aux entreprises	30 066	29 542	27 115	31 164	31 377	20 534	21 806	20 337	22 290	24 155
Services d'architecture, d'ingénierie, scientifiques et autres services techniques	11 946	11 341	9 354	10 428	11 024	5 392	5 576	4 897	6 145	7 853
Services d'architecture	..	..	..	..	..	..	..	..	..	..
Services d'ingénierie	..	..	..	..	..	..	..	..	..	..
Services scientifiques et autres services techniques	..	..	..	..	..	..	..	..	..	..
Services de traitement des déchets et dépollution, services agricoles et miniers	7 211	6 817	6 544	7 766	5 483	4 452	4 956	3 724	3 878	3 806
Services de traitement des déchets et dépollution	..	..	..	..	..	..	..	..	..	..
Services annexes à l'agriculture, à la sylviculture et à la pêche	..	..	..	..	..	..	..	..	..	..
Services annexes aux industries extractives et à l'extraction de pétrole et de gaz	3 896	4 333	3 313	2 818	2 660	1 762	2 249	1 025	915	778
Services de location-exploitation	7 261	6 907	6 618	6 551	6 843	3 733	3 606	3 545	3 084	2 321
Services liés au commerce	1 290	1 530	1 522	2 026	2 623	1 309	1 341	1 683	1 719	2 156
Autres services aux entreprises n.i.a.	2 358	2 947	3 077	4 393	5 404	5 648	6 327	6 488	7 464	8 019
Services personnels, culturels et relatifs aux loisirs	**3 291**	**3 239**	**3 258**	**3 077**	**2 478**	**2 180**	**2 344**	**2 606**	**2 773**	**2 817**
Services audiovisuels et connexes	..	..	..	..	..	..	..	..	..	..
Autres services personnels, culturels et relatifs aux loisirs	..	..	..	..	..	..	..	..	..	..
Biens et services des administrations publiques, n.i.a.	**19 693**	**20 087**	**18 777**	**19 653**	**21 235**	**24 236**	**21 531**	**21 503**	**22 047**	**22 975**
Ambassades et consulats	..	..	..	..	..	..	..	..	..	..
Unités et organes militaires	..	..	..	..	..	..	..	..	..	..
Autres biens et services des administrations publiques, n.i.a.	..	..	..	..	..	..	..	..	..	..
Services non-alloués	..	..	..	..	..	..	..	..	..	..
Services liés au tourisme compris dans les voyages et les transports de passagers	..	..	..	..	..	..	..	..	..	..
SERVICES COMMERCIAUX	**721 401**	**735 223**	**739 669**	**779 304**	**805 745**	**456 525**	**470 435**	**490 124**	**521 833**	**544 347**
AUTRES SERVICES COMMERCIAUX	**417 604**	**417 178**	**423 139**	**452 932**	**467 246**	**249 150**	**249 869**	**260 829**	**276 809**	**282 964**

.. Non disponible

Note : Voir les métadonnées détaillées sur : *http://metalinks.oecd.org/tis/20200306/903d* et *http://metalinks.oecd.org/tis/20200306/527d*.

Source : US Department of Commerce, Bureau of Economic Analysis (BEA).

TABLEAUX PAR PAYS

Union européenne (28)

Millions USD

	Exportations					Importations				
	2014	2015	2016	2017	2018	2014	2015	2016	2017	2018
TOTAL DES SERVICES	**2 286 275**	**2 139 607**	**2 183 333**	**2 386 138**	**2 620 017**	**1 941 148**	**1 879 004**	**1 918 220**	**2 077 040**	**2 252 538**
Services de fabrication fournis sur des intrants physiques détenus par des tiers	**56 471**	**52 942**	**53 321**	**59 992**	**69 080**	**33 645**	**31 772**	**34 232**	**41 424**	**47 350**
Services d'entretien et de réparation n.i.a.	**26 821**	**29 943**	**32 389**	**35 975**	**40 528**	**23 545**	**25 913**	**28 093**	**30 700**	**34 787**
Transports	**415 779**	**370 893**	**361 932**	**402 390**	**443 051**	**365 880**	**329 099**	**323 199**	**355 285**	**395 102**
Transports maritimes	155 174	135 955	122 303	135 665	149 495	114 939	105 638	98 664	107 553	118 889
Passagers	5 512	6 123	6 311	6 587	6 947	1 682	1 538	1 404	1 465	1 873
Fret	129 827	111 008	97 192	109 712	122 105	63 339	55 867	51 307	56 679	62 403
Autres	19 836	18 821	18 798	19 363	20 444	49 917	48 236	45 953	49 409	54 613
Transports aériens	121 759	112 252	112 028	124 906	134 901	106 935	94 629	92 013	99 739	109 400
Passagers	72 562	68 203	69 379	76 418	81 451	55 905	50 794	49 423	52 912	59 126
Fret	13 241	11 023	10 086	13 609	15 491	21 995	18 388	18 073	19 992	22 378
Autres	35 957	33 028	32 566	34 882	37 957	29 034	25 447	24 516	26 834	27 892
Autres modes de transport	130 043	114 351	118 552	132 110	147 043	136 593	121 326	125 214	140 057	157 371
Passagers	3 252	2 958	2 851	2 891	3 108	2 450	2 316	2 272	2 577	2 844
Fret	92 335	81 076	83 648	92 653	104 067	104 843	92 565	95 329	103 391	115 049
Autres	34 459	30 316	32 049	36 562	39 867	29 296	26 450	27 614	34 088	39 476
Services postaux et de messagerie	8 803	8 332	9 055	9 712	11 612	7 415	7 508	7 311	7 934	9 442
Classification élargie des autres modes de transport										
Transports spatiaux	1 300	1 252	1 266	1 563	760	242	143	60	135	65
Transports ferroviaires	10 813	9 003	8 873	9 840	10 883	11 413	10 055	9 897	10 704	11 652
Passagers	2 203	1 914	1 970	2 029	2 184	1 979	1 884	1 848	2 069	2 150
Fret	7 049	5 893	5 706	6 568	7 350	8 096	7 118	7 017	7 500	8 265
Autres	1 561	1 200	1 198	1 243	1 350	1 337	1 054	1 032	1 135	1 235
Transports routiers	93 413	81 442	84 976	93 838	104 776	98 111	86 759	90 672	99 357	111 027
Passagers	913	937	780	754	805	383	370	363	444	605
Fret	73 946	64 871	67 590	74 958	84 407	87 610	77 069	80 070	86 684	96 220
Autres	18 554	15 637	16 603	18 126	19 566	10 116	9 319	10 242	12 231	14 203
Transports par voies navigables intérieures	2 952	2 596	2 546	2 584	2 963	2 450	2 078	1 956	2 315	2 572
Passagers	136	106	102	110	121	89	61	61	63	88
Fret	2 471	2 134	2 037	2 049	2 375	2 040	1 728	1 627	1 880	2 073
Autres	345	357	409	425	469	321	289	267	371	411
Transports par conduites	5 904	5 098	5 365	5 390	5 737	4 528	3 964	3 711	3 743	4 026
Transmission d'électricité	2 969	3 085	2 950	3 691	..	2 573	2 687	2 905	3 583	..
Autres services connexes aux transports	12 696	11 874	12 572	15 204	17 720	17 280	15 645	16 014	20 222	23 563
Transports - pour tous les modes										
Passagers	..	..	..	..	..	..	..	..	..	..
Fret	..	..	..	..	..	..	..	..	..	..
Autres	..	..	..	..	..	..	..	..	..	..
Autres transports sauf services postaux et de messagerie	..	..	..	..	..	..	..	..	..	..
Voyages	**435 878**	**393 015**	**401 025**	**438 797**	**479 959**	**395 110**	**338 357**	**347 499**	**375 853**	**413 262**
Voyages à titre professionnel	65 070	59 979	60 626	61 661	65 333	75 831	67 543	64 080	68 931	73 174
Acquisitions par les travailleurs frontaliers, saisonniers, court terme	9 486	8 429	9 990	9 820	11 238	12 383	10 529	10 744	11 488	12 773
Autres que les acquisitions par les travailleurs frontaliers, saisonniers, court terme	55 583	51 552	50 635	51 842	54 094	63 448	57 012	53 334	57 441	60 401
Voyages à titre personnel	370 804	333 034	340 400	377 135	414 626	319 279	270 813	283 418	306 922	340 090
Dépenses liées à la santé	4 024	3 618	3 439	3 989	4 300	3 956	3 213	3 506	3 376	4 054
Dépenses liées à l'éducation	27 998	28 059	26 033	24 841	28 252	10 381	9 187	8 007	8 469	9 108
Autres	338 784	301 357	310 929	348 304	382 077	304 945	258 414	271 904	295 080	326 927
Construction	**33 550**	**30 846**	**31 530**	**34 022**	**36 779**	**25 244**	**21 160**	**20 522**	**22 219**	**26 135**
Construction réalisée à l'étranger	31 404	28 820	28 894	31 507	34 171	12 578	11 600	12 076	13 126	16 571
Construction réalisée dans l'économie déclarante	2 146	2 022	2 637	2 513	2 608	12 663	9 563	8 448	9 093	9 561
Services d'assurance et de pension	**79 081**	**64 545**	**70 382**	**68 480**	**75 170**	**42 593**	**39 867**	**41 871**	**43 591**	**46 913**
Assurance directe	51 504	41 012	40 311	39 163	43 131	18 757	19 361	17 510	17 760	19 376
Assurance-vie	16 245	9 084	11 752	12 468	..	3 634	3 911	3 923	4 348	..
Assurance fret	2 714	2 531	2 373	2 446	..	9 344	8 716	7 709	8 681	..
Autres assurances directes	32 540	29 484	26 055	24 584	..	5 777	4 934	5 068	4 841	..
Réassurance	16 871	15 874	20 704	20 259	22 084	15 916	13 531	16 242	17 337	18 541
Services auxiliaires d'assurance	10 135	8 143	8 617	8 263	9 199	7 883	6 876	8 038	8 438	8 997
Services de pension et de garantie standard	572	-483	750	795	851	39	98	84	58	58
Services de pension	171	156	136	143	183	30	31	9	13	14
Services de garantie standard	402	-638	614	652	668	7	65	75	43	45

Union européenne (28) *(suite)*

Millions USD

	Exportations					Importations				
	2014	2015	2016	2017	2018	2014	2015	2016	2017	2018
Services financiers	**242 049**	**229 941**	**226 453**	**235 658**	**250 892**	**141 727**	**135 895**	**133 763**	**138 489**	**148 782**
Services financiers explicitement facturés et autres	194 883	187 504	184 732	193 159	205 678	110 998	107 443	106 773	114 847	125 354
Services d'intermédiation financière indirectement mesurés (SIFIM)	47 166	42 437	41 721	42 499	45 215	30 729	28 452	26 990	23 642	23 428
Frais pour usage de propriété intellectuelle n.i.a.	**131 874**	**130 972**	**135 238**	**152 546**	**168 233**	**185 189**	**194 767**	**198 250**	**213 313**	**236 908**
Frais de franchise et marques commerciales	..	..	..	..	..	..	..	..	..	..
Licences d'utilisation des résultats de la recherche-développement	..	..	..	..	..	..	..	..	..	..
Licences de reproduction et/ou de distribution de logiciels	..	..	..	..	..	..	..	..	..	..
Licences de reproduction et/ou de distribution de produits audiovisuels et connexes	..	..	..	..	..	..	..	..	..	..
Services de télécommunications, d'informatique et d'information	**254 472**	**252 338**	**260 650**	**287 241**	**333 275**	**147 679**	**172 479**	**147 191**	**163 668**	**182 576**
Services de télécommunications	48 199	43 465	44 881	43 191	45 825	46 111	41 377	40 553	40 413	41 496
Services d'informatique	193 149	195 522	200 843	224 850	265 196	92 565	122 282	96 789	111 069	127 748
Logiciels	..	..	..	..	..	..	..	..	..	..
***dont :** Logiciels originaux*	..	..	..	..	..	..	..	..	..	..
Autres services d'informatique	..	..	..	..	..	..	..	..	..	..
Services d'information	13 120	13 348	14 928	19 198	22 257	8 998	8 819	9 849	12 187	13 332
Services d'agence de presse	1 253	1 369	1 282	1 467	2 014	1 073	1 036	1 056	1 163	1 490
Autres services d'information	11 869	11 978	13 646	17 730	20 242	7 927	7 782	8 796	11 024	11 843
Autres services aux entreprises	**560 337**	**533 962**	**563 510**	**616 196**	**662 449**	**528 061**	**538 393**	**591 170**	**636 771**	**661 143**
Services de recherche-développement	77 027	75 344	79 108	90 226	95 126	85 607	105 305	142 048	142 143	118 096
Travail mené de façon systématique pour accroître les connaissances	69 667	64 006	70 108	77 557	..	78 400	94 190	130 479	95 741	..
Services de recherche-développement, autres	7 273	8 277	7 830	7 669	..	7 306	7 401	7 954	8 313	..
Services spécialisés et services de conseil en gestion	174 795	171 659	186 004	210 423	239 126	169 983	168 715	182 633	208 403	232 891
Services juridiques, de comptabilité, de conseil en gestion et de relations publiques	126 708	126 408	135 955	155 016	179 083	111 712	110 681	118 149	135 897	153 571
Services juridiques	16 817	16 358	16 853	18 155	21 832	10 567	9 601	9 805	10 844	12 091
Comptabilité, vérification des comptes, tenue de livres et conseil en fiscalité	14 886	13 158	13 927	15 963	18 391	10 141	9 725	10 907	12 265	13 547
Conseil aux entreprises, conseil en gestion et relations publiques	95 005	96 894	105 176	120 898	138 863	91 006	91 357	97 436	112 792	127 933
Services de publicité, études de marché et sondages d'opinion	48 083	45 254	50 050	55 411	60 042	58 271	58 033	64 484	72 507	79 320
Services techniques, liés au commerce et autres services aux entreprises	308 517	286 959	298 401	315 546	328 197	272 467	264 376	266 488	286 225	310 157
Services d'architecture, d'ingénierie, scientifiques et autres services techniques	83 947	76 106	77 731	73 722	75 943	54 261	47 614	48 520	48 053	51 388
Services d'architecture	2 165	1 829	1 884	2 110	2 495	981	622	794	801	1 000
Services d'ingénierie	52 362	47 086	48 807	47 810	48 616	26 002	22 557	24 579	27 258	29 072
Services scientifiques et autres services techniques	29 418	27 189	27 039	23 805	24 834	27 280	24 434	23 148	19 993	21 317
Services de traitement des déchets et dépollution, services agricoles et miniers	16 999	17 484	13 702	12 330	12 781	10 784	12 080	11 193	7 583	7 586
Services de traitement des déchets et dépollution	1 692	1 582	1 927	1 692	1 714	1 290	1 196	1 048	1 513	1 490
Services annexes à l'agriculture, à la sylviculture et à la pêche	..	..	..	..	..	..	..	..	..	..
Services annexes aux industries extractives et à l'extraction de pétrole et de gaz	..	..	..	..	..	..	..	..	..	..
Services de location-exploitation	31 935	30 638	32 210	34 529	35 534	24 470	25 243	25 158	25 403	27 007
Services liés au commerce	44 966	40 280	41 740	47 586	50 388	65 610	57 837	56 372	61 611	68 062
Autres services aux entreprises n.i.a.	130 674	122 453	133 017	147 380	153 551	117 344	121 604	125 246	143 575	156 113
Services personnels, culturels et relatifs aux loisirs	**27 377**	**27 479**	**27 604**	**31 715**	**35 448**	**27 619**	**29 520**	**29 758**	**31 363**	**34 546**
Services audiovisuels et connexes	15 046	13 969	13 152	16 801	17 714	14 365	15 133	16 001	16 406	17 501
Autres services personnels, culturels et relatifs aux loisirs	12 333	13 509	14 455	14 916	17 735	13 250	14 388	13 758	14 959	17 049
Biens et services des administrations publiques, n.i.a.	**19 751**	**18 691**	**18 272**	**18 558**	**20 685**	**23 597**	**20 418**	**21 587**	**23 283**	**23 921**
Ambassades et consulats	3 975	3 177	3 156	4 386	4 663	7 132	5 903	6 516	6 844	7 431
Unités et organes militaires	3 490	3 371	3 248	2 749	3 517	11 985	10 385	9 891	11 247	11 280
Autres biens et services des administrations publiques, n.i.a.	12 285	12 141	11 863	11 416	12 502	4 480	4 132	5 182	5 191	5 208
Services non-alloués	**2 835**	**4 042**	**1 028**	**4 570**	**4 469**	**1 260**	**1 364**	**1 084**	**1 083**	**1 113**
Services liés au tourisme compris dans les voyages et les transports de passagers	..	..	..	..	..	..	..	..	..	..
SERVICES COMMERCIAUX	**2 266 524**	**2 120 916**	**2 165 061**	**2 367 580**	**2 599 332**	**1 917 551**	**1 858 586**	**1 896 633**	**2 053 757**	**2 228 617**
AUTRES SERVICES COMMERCIAUX	**1 328 741**	**1 270 083**	**1 315 367**	**1 425 857**	**1 562 246**	**1 098 112**	**1 132 081**	**1 162 526**	**1 249 413**	**1 337 003**

.. Non disponible

Note : Voir les métadonnées détaillées sur : *http://metalinks.oecd.org/tis/20200306/903d*

Source : Eurostat.

Zone euro (19) - zone euro

Millions USD

	Exportations					Importations				
	2014	2015	2016	2017	2018	2014	2015	2016	2017	2018
TOTAL DES SERVICES	**647 515**	**580 491**	**601 322**	..	..	**620 288**	**561 640**	**581 701**	..	..
Services de fabrication fournis sur des intrants physiques détenus par des tiers	**15 095**	**13 642**	**14 471**	..	..	**12 284**	**11 124**	**10 532**	..	..
Services d'entretien et de réparation n.i.a.	**7 639**	**7 441**	**7 389**	..	..	**7 764**	**7 160**	**7 689**	..	..
Transports	**109 207**	**98 858**	**100 337**	..	..	**110 926**	**97 116**	**98 617**	..	..
Transports maritimes	23 819	21 605	20 151	..	..	20 523	17 337	16 342	..	..
Passagers	640	619	623	..	..	290	158	146	..	..
Fret	17 042	15 109	13 721	..	..	11 867	9 928	9 276	..	..
Autres	6 133	5 876	5 804	..	..	8 366	7 250	6 919	..	..
Transports aériens	22 830	23 098	24 068	..	..	24 292	22 035	22 673	..	..
Passagers	14 483	15 480	15 858	..	..	13 359	12 237	12 543	..	..
Fret	2 553	1 949	1 803	..	..	4 286	3 492	3 572	..	..
Autres	5 793	5 665	6 404	..	..	6 650	6 307	6 557	..	..
Autres modes de transport	59 190	51 122	52 859	..	..	64 427	56 044	57 811	..	..
Passagers	1 293	1 155	1 200	..	..	979	1 030	1 049	..	..
Fret	43 807	37 944	38 544	..	..	50 489	43 213	44 460	..	..
Autres	14 088	12 022	13 115	..	..	12 961	11 801	12 305	..	..
Services postaux et de messagerie	3 369	3 032	3 262	..	..	1 685	1 701	1 791	..	..
Classification élargie des autres modes de transport										
Transports spatiaux	238	222	236	..	..	123	0	0	..	..
Transports ferroviaires	4 660	3 884	3 768	..	..	5 037	4 528	4 429	..	..
Passagers	1 008	931	985	..	..	780	838	829	..	..
Fret	3 120	2 554	2 389	..	..	3 655	3 167	3 096	..	..
Autres	529	400	394	..	..	606	524	503	..	..
Transports routiers	43 221	36 905	38 121	..	..	47 090	40 246	42 109	..	..
Passagers	242	198	186	..	..	153	173	199	..	..
Fret	34 140	29 443	30 238	..	..	41 766	35 323	36 699	..	..
Autres	8 840	7 267	7 695	..	..	5 171	4 751	5 211	..	..
Transports par voies navigables intérieures	1 936	1 745	1 577	..	..	1 799	1 515	1 415	..	..
Passagers	46	27	29	..	..	47	20	18	..	..
Fret	1 664	1 504	1 339	..	..	1 487	1 266	1 203	..	..
Autres	227	215	209	..	..	264	229	194	..	..
Transports par conduites	3 040	2 572	2 549	..	..	1 901	1 568	1 434	..	..
Transmission d'électricité	1 843	1 872	2 034	..	..	1 680	1 890	2 031	..	..
Autres services connexes aux transports	4 253	3 919	4 579	..	..	6 795	6 295	6 396	..	..
Transports - pour tous les modes										
Passagers	..	..	..	..	..	..	..	..	..	..
Fret	..	..	..	..	..	..	..	..	..	..
Autres	..	..	..	..	..	..	..	..	..	..
Autres transports sauf services postaux et de messagerie	..	..	..	..	..	..	..	..	..	..
Voyages	**161 796**	**137 046**	**138 971**	..	..	**143 396**	**121 371**	**128 263**	..	..
Voyages à titre professionnel	21 185	17 780	17 422	..	..	22 439	19 478	19 539	..	..
Acquisitions par les travailleurs frontaliers, saisonniers, court terme	5 198	4 124	4 142	..	..	5 631	4 298	4 535	..	..
Autres que les acquisitions par les travailleurs frontaliers, saisonniers, court terme	15 985	13 653	13 277	..	..	16 807	15 180	15 001	..	..
Voyages à titre personnel	140 611	119 266	121 550	..	..	120 955	101 897	108 724	..	..
Dépenses liées à la santé	1 498	1 355	1 254	..	..	2 163	1 584	1 573	..	..
Dépenses liées à l'éducation	4 812	4 025	3 731	..	..	3 310	2 697	2 757	..	..
Autres	134 307	113 887	116 566	..	..	115 480	97 612	104 392	..	..
Construction	**7 905**	**6 677**	**6 997**	..	..	**8 523**	**7 155**	**6 431**	..	..
Construction réalisée à l'étranger	7 165	5 950	6 317	..	..	3 651	3 206	3 037	..	..
Construction réalisée dans l'économie déclarante	741	728	683	..	..	4 873	3 945	3 394	..	..
Services d'assurance et de pension	**19 382**	**15 414**	**15 927**	..	..	**16 730**	**13 513**	**15 833**	..	..
Assurance directe	11 221	9 614	8 407	..	..	7 859	6 471	6 724	..	..
Assurance-vie	5 692	4 993	4 021	..	..	1 814	1 541	1 625	..	..
Assurance fret	579	467	459	..	..	2 994	2 506	2 676	..	..
Autres assurances directes	4 946	4 149	3 931	..	..	3 056	2 426	2 423	..	..
Réassurance	5 987	4 195	5 682	..	..	5 843	4 395	5 982	..	..
Services auxiliaires d'assurance	2 080	1 540	1 780	..	..	3 007	2 610	3 095	..	..
Services de pension et de garantie standard	95	63	59	..	..	18	33	31	..	..
Services de pension	71	37	13	..	..	13	1	1	..	..
Services de garantie standard	23	27	47	..	..	6	31	30	..	..

Zone euro (19) - zone euro *(suite)*

Millions USD

	Exportations					Importations				
	2014	2015	2016	2017	2018	2014	2015	2016	2017	2018
Services financiers	**58 048**	**54 498**	**56 482**	..	..	**44 008**	**40 937**	**40 789**	..	..
Services financiers explicitement facturés et autres	47 761	46 240	48 081	..	..	31 828	30 497	30 939	..	..
Services d'intermédiation financière indirectement mesurés (SIFIM)	10 290	8 258	8 404	..	..	12 175	10 441	9 850	..	..
Frais pour usage de propriété intellectuelle n.i.a.	**34 295**	**35 395**	**36 304**	..	..	**51 456**	**51 432**	**50 073**	..	..
Frais de franchise et marques commerciales	..	..	..	..	..	..	..	..	..	..
Licences d'utilisation des résultats de la recherche-développement	..	..	..	..	..	..	..	..	..	..
Licences de reproduction et/ou de distribution de logiciels	..	..	..	..	..	..	..	..	..	..
Licences de reproduction et/ou de distribution de produits audiovisuels et connexes	..	..	..	..	..	..	..	..	..	..
Services de télécommunications, d'informatique et d'information	**76 016**	**65 560**	**68 611**	..	..	**49 292**	**43 448**	**46 239**	..	..
Services de télécommunications	10 919	10 027	10 576	..	..	10 507	9 405	8 891	..	..
Services d'informatique	62 554	52 965	55 134	..	..	36 732	32 054	34 879	..	..
Logiciels	..	..	..	..	..	..	..	..	..	..
***dont :** Logiciels originaux*	..	..	..	..	..	..	..	..	..	..
Autres services d'informatique	..	..	..	..	..	..	..	..	..	..
Services d'information	2 544	2 563	2 898	..	..	2 051	1 984	2 466	..	..
Services d'agence de presse	121	129	134	..	..	215	194	184	..	..
Autres services d'information	2 421	2 435	2 767	..	..	1 838	1 792	2 282	..	..
Autres services aux entreprises	**147 427**	**136 484**	**147 582**	..	..	**165 965**	**158 601**	**167 417**	..	..
Services de recherche-développement	18 392	16 588	17 093	..	..	18 900	18 734	21 753	..	..
Travail mené de façon systématique pour accroître les connaissances	17 036	14 999	15 177	..	..	17 339	16 545	19 419	..	..
Services de recherche-développement, autres	1 357	1 589	1 916	..	..	1 568	2 190	2 336	..	..
Services spécialisés et services de conseil en gestion	52 762	48 741	52 727	..	..	58 060	56 766	62 453	..	..
Services juridiques, de comptabilité, de conseil en gestion et de relations publiques	38 121	34 694	37 683	..	..	36 909	35 258	37 745	..	..
Services juridiques	3 208	3 035	3 174	..	..	2 313	2 308	2 226	..	..
Comptabilité, vérification des comptes, tenue de livres et conseil en fiscalité	3 332	3 014	3 186	..	..	3 471	3 219	3 580	..	..
Conseil aux entreprises, conseil en gestion et relations publiques	31 583	28 645	31 321	..	..	31 122	29 730	31 939	..	..
Services de publicité, études de marché et sondages d'opinion	14 640	14 046	15 046	..	..	21 153	21 505	24 711	..	..
Services techniques, liés au commerce et autres services aux entreprises	76 268	71 157	77 763	..	..	89 001	83 099	83 209	..	..
Services d'architecture, d'ingénierie, scientifiques et autres services techniques	15 191	13 564	14 055	..	..	18 206	14 946	14 540	..	..
Services d'architecture	276	214	327	..	..	288	196	229	..	..
Services d'ingénierie	9 899	8 983	9 094	..	..	9 130	7 885	8 056	..	..
Services scientifiques et autres services techniques	5 018	4 367	4 631	..	..	8 791	6 861	6 256	..	..
Services de traitement des déchets et dépollution, services agricoles et miniers	2 479	2 459	2 222	..	..	2 783	3 053	3 012	..	..
Services de traitement des déchets et dépollution	829	765	963	..	..	798	756	623	..	..
Services annexes à l'agriculture, à la sylviculture et à la pêche	..	..	..	..	..	..	..	..	..	..
Services annexes aux industries extractives et à l'extraction de pétrole et de gaz	..	..	..	..	..	..	..	..	..	..
Services de location-exploitation	9 200	8 704	9 255	..	..	8 933	10 364	10 855	..	..
Services liés au commerce	20 344	17 686	19 525	..	..	28 384	25 032	26 234	..	..
Autres services aux entreprises n.i.a.	29 051	28 741	32 705	..	..	30 691	29 706	28 570	..	..
Services personnels, culturels et relatifs aux loisirs	**8 101**	**7 283**	**7 348**	..	..	**7 428**	**6 920**	**7 337**	..	..
Services audiovisuels et connexes	4 477	3 874	3 961	..	..	4 384	4 538	4 846	..	..
Autres services personnels, culturels et relatifs aux loisirs	3 620	3 409	3 385	..	..	3 042	2 383	2 492	..	..
Biens et services des administrations publiques, n.i.a.	**1 192**	**1 015**	**1 031**	..	..	**1 727**	**1 969**	**1 688**	..	..
Ambassades et consulats	474	288	275	..	..	810	813	764	..	..
Unités et organes militaires	167	138	204	..	..	702	931	611	..	..
Autres biens et services des administrations publiques, n.i.a.	547	590	551	..	..	215	225	307	..	..
Services non-alloués	**1 409**	**1 183**	**-130**	..	..	**796**	**904**	**793**	..	..
Services liés au tourisme compris dans les voyages et les transports de passagers	..	..	..	..	..	..	..	..	..	..
SERVICES COMMERCIAUX	**646 324**	**579 476**	**600 291**	..	..	**618 561**	**559 671**	**580 014**	..	..
AUTRES SERVICES COMMERCIAUX	**351 174**	**321 310**	**339 252**	..	..	**343 403**	**322 007**	**334 119**	..	..

.. Non disponible

Note : Partenaire EA19. Voir les métadonnées détaillées sur : *http://metalinks.oecd.org/tis/20200306/903d*

Source : Eurostat.

TABLEAUX PAR PAYS

Colombie

Millions USD

	Exportations					Importations				
	2014	2015	2016	2017	2018	2014	2015	2016	2017	2018
TOTAL DES SERVICES	**7 156**	**7 426**	**7 771**	**8 461**	**9 608**	**14 378**	**12 214**	**11 301**	**12 438**	**13 344**
Services de fabrication fournis sur des intrants physiques détenus par des tiers	**0**	**0**	**0**	**0**	**0**	**3**	**1**	**0**	**2**	**2**
Services d'entretien et de réparation n.i.a.	**23**	**24**	**10**	**1**	**51**	**19**	**12**	**12**	**85**	**103**
Transports	**1 766**	**1 601**	**1 640**	**1 708**	**1 875**	**3 339**	**2 857**	**2 605**	**2 831**	**3 096**
Transports maritimes	211	162	163	190	208	2 175	1 761	1 413	1 441	1 551
Passagers	..	..	..	..	..	..	..	..	..	..
Fret	30	31	35	38	29	2 137	1 735	1 391	1 402	1 513
Autres	181	132	128	152	179	38	26	22	39	38
Transports aériens	1 491	1 400	1 454	1 486	1 630	1 074	1 003	1 041	1 257	1 382
Passagers	1 062	991	1 062	961	1 061	492	502	571	660	801
Fret	206	268	257	284	323	332	300	193	207	251
Autres	222	142	135	241	246	250	200	278	390	330
Autres modes de transport	48	29	14	23	25	38	47	104	98	115
Passagers	..	..	..	..	..	..	..	..	..	..
Fret	48	29	14	23	25	38	47	104	98	115
Autres	0	0	0	0	0	..	..	..	..	..
Services postaux et de messagerie	17	9	10	10	12	52	46	47	35	48
Classification élargie des autres modes de transport										
Transports spatiaux	..	..	..	..	..	..	..	..	..	..
Transports ferroviaires	..	..	..	..	..	..	..	..	..	..
Passagers	..	..	..	..	..	..	..	..	..	..
Fret	..	..	..	..	..	..	..	..	..	..
Autres	..	..	..	..	..	..	..	..	..	..
Transports routiers	..	..	..	..	..	..	..	..	..	..
Passagers	..	..	..	..	..	..	..	..	..	..
Fret	..	..	..	..	..	..	..	..	..	..
Autres	..	..	..	..	..	..	..	..	..	..
Transports par voies navigables intérieures	..	..	..	..	..	..	..	..	..	..
Passagers	..	..	..	..	..	..	..	..	..	..
Fret	..	..	..	..	..	..	..	..	..	..
Autres	..	..	..	..	..	..	..	..	..	..
Transports par conduites	..	..	..	..	..	..	..	..	..	..
Transmission d'électricité	..	..	..	..	..	..	..	..	..	..
Autres services connexes aux transports	..	..	..	..	..	..	..	..	..	..
Transports - pour tous les modes										
Passagers	1 062	991	1 062	961	1 061	492	502	571	660	801
Fret	284	328	306	345	377	2 507	2 082	1 688	1 707	1 879
Autres	403	273	263	393	425	288	226	300	429	368
Autres transports sauf services postaux et de messagerie	..	..	..	..	..	..	..	..	..	..
Voyages	**3 825**	**4 245**	**4 523**	**4 921**	**5 557**	**4 683**	**4 318**	**4 254**	**4 475**	**4 824**
Voyages à titre professionnel	..	..	..	..	..	..	..	..	..	..
Acquisitions par les travailleurs frontaliers, saisonniers, court terme	..	..	..	..	..	..	..	..	..	..
Autres que les acquisitions par les travailleurs frontaliers, saisonniers, court terme	..	..	..	..	..	..	..	..	..	..
Voyages à titre personnel	..	..	..	..	..	..	..	..	..	..
Dépenses liées à la santé	..	..	..	..	..	..	..	..	..	..
Dépenses liées à l'éducation	..	..	..	..	..	..	..	..	..	..
Autres	..	..	..	..	..	..	..	..	..	..
Construction	**0**	**0**	**0**	**0**	**0**	**2**	**1**	**0**	**1**	**0**
Construction réalisée à l'étranger	..	..	..	..	..	..	..	..	..	..
Construction réalisée dans l'économie déclarante	..	..	..	..	..	..	..	..	..	..
Services d'assurance et de pension	**14**	**19**	**23**	**17**	**17**	**1 178**	**882**	**950**	**998**	**1 000**
Assurance directe	0	0	0	0	0	116	96	82	83	94
Assurance-vie	..	..	..	..	..	..	..	..	..	..
Assurance fret	..	..	..	..	..	..	..	..	..	..
Autres assurances directes	..	..	..	..	..	..	..	..	..	..
Réassurance	14	19	23	17	17	1 010	780	861	909	899
Services auxiliaires d'assurance	0	0	0	0	0	52	7	7	7	7
Services de pension et de garantie standard	..	..	..	..	..	..	..	..	..	..
Services de pension	..	..	..	..	..	..	..	..	..	..
Services de garantie standard	..	..	..	..	..	..	..	..	..	..

Colombie (*suite*)

Millions USD

	Exportations					Importations				
	2014	2015	2016	2017	2018	2014	2015	2016	2017	2018
Services financiers	**70**	**57**	**48**	**80**	**70**	**881**	**764**	**527**	**1 056**	**1 136**
Services financiers explicitement facturés et autres	53	39	31	75	63	277	220	238	218	302
Services d'intermédiation financière indirectement mesurés (SIFIM)	18	17	17	5	8	605	543	289	839	835
Frais pour usage de propriété intellectuelle n.i.a.	**56**	**52**	**46**	**62**	**106**	**526**	**471**	**439**	**420**	**471**
Frais de franchise et marques commerciales	..	..	..	..	..	..	..	..	..	..
Licences d'utilisation des résultats de la recherche-développement	..	..	..	..	..	..	..	..	..	..
Licences de reproduction et/ou de distribution de logiciels	..	..	..	..	..	..	..	..	..	..
Licences de reproduction et/ou de distribution de produits audiovisuels et connexes	..	..	..	..	..	..	..	..	..	..
Services de télécommunications, d'informatique et d'information	**275**	**346**	**325**	**344**	**426**	**666**	**719**	**707**	**828**	**854**
Services de télécommunications	149	226	194	184	201	246	296	321	356	369
Services d'informatique	120	115	126	155	221	389	365	322	416	409
Logiciels	..	..	..	..	..	..	..	..	..	..
***dont :** Logiciels originaux*	..	..	..	..	..	..	..	..	..	..
Autres services d'informatique	..	..	..	..	..	..	..	..	..	..
Services d'information	6	4	5	5	4	31	58	64	57	75
Services d'agence de presse	..	..	..	..	..	..	..	..	..	..
Autres services d'information	..	..	..	..	..	..	..	..	..	..
Autres services aux entreprises	**954**	**886**	**890**	**1 057**	**1 233**	**2 851**	**1 942**	**1 558**	**1 523**	**1 613**
Services de recherche-développement	..	..	..	..	..	..	..	..	..	..
Travail mené de façon systématique pour accroître les connaissances	..	..	..	..	..	..	..	..	..	..
Services de recherche-développement, autres	..	..	..	..	..	..	..	..	..	..
Services spécialisés et services de conseil en gestion	266	247	256	315	354	772	610	514	654	633
Services juridiques, de comptabilité, de conseil en gestion et de relations publiques	202	195	198	242	270	660	526	455	584	533
Services juridiques	..	..	..	..	..	..	..	..	..	..
Comptabilité, vérification des comptes, tenue de livres et conseil en fiscalité	..	..	..	..	..	..	..	..	..	..
Conseil aux entreprises, conseil en gestion et relations publiques	..	..	..	..	..	..	..	..	..	..
Services de publicité, études de marché et sondages d'opinion	65	52	58	73	83	112	84	59	70	100
Services techniques, liés au commerce et autres services aux entreprises	688	640	634	742	879	2 079	1 332	1 044	869	980
Services d'architecture, d'ingénierie, scientifiques et autres services techniques	131	133	117	121	112	83	112	136	111	100
Services d'architecture	..	..	..	..	..	..	..	..	..	..
Services d'ingénierie	..	..	..	..	..	..	..	..	..	..
Services scientifiques et autres services techniques	..	..	..	..	..	..	..	..	..	..
Services de traitement des déchets et dépollution, services agricoles et miniers	167	149	95	99	101	1 182	563	361	343	373
Services de traitement des déchets et dépollution	..	..	..	..	..	..	..	..	..	..
Services annexes à l'agriculture, à la sylviculture et à la pêche	..	..	..	..	..	..	..	..	..	..
Services annexes aux industries extractives et à l'extraction de pétrole et de gaz	..	..	..	..	..	..	..	..	..	..
Services de location-exploitation	64	12	13	8	3	357	305	275	212	279
Services liés au commerce	114	87	80	67	83	255	177	117	77	64
Autres services aux entreprises n.i.a.	213	259	331	447	579	202	174	155	128	164
Services personnels, culturels et relatifs aux loisirs	**83**	**103**	**130**	**117**	**101**	**104**	**123**	**106**	**80**	**112**
Services audiovisuels et connexes	41	51	54	40	21	46	52	38	30	16
Autres services personnels, culturels et relatifs aux loisirs	42	52	76	77	80	58	71	68	49	96
Biens et services des administrations publiques, n.i.a.	**88**	**92**	**136**	**156**	**174**	**126**	**125**	**142**	**140**	**132**
Ambassades et consulats	..	..	..	..	..	..	..	..	..	..
Unités et organes militaires	..	..	..	..	..	..	..	..	..	..
Autres biens et services des administrations publiques, n.i.a.	..	..	..	..	..	..	..	..	..	..
Services non-alloués	**..**	**..**	**..**	**..**	**..**	**..**	**..**	**..**	**..**	**..**
Services liés au tourisme compris dans les voyages et les transports de passagers	**..**	**..**	**..**	**..**	**..**	**..**	**..**	**..**	**..**	**..**
SERVICES COMMERCIAUX	**7 068**	**7 334**	**7 635**	**8 306**	**9 435**	**14 252**	**12 090**	**11 158**	**12 298**	**13 211**
AUTRES SERVICES COMMERCIAUX	**1 453**	**1 463**	**1 462**	**1 676**	**1 952**	**6 209**	**4 902**	**4 287**	**4 906**	**5 186**

.. Non disponible

Note : Voir les métadonnées détaillées sur : *http://metalinks.oecd.org/tis/20200306/903d* et *http://metalinks.oecd.org/tis/20200306/6bee.*

Source : Banco Central de Colombia.

TABLEAUX PAR PAYS

Costa Rica

Millions USD

	Exportations					Importations				
	2014	2015	2016	2017	2018	2014	2015	2016	2017	2018
TOTAL DES SERVICES	**7 106**	**7 694**	**8 537**	**8 632**	**9 091**	**2 567**	**3 085**	**3 427**	**3 835**	**3 902**
Services de fabrication fournis sur des intrants physiques détenus par des tiers	**360**	**149**	**137**	**151**	**140**	**0**	**0**	**0**	**0**	**0**
Services d'entretien et de réparation n.i.a.	**77**	**81**	**103**	**108**	**118**	**1**	**1**	**1**	**4**	**3**
Transports	**436**	**496**	**503**	**455**	**502**	**962**	**1 009**	**1 078**	**1 119**	**1 155**
Transports maritimes	154	172	191	170	171	483	514	518	518	544
Passagers	..	..	..	..	..	..	..	..	..	..
Fret	0	0	0	0	0	483	514	518	518	544
Autres	154	172	191	170	171	0	0	0	0	0
Transports aériens	240	281	266	243	294	334	357	416	449	473
Passagers	139	141	126	101	91	207	208	252	278	300
Fret	1	3	3	3	3	112	111	121	125	124
Autres	100	136	137	139	200	15	38	42	46	49
Autres modes de transport	37	39	39	27	28	122	115	115	118	113
Passagers	2	2	2	1	1	0	0	0	0	0
Fret	35	36	36	25	26	119	114	115	118	113
Autres	1	2	1	1	1	3	0	0	0	0
Services postaux et de messagerie	5	4	7	14	9	24	23	30	34	25
Classification élargie des autres modes de transport										
Transports spatiaux	..	..	..	..	..	..	..	..	..	..
Transports ferroviaires	..	..	..	..	..	..	..	..	..	..
Passagers	..	..	..	..	..	..	..	..	..	..
Fret	..	..	..	..	..	..	..	..	..	..
Autres	..	..	..	..	..	..	..	..	..	..
Transports routiers	..	..	..	..	..	..	..	..	..	..
Passagers	..	..	..	..	..	..	..	..	..	..
Fret	..	..	..	..	..	..	..	..	..	..
Autres	..	..	..	..	..	..	..	..	..	..
Transports par voies navigables intérieures	..	..	..	..	..	..	..	..	..	..
Passagers	..	..	..	..	..	..	..	..	..	..
Fret	..	..	..	..	..	..	..	..	..	..
Autres	..	..	..	..	..	..	..	..	..	..
Transports par conduites	..	..	..	..	..	..	..	..	..	..
Transmission d'électricité	..	..	..	..	..	..	..	..	..	..
Autres services connexes aux transports	..	..	..	..	..	..	..	..	..	..
Transports - pour tous les modes										
Passagers	141	143	128	102	92	207	208	252	278	300
Fret	36	39	39	28	29	713	739	754	761	782
Autres	255	310	329	311	373	18	39	42	46	49
Autres transports sauf services postaux et de messagerie	..	..	..	..	..	..	..	..	..	..
Voyages	**2 996**	**3 267**	**3 648**	**3 656**	**3 773**	**450**	**690**	**803**	**1 044**	**982**
Voyages à titre professionnel	463	542	492	327	341	223	292	285	393	371
Acquisitions par les travailleurs frontaliers, saisonniers, court terme	31	31	31	36	45	2	2	2	0	1
Autres que les acquisitions par les travailleurs frontaliers, saisonniers, court terme	431	511	461	291	296	221	290	283	393	370
Voyages à titre personnel	2 534	2 725	3 156	3 329	3 432	227	398	518	650	611
Dépenses liées à la santé	327	358	475	422	437	2	3	7	0	0
Dépenses liées à l'éducation	233	227	270	71	72	5	4	31	20	19
Autres	1 974	2 140	2 411	2 835	2 922	220	391	480	630	592
Construction	..	..	..	..	..	..	..	..	..	..
Construction réalisée à l'étranger	..	..	..	..	..	..	..	..	..	..
Construction réalisée dans l'économie déclarante	..	..	..	..	..	..	..	..	..	..
Services d'assurance et de pension	**2**	**2**	**2**	**2**	**2**	**195**	**208**	**207**	**184**	**201**
Assurance directe	0	0	0	0	0	55	56	55	35	60
Assurance-vie	..	..	..	..	..	..	..	..	..	..
Assurance fret	..	..	..	..	..	..	..	..	..	..
Autres assurances directes	..	..	..	..	..	..	..	..	..	..
Réassurance	2	2	2	2	2	141	152	153	148	141
Services auxiliaires d'assurance	..	..	..	..	..	..	..	..	..	..
Services de pension et de garantie standard	..	..	..	..	..	..	..	..	..	..
Services de pension	..	..	..	..	..	..	..	..	..	..
Services de garantie standard	..	..	..	..	..	..	..	..	..	..

Costa Rica *(suite)*

Millions USD

	Exportations					Importations				
	2014	2015	2016	2017	2018	2014	2015	2016	2017	2018
Services financiers	**86**	**65**	**90**	**90**	**85**	**166**	**177**	**185**	**211**	**265**
Services financiers explicitement facturés et autres	79	58	81	80	75	20	33	47	33	39
Services d'intermédiation financière indirectement mesurés (SIFIM)	8	7	8	10	10	145	144	138	177	227
Frais pour usage de propriété intellectuelle n.i.a.	**0**	**0**	**5**	**6**	**6**	**455**	**496**	**503**	**538**	**565**
Frais de franchise et marques commerciales	..	..	..	..	..	..	..	..	..	..
Licences d'utilisation des résultats de la recherche-développement	..	..	..	..	..	..	..	..	..	..
Licences de reproduction et/ou de distribution de logiciels	..	..	..	..	..	..	..	..	..	..
Licences de reproduction et/ou de distribution de produits audiovisuels et connexes	..	..	..	..	..	..	..	..	..	..
Services de télécommunications, d'informatique et d'information	**849**	**1 002**	**1 095**	**1 163**	**1 246**	**213**	**221**	**248**	**269**	**277**
Services de télécommunications	18	13	12	13	12	115	126	129	141	146
Services d'informatique	783	928	994	1 076	1 155	98	95	118	127	131
Logiciels	..	..	..	..	..	..	..	..	..	..
***dont :** Logiciels originaux*	..	..	..	..	..	..	..	..	..	..
Autres services d'informatique	..	..	..	..	..	..	..	..	..	..
Services d'information	49	61	89	74	79	0	0	0	0	0
Services d'agence de presse	..	..	..	..	..	..	..	..	..	..
Autres services d'information	..	..	..	..	..	..	..	..	..	..
Autres services aux entreprises	**2 252**	**2 607**	**2 925**	**2 969**	**3 195**	**104**	**264**	**385**	**453**	**432**
Services de recherche-développement	96	155	169	152	168	4	6	0	0	0
Travail mené de façon systématique pour accroître les connaissances	..	..	..	..	..	..	..	..	..	..
Services de recherche-développement, autres	..	..	..	..	..	..	..	..	..	..
Services spécialisés et services de conseil en gestion	1 921	2 188	2 539	2 655	2 846	80	232	347	425	420
Services juridiques, de comptabilité, de conseil en gestion et de relations publiques	1 871	2 134	2 478	2 593	2 784	31	144	229	279	276
Services juridiques	9	23	25	25	25	30	3	3	5	6
Comptabilité, vérification des comptes, tenue de livres et conseil en fiscalité	4	4	4	4	4	0	11	18	24	22
Conseil aux entreprises, conseil en gestion et relations publiques	1 858	2 106	2 450	2 565	2 755	2	130	207	251	248
Services de publicité, études de marché et sondages d'opinion	51	54	60	61	61	48	88	119	146	144
Services techniques, liés au commerce et autres services aux entreprises	..	..	..	..	..	..	..	..	..	..
Services d'architecture, d'ingénierie, scientifiques et autres services techniques	10	26	28	28	29	0	0	0	0	1
Services d'architecture	..	..	..	..	..	..	..	..	..	..
Services d'ingénierie	..	..	..	..	..	..	..	..	..	..
Services scientifiques et autres services techniques	..	..	..	..	..	..	..	..	..	..
Services de traitement des déchets et dépollution, services agricoles et miniers	..	..	..	..	..	..	..	..	..	..
Services de traitement des déchets et dépollution	..	..	..	..	..	..	..	..	..	..
Services annexes à l'agriculture, à la sylviculture et à la pêche	0	0	1	1	1	0	0	0	0	0
Services annexes aux industries extractives et à l'extraction de pétrole et de gaz	..	..	..	..	..	..	..	..	..	..
Services de location-exploitation	27	41	37	42	51	20	22	26	28	11
Services liés au commerce	0	0	0	0	0	0	0	0	0	0
Autres services aux entreprises n.i.a.	198	197	152	91	100	..	4	11	0	0
Services personnels, culturels et relatifs aux loisirs	**15**	**0**	**0**	**0**	**0**	**2**	**2**	**3**	**1**	**1**
Services audiovisuels et connexes	0	0	0	0	0	0	0	0	0	..
Autres services personnels, culturels et relatifs aux loisirs	15	0	0	0	0	2	2	3	1	1
Biens et services des administrations publiques, n.i.a.	**32**	**25**	**29**	**32**	**24**	**18**	**18**	**15**	**13**	**20**
Ambassades et consulats	..	..	..	..	..	..	..	..	..	..
Unités et organes militaires	..	..	..	..	..	..	..	..	..	..
Autres biens et services des administrations publiques, n.i.a.	..	..	..	..	..	..	..	..	..	..
Services non-alloués	**..**	**..**	**..**	**..**	**..**	**..**	**..**	**..**	**..**	**..**
Services liés au tourisme compris dans les voyages et les transports de passagers	**..**	**..**	**..**	**..**	**..**	**..**	**..**	**..**	**..**	**..**
SERVICES COMMERCIAUX	**7 074**	**7 669**	**8 508**	**8 600**	**9 067**	**2 549**	**3 068**	**3 412**	**3 822**	**3 882**
AUTRES SERVICES COMMERCIAUX	**3 204**	**3 676**	**4 116**	**4 230**	**4 535**	**1 136**	**1 368**	**1 530**	**1 655**	**1 741**

.. Non disponible

Note : Voir les métadonnées détaillées sur : *http://metalinks.oecd.org/tis/20200306/903d* et *http://metalinks.oecd.org/tis/20200306/7aae*.

Source : Banco Central de Costa Rica.

Fédération de Russie

Millions USD

	Exportations					Importations				
	2014	2015	2016	2017	2018	2014	2015	2016	2017	2018
TOTAL DES SERVICES	**65 745**	**51 616**	**50 644**	**57 631**	**64 626**	**121 022**	**88 768**	**74 602**	**88 864**	**94 564**
Services de fabrication fournis sur des intrants physiques détenus par des tiers	**1 531**	**1 024**	**1 610**	**1 529**	**1 637**	**220**	**138**	**137**	**157**	**146**
Services d'entretien et de réparation n.i.a.	**1 677**	**1 596**	**1 543**	**1 800**	**1 599**	**1 625**	**1 355**	**1 559**	**1 780**	**2 008**
Transports	**20 542**	**16 640**	**17 144**	**19 859**	**22 144**	**15 420**	**12 074**	**11 838**	**14 492**	**15 298**
Transports maritimes	4 580	4 761	4 683	4 912	5 108	3 890	3 165	3 103	3 780	4 018
Passagers	0	1	1	1	1	4	4	4	2	2
Fret	815	794	804	851	941	2 810	2 179	2 226	2 765	2 974
Autres	3 765	3 967	3 878	4 060	4 166	1 075	981	873	1 012	1 042
Transports aériens	10 981	7 865	8 446	10 054	11 966	9 761	7 045	6 899	8 553	8 880
Passagers	7 365	4 596	4 886	5 882	7 023	4 583	3 289	3 495	4 315	4 310
Fret	1 654	1 552	1 844	2 232	2 542	3 404	2 346	2 213	2 652	2 795
Autres	1 961	1 717	1 716	1 940	2 400	1 775	1 411	1 191	1 587	1 775
Autres modes de transport	4 723	3 794	3 719	4 461	4 604	1 741	1 843	1 816	2 131	2 352
Passagers	326	169	148	155	160	367	208	203	209	208
Fret	3 749	3 016	2 945	3 576	3 779	855	1 164	1 116	1 341	1 553
Autres	648	609	626	731	665	518	472	497	581	592
Services postaux et de messagerie	258	220	296	431	467	28	21	20	28	48
Classification élargie des autres modes de transport										
Transports spatiaux	19	9	35	128	129	0	19	0	0	1
Transports ferroviaires	1 590	1 166	971	1 045	949	895	717	837	945	1 000
Passagers	249	127	110	108	101	332	177	170	174	170
Fret	942	614	553	604	557	341	307	403	498	570
Autres	400	426	309	333	291	222	233	264	273	260
Transports routiers	1 091	863	783	988	1 160	615	549	568	770	929
Passagers	77	42	38	47	59	36	31	33	35	38
Fret	942	783	694	852	1 007	471	453	443	630	779
Autres	71	38	51	89	94	108	65	93	105	112
Transports par voies navigables intérieures	..	..	..	..	..	..	..	..	..	..
Passagers	..	..	..	..	..	..	..	..	..	..
Fret	..	..	..	..	..	..	..	..	..	..
Autres	..	..	..	..	..	..	..	..	..	..
Transports par conduites	1 846	1 611	1 664	1 992	2 087	43	385	270	213	203
Transmission d'électricité	..	..	..	..	..	..	..	..	..	..
Autres services connexes aux transports	177	145	266	309	280	189	174	141	203	220
Transports - pour tous les modes										
Passagers	7 692	4 766	5 035	6 038	7 184	4 955	3 500	3 702	4 526	4 520
Fret	6 477	5 582	5 889	7 090	7 730	7 097	5 710	5 574	6 786	7 369
Autres	6 373	6 292	6 220	6 731	7 231	3 368	2 864	2 562	3 180	3 410
Autres transports sauf services postaux et de messagerie	..	..	..	..	..	..	..	..	..	..
Voyages	**11 759**	**8 420**	**7 787**	**8 945**	**11 486**	**50 428**	**34 932**	**23 952**	**31 058**	**34 271**
Voyages à titre professionnel	5 981	3 809	3 395	4 220	4 610	1 643	1 292	1 240	1 477	1 561
Acquisitions par les travailleurs frontaliers, saisonniers, court terme	..	..	..	..	..	..	..	..	..	..
Autres que les acquisitions par les travailleurs frontaliers, saisonniers, court terme	..	..	..	..	..	..	..	..	..	..
Voyages à titre personnel	5 778	4 611	4 392	4 725	6 876	48 785	33 639	22 712	29 582	32 710
Dépenses liées à la santé	..	..	..	..	..	..	..	..	..	..
Dépenses liées à l'éducation	..	..	..	..	..	..	..	..	..	..
Autres	..	..	..	..	..	..	..	..	..	..
Construction	**4 731**	**3 700**	**3 593**	**4 812**	**5 443**	**7 520**	**4 831**	**3 764**	**4 386**	**4 687**
Construction réalisée à l'étranger	797	759	865	1 160	1 854	543	404	430	749	893
Construction réalisée dans l'économie déclarante	3 933	2 940	2 728	3 652	3 590	6 977	4 427	3 334	3 637	3 794
Services d'assurance et de pension	**396**	**612**	**384**	**330**	**512**	**1 658**	**1 393**	**969**	**1 205**	**1 005**
Assurance directe	191	212	173	142	250	208	211	181	152	198
Assurance-vie	13	11	13	12	19	28	24	17	25	37
Assurance fret	18	14	12	7	9	3	5	4	4	5
Autres assurances directes	161	187	149	124	223	177	183	161	123	156
Réassurance	143	366	146	131	214	1 355	1 135	739	1 000	766
Services auxiliaires d'assurance	61	34	65	56	47	95	47	49	54	41
Services de pension et de garantie standard	..	..	..	..	..	..	..	..	..	..
Services de pension	..	..	..	..	..	..	..	..	..	..
Services de garantie standard	..	..	..	..	..	..	..	..	..	..

Fédération de Russie *(suite)*

Millions USD

	Exportations					Importations				
	2014	2015	2016	2017	2018	2014	2015	2016	2017	2018
Services financiers	**1 597**	**1 207**	**1 170**	**1 132**	**1 380**	**2 400**	**2 001**	**2 037**	**2 243**	**1 834**
Services financiers explicitement facturés et autres	1 529	1 140	1 120	1 071	1 323	1 880	1 804	1 656	1 732	1 392
Services d'intermédiation financière indirectement mesurés (SIFIM)	68	68	51	61	56	520	197	381	511	442
Frais pour usage de propriété intellectuelle n.i.a.	**666**	**726**	**548**	**733**	**876**	**8 021**	**5 634**	**4 997**	**5 980**	**6 288**
Frais de franchise et marques commerciales	..	..	..	..	..	..	..	..	..	..
Licences d'utilisation des résultats de la recherche-développement	..	..	..	..	..	..	..	..	..	..
Licences de reproduction et/ou de distribution de logiciels	..	..	..	..	..	..	..	..	..	..
Licences de reproduction et/ou de distribution de produits audiovisuels et connexes	..	..	..	..	..	..	..	..	..	..
Services de télécommunications, d'informatique et d'information	**4 504**	**3 934**	**3 904**	**4 653**	**5 260**	**6 854**	**5 558**	**5 469**	**5 383**	**5 488**
Services de télécommunications	1 732	1 380	1 147	1 111	1 072	2 839	2 426	1 947	1 539	1 486
Services d'informatique	2 651	2 455	2 664	3 417	4 061	3 590	2 772	3 063	3 398	3 521
Logiciels	..	..	..	..	..	..	..	..	..	..
***dont :** Logiciels originaux*	..	..	..	..	..	..	..	..	..	..
Autres services d'informatique	..	..	..	..	..	..	..	..	..	..
Services d'information	121	99	93	125	128	426	361	459	446	481
Services d'agence de presse	..	..	..	..	..	..	..	..	..	..
Autres services d'information	..	..	..	..	..	..	..	..	..	..
Autres services aux entreprises	**16 736**	**12 610**	**11 716**	**12 467**	**12 681**	**23 152**	**18 226**	**17 348**	**19 322**	**20 398**
Services de recherche-développement	454	320	395	430	419	160	160	164	129	173
Travail mené de façon systématique pour accroître les connaissances	..	..	..	..	..	..	..	..	..	..
Services de recherche-développement, autres	..	..	..	..	..	..	..	..	..	..
Services spécialisés et services de conseil en gestion	7 476	5 368	5 229	5 625	6 025	5 875	4 923	4 707	5 412	5 752
Services juridiques, de comptabilité, de conseil en gestion et de relations publiques	..	..	..	..	..	..	..	..	..	..
Services juridiques	483	469	505	485	557	654	736	631	597	672
Comptabilité, vérification des comptes, tenue de livres et conseil en fiscalité	391	261	275	345	329	218	179	200	204	223
Conseil aux entreprises, conseil en gestion et relations publiques	2 280	1 642	1 573	1 499	1 434	2 880	2 395	2 098	2 333	2 202
Services de publicité, études de marché et sondages d'opinion	4 322	2 996	2 876	3 296	3 705	2 124	1 614	1 778	2 279	2 655
Services techniques, liés au commerce et autres services aux entreprises	8 806	6 923	6 092	6 412	6 237	17 118	13 143	12 476	13 781	14 473
Services d'architecture, d'ingénierie, scientifiques et autres services techniques	3 519	3 480	3 101	3 194	2 675	5 672	3 640	4 712	5 900	5 730
Services d'architecture	..	..	..	..	..	..	..	..	..	..
Services d'ingénierie	..	..	..	..	..	..	..	..	..	..
Services scientifiques et autres services techniques	..	..	..	..	..	..	..	..	..	..
Services de traitement des déchets et dépollution, services agricoles et miniers	1 552	899	612	671	737	4 549	3 909	2 345	2 162	2 457
Services de traitement des déchets et dépollution	..	..	..	..	..	..	..	..	..	..
Services annexes à l'agriculture, à la sylviculture et à la pêche	..	..	..	..	..	..	..	..	..	..
Services annexes aux industries extractives et à l'extraction de pétrole et de gaz	..	..	..	..	..	..	..	..	..	..
Services de location-exploitation	1 298	918	849	831	858	4 172	3 536	3 839	4 065	4 580
Services liés au commerce	..	..	..	..	..	..	..	..	..	..
Autres services aux entreprises n.i.a.	2 438	1 626	1 530	1 716	1 967	2 725	2 058	1 580	1 654	1 706
Services personnels, culturels et relatifs aux loisirs	**681**	**341**	**421**	**490**	**585**	**1 611**	**1 092**	**1 025**	**1 433**	**1 826**
Services audiovisuels et connexes	216	131	162	200	211	846	492	492	709	804
Autres services personnels, culturels et relatifs aux loisirs	465	210	259	290	374	765	601	533	724	1 022
Biens et services des administrations publiques, n.i.a.	**927**	**807**	**825**	**883**	**1 023**	**2 113**	**1 534**	**1 508**	**1 424**	**1 316**
Ambassades et consulats	..	..	..	..	..	..	..	..	..	..
Unités et organes militaires	..	..	..	..	..	..	..	..	..	..
Autres biens et services des administrations publiques, n.i.a.	..	..	..	..	..	..	..	..	..	..
Services non-alloués	**..**	**..**	**..**	**..**	**..**	**..**	**..**	**..**	**..**	**..**
Services liés au tourisme compris dans les voyages et les transports de passagers	**..**	**..**	**..**	**..**	**..**	**..**	**..**	**..**	**..**	**..**
SERVICES COMMERCIAUX	**64 818**	**50 809**	**49 819**	**56 749**	**63 603**	**118 909**	**87 234**	**73 095**	**87 440**	**93 248**
AUTRES SERVICES COMMERCIAUX	**29 309**	**23 130**	**21 736**	**24 616**	**26 737**	**51 217**	**38 736**	**35 609**	**39 953**	**41 525**

.. Non disponible

Note : Voir les métadonnées détaillées sur : *http://metalinks.oecd.org/tis/20200306/903d* et *http://metalinks.oecd.org/tis/20200306/0421*.

Source : Bank of Russia (BR).

www.ingramcontent.com/pod-product-compliance
Lightning Source LLC
La Vergne TN
LVHW081415110826
845149LV00010B/1751

* 9 7 8 9 2 6 4 3 1 3 5 5 2 *